真宗高田派聖典索引

真宗高田派聖典編纂委員会——編

春秋社

序　文

　親鸞聖人七百五十回御遠忌の記念出版として、『真宗高田派聖典』
が刊行されたのは、二〇一二年一月十六日、本山での御正忌報恩講
御満座の日でした。真宗高田派所依の聖教を網羅した、高田派独自
の聖典の刊行は長年待望されていましたが、十数年の編集作業を経
てようやく刊行に至ったものです。この『真宗高田派聖典』は、専
修寺本『教行証文類』を初めて収録するなど、長年の期待に応える
画期的な出版でした。文字も大き目で読み易く、使い易いと好評を
博しましたが、「やはり、この『聖典』の利便性を増すためには索
引が欲しい」との声が澎湃と湧き上がって参りました。

　そこで、『索引』の出版が計画され、原稿の作成に取り掛かりま
したが、諸般の事情で大幅な遅延を来してしまいました。当初は二
十五世法主の伝燈奉告記念出版として計画されたものでしたが、時
機を逸してしまった感は拭えません。ところが今般、本山専修寺両
御堂が国宝に指定されました。これは、三重県内の建造物としては
初めての快挙です。当『索引』は、御影堂・如来堂国宝指定記念出
版としたいと思います。

　なお、原稿作成は専修寺宝物館主幹新光晴氏に全面的にお願いし
ました。氏の献身的な努力あってこそ、この『索引』の刊行が成し
遂げられました。ここに記して謝意を表します。

　『索引』が『聖典』とともに十二分に活用されて、「無明長夜の燈
炬」とならんことを念じます。

二〇一八年六月

法主　　常磐井　慈祥　

真宗高田派聖典索引　目　次

序　文 …………………………………………………………… i

語句索引 ………………………………………………………… 1

仏・菩薩・尊者・天神・鬼神等名索引 ………………… 167

人名・地名・国名索引 …………………………………… 181

和讃初句索引 ……………………………………………… 193

左訓索引 …………………………………………………… 201

典籍索引 …………………………………………………… 241

〔付〕『真宗高田派聖典』正誤表 ……………………… 285

跋　文 ……………………………………………………… 291

iii

語句索引

（凡例）

語句は「読み」にしたがって、「あいうえお順」に配列した。そのため、同じ語句であっても、書写原本の各時代による表記の違いや「音・訓」の別により異なる個所に配列した。

あ

愛　261, 428

哀婉雅亮　526, 577, 610

愛王　278

遇いがたき仏教　875

あいがたき仏法　936, 944

遇い難き仏法　944

愛楽　233, 254, 255, 284

愛敬　248

愛見の坑　421

愛見の魔　421

愛著　424

愛執のわずらい　933

哀傷の涙　919

愛心　243, 293, 453

愛憎違順　586, 637

愛念の心　338

愛波　387

愛法　66

愛宝貪重　85

哀愍　76, 97, 106, 175, 406, 580

哀愍摂受　648

愛欲　73, 75, 76

愛欲・栄華　77

愛欲交乱　86

愛欲の広海　273

愛欲の本　79

愛流　252

愛論見論　258

阿伽陀薬　258

暁の灯　945

秋の木の葉　936

阿舅　423

明らかなる鏡　173

あきらかに聴け　14

諦らかに聴け　117, 124

悪　50, 81, 82, 85, 87, 88, 91, 92, 95, 96, 171, 179, 180, 211, 229, 287, 379, 403, 404, 405, 406, 414, 428, 450, 506, 562, 586, 637, 769, 770, 803, 917

悪を好む人　765

悪友　112, 113, 243, 276, 492

悪友の教え　111

悪重く障り多きもの　446

悪果　286, 384

悪果の報　384, 385

悪機　470, 928

悪鬼・悪神　739

悪鬼　198, 543, 630

悪鬼悪神　706, 918

悪鬼神　406, 544, 631

悪逆　91

悪逆害　280

悪逆心　293

悪逆の提婆　919

悪逆の輩　873

悪逆無道　82

悪行　383, 398, 946

悪行の衆生　414

悪気窈冥　76

悪見　239, 484, 492, 900

悪見人　494

悪見の人　243

悪業　146, 147, 148, 223, 276, 281, 286, 531, 565, 616, 637, 687, 691, 915, 917

悪業果　289

悪業深重の凡夫　930

悪業深き衆生　915

悪業煩悩　515, 517, 598, 600

悪業煩悩のこころ　558

悪業煩悩の衆生　917

悪罪　281

悪子　114

悪事　295, 416, 947

悪時　483

悪時悪世界　860

悪邪　239, 380, 484

悪邪の法　296

悪蛇竜　586

悪趣　50, 63, 71, 93, 264, 416, 434, 445

悪獣　241, 242, 492, 493

悪獣詐親　243

悪趣自然閉　728

悪衆生　227, 239, 380, 484, 691

悪修善　374

悪趣の苦　75

悪趣の心　66

悪性　236, 470, 471, 475, 496, 654

悪声　115

悪性王　278

悪性人　493

悪心　87, 242, 286, 294, 303, 420, 687

悪神　194, 198

悪世　229, 259, 412

悪世界　239, 380, 483, 691

悪相　294

悪知識　268, 292, 407, 492

悪道　33, 76, 85, 92, 148, 240, 268, 273, 299, 370, 406, 411, 416

悪道の所収　435

悪人　92, 112, 115, 260, 293, 927, 934, 949

悪人往生の機　365

悪人の言　276

悪念　209

悪の衆生　412

悪の知識　493

悪煩悩　239, 380, 484

悪魔諸障　194

悪竜　431, 586

悪竜毒蛇　637

悪を好まん人　765

悪を為す者　95

朝な夕な　933

葦河の宿　847

朝には紅顔ありて世路にほこれども　936

阿修羅の琴　216, 326

阿僧祇　360, 411

阿僧祇那由他劫　41

怨　84, 842

あだし野の露　940

悪口　88

遏絶　13, 174

阿那含　116, 352

阿那含果　107, 352

阿難の慧見　530, 615

阿耨多羅　473

阿耨多羅三藐三菩提　141, 165, 181, 183, 186, 187, 188, 217, 220, 251, 281, 284, 324, 333, 340, 343, 344, 360, 383, 406

阿耨多羅三藐三菩提より退転せざる　164

阿耨多羅三藐三菩提心　273, 274, 282, 289, 290, 292, 360

阿耨多羅三藐三菩提の記　184, 272

阿耨多羅三藐三菩提の心　150

阿耨菩提　220

阿耨菩提の因　749

阿耨菩提の果　404

阿鼻　302

阿鼻獄　276, 284, 285

阿鼻地獄　277, 285, 289, 294, 302, 645, 877

阿鼻大地獄　298

阿鼻の苦果　876

阿毗跋致　188, 189, 703

阿鞞跋致　159

尼　927

あまねく一切色身を観ずる想　131

あまねく地　33

あまねくもろもろの声を聞く　141

阿摩勒菓　344

阿弥陀経のこころ　606

阿弥陀経の意　359

阿弥陀等現在諸仏　183

阿弥陀如来尊号　513

阿弥陀如来の思し召し　935

阿弥陀如来のおんこころざし　617, 618

阿弥陀如来の清浄願心の回向　309, 445, 916

阿弥陀如来の清浄願心の回向成就　444

阿弥陀如来の本願　906

語句　3

阿弥陀如来の本願力　222
阿弥陀のおんひかり　515, 598
阿弥陀の三字　883
阿弥陀の智慧　518, 601
阿弥陀の徳号　195
阿弥陀の不可思議の願　457
阿弥陀仏国　265, 333, 363, 370
阿弥陀仏国の清浄の光明　270
阿弥陀仏衆生　738
阿弥陀仏の御かたち　816
阿弥陀仏の薬　763
阿弥陀仏の国　164
阿弥陀仏の極楽世界　118
阿弥陀仏の化身　735
阿弥陀仏の光明　331, 332, 333
阿弥陀仏の国土　145, 347
阿弥陀仏の国土の楽事　145
阿弥陀仏の十力威徳　147
阿弥陀仏の相好　209
阿弥陀仏の頂中の光明　331
阿弥陀仏の所　116
阿弥陀仏の本願　187
阿弥陀仏のみな　523, 607
阿弥陀仏の声　333
阿弥陀仏は光明　691
謬り　432
阿惟越致　186, 271, 703
阿惟越致地　186
阿羅漢向　463
阿羅漢道　144
訟う　66
あらゆる衆生　233
あるいは一日夜あるいは七日夜余業を作さ
ざれ　404
二機　868
あるべきようの事業　942
あわれみ　779
闇　227, 249
庵室　833, 943
闇室　300

安住　6, 174, 205, 248
安詳　47
安清浄心　321, 323
安心　867, 902, 923, 928, 943, 944, 951
安心起行　236, 475
安心決定　945, 946, 949
安心決定する人　918
安心決定の者　915
安身常住の処　382
安心というは念仏申す者の心の持ちよう
902
安置　395, 401, 411, 417, 660
安堵の思い　933
安堵の心　939
安慰　148
安養　171, 229, 348, 437, 451, 511, 541, 594,
626, 674, 690, 727, 868
安養界　229, 450, 539, 625
安養国　61, 71, 264, 445
安養浄利　355, 374, 728, 746
安養浄利の大利　221
安養浄土　550, 727, 736, 744, 778, 902, 949,
951
安養勝妙の楽邦　868
安養の往生　674
安養の至徳　502
安養の浄業　210
安養の浄利　899, 952
安穏　180, 280, 306, 402, 793
安楽　36, 48, 178, 189, 227, 266, 269, 298,
308, 312, 349, 350, 401, 402, 415, 431, 449,
520, 521, 527, 554, 604, 605, 612, 690, 728,
748
安楽歓帰　554
安楽国　77, 267, 314, 345, 443, 444, 471,
503, 506, 521, 606, 702, 733, 864
安楽国土　97, 213, 307, 523, 607
安楽国土清浄の性　346
安楽国の世界　180, 331, 472
安楽自然の徳　505

安楽浄刹　502, 727, 737
安楽浄土　189, 192, 255, 259, 263, 299, 307,
311, 320, 346, 455, 521, 534, 616, 619, 626,
641, 690, 705, 715, 725, 728, 736, 744, 745,
796, 807, 808, 903
安楽世界　325, 535, 621, 733
安楽土　507
安楽の能人　366
安楽不退の浄土　916
安楽仏国　319, 320, 355, 558, 559
安楽仏国土　322
安楽仏土　522, 607
安立　35

い

意　72, 75, 340
易　186, 495, 747
異　488
胃　401
違　496
恚　34, 80, 274
家　182, 302, 428, 950
宇の内　392
易往　206, 540, 626, 728
已往　292
易往易行　709
易往而無人　206, 260, 728
医王の想　267
易往の教勅　447
易往の大道　449
易往無人の浄信　232
遺恩　862
異学　239, 368, 481, 489, 710
異学・異見　706
異学異見の人　875
異学別解　710
雷　59
怒り　73
忿り　84, 842
威儀　117, 144

憤り　73
違逆　206
異香　577, 701
易行　747, 878
易行浄土本願真実の教　462
易行他力の妙縁　875
易行道　188, 189, 195, 374, 462, 463, 477,
478, 506, 796, 838
易行道の教　477
易行の水道　228
已潙の末　429
易行の大道　833, 922
易行の本願　939
異解　483
異見　368, 481, 483, 489, 492
威顔　13, 174
異見・異学・別解・別行の人　239
威光　431
意業　324, 339, 368, 369, 476, 478
以光明名号摂化十方但使信心求念　214
遺骨を拝して腸を断つ　862
已今当　465, 523, 607
帰去来（いざいなん）　203, 309, 354, 387
いさぎよき水　664
以斯義故　736
意識所生の楽　323
異執　368, 390, 400, 481
違諍　51
異心　67
威神　16, 18, 39, 57, 77, 189, 225
威神功徳　39, 55
威神光明　38, 330
威神の光光たる　12
威神の光明　63
威神の光　174
威神力　45, 94, 208, 361
威勢　88, 94
威制消化　78
異相　126
威相殊妙　51

語句　5

韋陀　434
韋提希の心の所念　114
韋提別選の正意　364
一　339, 514
一異　191, 365, 376
一一誓願為衆生　916
一々の誓願　917
一一の華　53
一一の光　53
一義　341
一義の名　334
一逆　281
一形　196, 266, 382, 562
一行　215, 262, 692
一行一心　692
一行三昧　195
一解脱智慧の門　240
一香華　404
一劫の重罪　298
一期の大事　815
一罪　281
一坐無移不動の道場　874
一餐の力　13
一時　310
一地　312
一食のあいだ　25, 64
一食の時　371
一実真如　712
一実真如海　225
一実真如の道　467
一実真如の妙理　712
一十念の称名　941
一十念の称名の本願　899
一十八対の別　868
一衆生　320, 326
一乗　67, 220, 221, 374, 555, 712
一定　761, 762, 788, 791
一乗一実　467
一乗円満の機　469
一乗海　220, 223, 467, 506

一乗海の機　223
一乗究竟の極説　175, 441
一小劫　141, 145
一乗真実の利益　215
一乗真妙の正法　443
一乗大智海　685
一乗大智願海　249
一乗の機　533, 618, 619
一乗の極唱　209
一乗無上の真実信海　478
一途　392
一世　80
一世界　315
一利那　301
一善　90, 375
一闡提　273, 340
一闡提の業　339
一闡提の輩　338, 339
一大劫　303
一大事の往生　939
一代諸教の信　534, 620
一代蔵　868
一代の教　229, 374, 451
一代の仏法　902
一代仏教　570
一道　217, 220, 221, 249
一道清浄　220
一日一夜　95, 142, 144
一日・七日　379
一日七日　239
一日乃至七日　139
一如　201, 305, 314, 350, 445, 528, 612, 690
一如に範衛してもって化を流すもの　392
一如宝海　713
一如法界の真身　448
一念　10, 197, 204, 214, 215, 229, 233, 235, 245, 250, 257, 258, 261, 262, 300, 301, 310, 315, 391, 443, 457, 471, 568, 613, 684, 696, 701, 702, 708, 709, 760, 761, 789, 810, 816, 935, 937, 945

一念一時　315, 349

一念一刹那　236, 247, 248, 250, 254

一念一称　760

一念往生　271, 716

一念往生の仏恩　913

一念歓喜　557

一念歓喜するひと　557

一念喜愛の心　227

一念疑退の心　482

一念帰命　933, 934

一念慶喜　522, 606, 750

一念須臾　264

一念須臾の間　917

一念大利無上　523, 607

一念多念　771

一念多念のあらそい　710, 716

一念等　199

一念のあいだ　22

一念の頃　141, 148, 149

一念の悪事　101

一念の功力　193

一念の証文　709

一念の信　913

一念の信心　901, 904, 915, 927, 951

一念の信心獲得する時節　904

一念発起　802, 811

一念発起の処　928

一念までの往生（聖人訂正後）　814

一念無疑　568

一念をひがごととおもうまじき事　701

一仏　195, 196, 350, 380, 484, 528, 612

一仏・二菩薩像　129

一仏会　315

一仏利土　38

一仏土　314

一仏の嘉号　210

一仏の功徳　234

一仏の化　483

一仏の所化　238, 483

一仏の所説　239, 381

一仏の名号　207

一分の毛　41

一法　317, 341

一法句　317, 318

入一法句　316

一法身　221

一煩悩の門　240

一万劫　372, 390

一味　227, 290, 346, 412, 557

一名　341

一名の法　341

一毛　41

一門　240, 490

一問答　481

一文不知の尼入道　937

一文不知のともがら　916

伊虫　301

一来向　463

一理　392

一流　862

一流相承の教え　949

一流の宗旨相伝　867

一流の同行　938

一流の道俗　928, 951

一流の法儀　933

一流の門徒　950

一流の門葉　948

一流法義の大意　945

一類　306

一類の機情　931

一器瀉瓶の教化　946

慈しみ　97

一向　55, 56, 57, 381, 808, 848, 917

一劫　80, 330

一向専修　486, 564, 692, 710, 748, 808

一向専修の義　844, 848

一向専修の行者　873

一向専修のたより　905

一向専修の念仏　916

一向専念の義　848

語句　7

一向専念無量寿仏　211, 873

一向　849

一向名号　812

一斤の石汁　213

一切　10, 13, 27, 60, 61, 68, 69, 133, 174, 194, 219, 224, 225, 282, 284, 291, 312, 314, 342, 350, 367, 378, 382, 383, 387, 388, 395, 398, 400, 401, 402, 404, 406, 410, 411, 412, 416, 864

一切悪行の因　383

一切有為　334

一切有為の衆生　282

一切有為の法　919

一切有情　638

一切往生人　266

一切往生の知識　635

一切往生の知識等　457

一切慣闇の法　336

一切覚　344

一切覚者　344

一切鬼神　655

一切功徳の味わい　224

一切苦悩の群生海　254

一切苦悩の衆生　192, 255, 256, 310, 326, 719

一切苦悩の衆生海　247

一切群生　834

一切群生海　250, 690

一切群生海の心　690

一切五逆　282

一切護法　669

一切時　198, 250

一切色身　131

一切時処　198

一切沙門　400

一切衆　254, 389, 505

一切衆生　117, 119, 193, 202, 212, 220, 221, 236, 251, 252, 255, 259, 277, 284, 308, 310, 311, 319, 320, 334, 335, 338, 340, 343, 344, 367, 402, 404, 411, 412, 446, 475, 476, 516, 736

一切衆生悉有仏性　251, 338, 343

一切衆生の機　367, 470

一切衆生の苦　259, 315, 319, 320, 321, 322

一切衆生の苦を抜く　321

一切衆生の所作の罪業　285

一切衆生の心　184

一切衆生の心想　127

一切衆生のため　913

一切衆生を安穏する清浄の処　321

一切衆生を憐愍したまう心　321

一切衆生を憐愍する心　321

一切種智　222, 317, 351, 415

一切処　138, 198

一切諸悪　193

一切処有　339

一切生老死　181, 265

一切生老病死　343

一切諸行　375

一切諸経書　389

一切諸行の少善　376

一切諸見の薪　225

一切諸事　402

一切諸障　194

一切諸障の霧　224

一切諸大声聞　416

一切諸仏　163, 164, 196, 211, 310, 315, 330, 349, 601, 682

一切諸仏に護念せらる経　161, 162, 163

一切諸仏の身　221

一切諸仏の世界　97

一切諸仏の智慧　682

一切諸仏の護念したまうところの経　199

一切諸仏の法　224

一切震動　135

一切洲渚　402

一切世界　8, 37, 40, 315

一切世間　165, 260

一切世間極難信法　457

一切世間の宝　395

一切世間の法　224
一切善悪　378
一切善悪の往生人　225
一切善悪の凡夫人　227
一切善根　406, 735, 736
一切善人　388
一切善法　299
一切善法功徳　398
一切善法の本　378
一切大衆　401, 402
一切大衆の苦　121
一切智　26, 336
一切知見　275, 276
一切智人　389
一切天　183
一切天人の眼目　420
一切天・竜　416
一切如来　174
一切人・非人　416
一切の悪　417
いっさいの異見・異学・別解・別行の人等
256
一切の有　68
一切の有碍　348, 515, 598
一切の往生　225
一切の行　442
一切の行願　387
一切の行者　237
一切の経典　10
一切の恐懼　17
一切の功徳　259, 320
一切の功徳善根　319
一切の功徳の法　6
一切の群生　226
一切の群生海　247
一切の外　273
一切の業繋　599
一切の光明　98
一切の志願　181, 234
一切の衆生　63

一切の衆宝　44, 121, 361
一切の所有　106
一切の荘厳　44
一切の諸苦の枝　224
一切の所須　418
一切の諸障　193, 194
一切の諸山　37
一切の諸天　65
一切の諸天・人民　13
一切の諸天衆　419
一切の諸仏　31, 35, 39
一切の諸魔　403
一切の世界　98, 315
一切の世間　20
一切の善根　370
一切の俗人の御流　901
一切の大衆　21, 107
一切の大聖　5
一切の殃　405
一切の天・人衆　59
一切の天・人　52
一切の時　315, 349
一切の毒　258
一切の人　62, 180
一切の仏　33
一切の仏事　122
一切の仏身　131
一切の法　9, 14, 36, 60, 67, 217, 339, 352,
353
一切の梵行の因　383
一切の梵行因無量　905
一切の凡聖　369
一切の煩悩　245
一切の煩悩の薪　68
一切の凡夫　238, 238, 239, 380
一切の眼　349
一切の万物　10
一切の無明　181, 234
一切のもろもろの世界　98
一切のもろもろの菩薩　58

語句　9

一切の病　297

一切仏　239, 252, 380, 381, 484

一切仏の化　238, 483

一切仏の所化　483

一切法　367

一切菩薩　549

一切菩薩の所行　66

一切煩悩の垢　225

一切凡夫　184, 237, 282, 380

一切凡夫の業　337

一切万物　26, 279

一切無碍人　221

一切無明の樹　224

一切もろもろの衆生　410

一切もろもろの善法　252

一子　545, 628

一色　97

一子地　251, 541, 626

一者至誠心　906

一宗　848

一宗一流の行者　887

一種の音声　45

一処　119

一処・一念・一時　310

一生　180, 203, 229, 948

一声　196, 198, 199, 215, 443

一声一念　214

一声称念　200, 378

一声称念の利剣　861

一称南無仏皆已成仏道　212

一生の修福念仏　240

一聖の説　396

一生補処　25, 63, 159, 219, 312, 446, 520, 604, 720

一生補処の願　310, 445

一生補処の大願　720

一心　95, 128, 197, 198, 215, 228, 237, 238, 239, 242, 246, 256, 262, 264, 345, 350, 364, 366, 368, 370, 373, 376, 377, 380, 381, 382, 390, 403, 449, 451, 452, 455, 456, 471, 484,

485, 494, 502, 503, 505, 506, 528, 551, 552, 557, 564, 567, 612, 692, 694, 732, 757, 848, 861, 922, 923, 924

一身　238, 380

一心一異　377

一心一行専修専念　874

一心一智慧力　221

一心一念　315

一心一向　887

一心一向の念仏者　901

一心金剛戒師　574

一心正念　455, 494

一心制意　83, 86, 87, 89, 92

一心専念　262, 710

一心専念名号　874

一心に意を制し　83, 86, 87, 89, 92

一心に専念　325

一心の華文　231

一心の義　456

一心の仏因　457

一心不乱　160, 906

一心不乱の誠言　456

一心を能入となす　456

一炊の夢　919

一利那　210

一千年　393

一滴　41

一体分身　926

一多包容の言　215

一端　921

いつつの音声　526, 611

五つの音声　43, 65

いつつのさわり（五障）　564

五つの須弥山　130

五つの正行（礼拝　読誦　観察　称名　讃嘆供養）　564

いつつの不思議　556

一等　46

一百倶胝界　212

一篇の消息　950

一法　221, 343
詔れる典　427
威徳　17, 674
威徳巍巍　98
威徳広大　205
威徳広大清浄仏土　248
威徳広大の浄信　444
威徳広大の信　557
為得大利　708
威徳智　362
稲田興法　844
囲繞　24, 59, 140, 143, 156, 198, 360, 544, 632, 857
囲遶　409, 881
恚怒　73
已能雖破無明闇　751
寿　21, 39, 62, 76, 80, 179, 405
命　73, 200, 303, 371, 936
寿終えての後　330
命終るとき　929
命おわらば　944
命終らん時　881
いのちおわらんときまで　701
いのちおわらんとせんとき　738
命終わらんと欲する時　140, 142, 144, 145, 146, 147
寿終　73
命終わり　145
命終わりて　100
命終わりて転化し　63
寿終わりてのち　28
命終わりて後　124
命終るきざみ　901
寿終わるとき　24, 50
寿終わる時　56
命終わる時　143, 148, 149, 160
寿五百歳　99
寿の楽しみ　71
命は風の前の灯　936
命短き　290

命を追って　85
異の方便　118, 372
易は浄土門・他力の行　747
易は信心　465
以仏力故見彼国土　365
今現在　205
いまだ頭を挙げざる頃　143
いまだ度せざる者　79
いまつねにというは常の義にはあらず　701
今時の行者　874
今の時　370, 391, 394
今の時の衆生　391
今の時の道俗　877
今の仏　174
いまの本尊　926
今の世　394
意密　236
慰問　114
威曜　33
暐曄煥爛　53
威容顕曜　12, 173
伊蘭　289
伊蘭子　289
伊蘭樹　289
伊蘭林　193
意力　69
威力自在　40
色　49, 429
因　99, 191, 192, 206, 209, 210, 217, 245, 251, 256, 265, 271, 306, 309, 338, 351, 353, 361, 362, 367, 372, 388, 437, 444, 445
婬妷　86, 332
印可　238, 480, 495
因果　117, 140, 142, 191, 228, 266, 303, 339, 384, 385, 767, 921
因果報応の道理　940
因果を撥無する見　202
因行　351
因行果徳対　223, 468

語句　11

音曲自然　216
因光成仏　519, 602
因地　268, 302, 504, 546, 547, 549, 628, 731
因中　452, 454
慇重真実　370
殷・周の世　429
因浄　256
引接　563
引摂　917
引接の誓い　819
因中　204, 236, 248, 475
引導　922
印度西天の論家　227, 449
印度西蕃の論説　441
因位　447, 729, 817, 820
因位の位　817
因位の時　226
因位のときの名　820
因縁　115, 187, 196, 214, 218, 229, 251, 278,
283, 284, 292, 294, 295, 307, 339, 340, 344,
352, 353, 362, 383, 398, 399, 406, 407, 415,
421, 450, 457, 663, 668
因縁死　278
因縁生　278
因縁の義　191
因縁の法　406
因の所得　346
因明直弁対　468
印文　133
陰陽の首め　427
因力　69

う

迂　494, 496, 728
有　288, 289, 337, 384
憂畏　94
有為　385
憂畏勤苦　79
有為転変の世　931
有為涅槃　385

有為の果報　932
有為の善　224
有為の過　254
有為の法　333, 343
有有見のもの　289
迂回の善　264
有縁　240, 520, 604, 797, 860
有縁の教　797
有縁の行　490
有縁の衆生　134
有縁の法　241, 491
有縁の要行　490
有縁無縁の機　863
有我　279
有学　303
有願無願対　223, 468
有機の召　427
浮き世　938
右脇より生まれ　6
憂苦　72, 78, 332
憂懼　88
憂懼万端　72
有碍　348
受け難き人界　936
受けがたき人身　950
受け難き人身　938, 944
有碍のさとり　541, 627
有間心　300
有見の人　288
有後心　300
牛　334
有色生　746
憂愁　404
有上　215
有情　254, 306, 583, 586, 636, 637, 638, 639,
641, 643, 648, 651, 654, 659, 662, 667, 668,
672, 675, 676, 703, 797, 834, 877
有情教化　675
有情救済の慈悲　659
有情の邪見　638, 676

有生の類　474
有情の利益　667
有情も非情も　919, 948
有情利益　662, 668, 674
有誓無誓対　468
有相生　746
歌い咲う　428
疑い　171, 207, 252, 423, 441
疑いなき報土の往生　812
疑いの意　77
疑う心　922, 923, 925, 930
疑わぬ心　881
有智の人　287
有智のもの　353
有智の者　874
内は愚にして外は賢　461, 474
内は賢にして外は愚　461, 474
欝悔の色　839
台（うてな）　127, 208
憂毒忪忪　72
有徳の人　340
優曇花　875
優曇華　174, 203, 212
優曇樹　615
優曇樹の華　615
優曇鉢華　68
優曇鉢樹　175
右繞三匝　16
憂念　71, 72, 76, 90
有念　258, 758
憂念結縛　76
憂念愁怖　71
有念にあらず無念にあらず　761
有念の義　760
有念無念　757, 760, 761
憂悩　50, 72, 302
憂悩なき処　115
優婆夷　400, 401
優婆夷像　397
優婆斯那　422, 423

優婆塞　397
優鉢羅華　35, 284
有仏　352
有仏の国土　259, 316
有仏の国土に生ぜしむる心　320
有暴　265
生まるるところ　35
生れがたき人界　875
生れつきのまま　927
海　227, 402
海の味　346
海の性　346
有無　73, 309, 348, 354, 515, 598
有無同然　71
有無の見　227, 449
有無の邪見　548
有目の徒　119
有量　514, 597
有霊　430
有量の諸相　348, 514, 597
有輪　268
憂いの思い　71
優劣　259
愁へ　278
有漏　337
有漏の依身　945
有漏の心　192, 372
有漏の法　299
運　398
雲霓　429
雲集　135
醞売　260
雲霧　227, 448
雲霧之下明無闇　751
雲霧の下　227

え

回　494, 503
慧　14, 59, 147, 321, 322, 390, 514, 597
穢　171, 367, 441, 803

語句　13

穢悪　452

穢悪・濁世の群生　391

穢悪の含識　360

穢悪の群生　297

穢悪汚染　247

栄　428

栄華　922

穢域　231

翳身薬　194

影像　852

映奪　224

影堂　948

永仁元年癸巳　473

永仁第三の暦　853

映芳　577

絵像木像　883

回願　366, 370

益　914

慧義　13, 174

慧解　403

慧見　13, 174

慧眼　67, 335, 428, 448

慧見無碍　174, 175

回顧　240, 256

慧悟　392

回向　55, 56, 140, 142, 143, 144, 192, 233, 235, 239, 244, 254, 255, 259, 291, 309, 310, 320, 324, 369, 375, 378, 379, 406, 442, 446, 449, 453, 454, 457, 488, 491, 504, 552, 556, 719, 736, 758, 760, 761, 808, 882, 907

廻向　556, 579, 583, 584, 587, 588, 633, 641, 642, 644, 646, 647, 654, 691, 702

慧光　67

回向願求　382

回向したまえる願　256

回向成就　245, 320

回向心　254, 255, 454

廻向の信楽　583, 641

回向の真実信心　749

回向発願　139, 239, 256

回向発願心　138, 244, 369, 456, 488, 491

回向利益他　249

回向利益他の行　217

衣褊　157

穢国　367, 476, 495, 520, 604

依止　300

衣食　71, 72

会者定離　913

依正　522, 607

依正二報　237, 367, 368, 476, 478, 638

穢濁　296

穢濁悪の衆生　506

穢濁の凡愚　453

依処の徳　920

回心　200, 203, 204, 303, 751

廻心　688

慧　67

穢身　309, 566

回心回向の善　375

回心の行　488

回施　192, 200, 247, 250, 255, 350, 452

恵施　74, 252

慧増長　415

絵像木像　876

絵像木像は方便　883

枝　42, 43

依智　389

悦可　21

悦喜　495

穢土　191, 587, 683, 757

慧日　59, 69

回入　227, 244, 256, 310, 388, 451, 556

廻入　619, 647

慧の矢　675

衣鉢　420

回不回向対　223

衣服　29, 35, 48, 52, 97, 101, 287, 295, 415

回伏の難　219

依報　522

笑み　59

壊滅　279

慧目　276

絵木の仏像　883, 884, 886

依用相承　884

慧力　69

依了義経　389

円　467

縁　99, 206, 240, 299, 300, 350, 354, 361,
362, 370, 373, 437, 777, 783, 940

炎威　429

煙霞　448

縁覚　23, 39, 40, 70, 330, 337, 395, 470

縁覚教　462

縁覚乗　796

縁覚無上　395

暄暖時　401

縁起文　677

厭却降伏　676

延慶二年　458

円教の中の円教　506

偃僂　88

円光　130, 132

円光の面　134

円光の化仏　138

遠迩　429

厭捨　368, 414, 476

円修至徳の真門　377

怨親　428

演説　67, 143, 280, 415

厭足　69, 253, 405

厭怠の心　66

演暢　157

円通　545, 627

婉転　122

厭祷　422

円頓　210, 555

円頓一乗　210

延年　422

鴛鴦　129

円の中の円　467

有縁の法　491

閻浮提　115, 312, 349, 363, 409, 412, 413,
420

閻浮提の一切国土　410

閻浮提の人　409

閻浮檀金　224, 660

閻浮檀金色　122, 125, 128, 130, 132

閻浮同行人　863

閻浮の教主　425

閻魔王界の神祇　789

閻魔の使い　937, 940

円満　178, 212, 224, 225, 248, 447, 467, 712

円満の徳号　229, 450

懲明　16

円融　712

円融　467

円融至徳の嘉号　171

円融真妙の正法　216

円融満足極速無碍絶対不二の教　223

円融万徳尊　212

円融無碍　249

円融無碍不可思議不可称不可説の至徳
247

円融無碍　712

厭離　478

縁力　69

厭離真実　477, 478

厭離の素懐　574

延暦二十年　394

延暦六年　661

縁を結ぶ親疎　859

お

老いをまつべき命　937

往　255, 310, 446, 494

応　351

横　227, 258, 262, 264, 265, 692, 704, 728,
751

王　16, 101, 112, 113, 201, 268, 274, 275,

語句　15

276, 277, 278, 283, 284, 285, 286, 287, 288, 290, 295, 396, 430

尫　82

殃悪　83

王位　278, 285, 340

王家　667

黄巻朱軸　884

尫・狂・不逮の属　82

王宮　114

惶懼　113

殃咎　89, 92

皇宮の有情　661

王家　51

応化　228, 314, 450, 466, 924

往詣　422

応化身　315, 326, 504

応化身の光　314

応化等の無量無数の身　690

応化の身　256, 310

応化の道　312

往還　446

往還大悲の回向　446

往還の回向　228, 450

往覲　524, 608

黄金　123, 157

黄金樹林の夢　837

黄金の池　46

黄金の沙　46

黄金の縄　120

横死　422

黄色には黄光　156

横竪対　467, 223

横出　258, 264, 374, 477, 478

横出浄土　462

横出の真実　477

横竪二出　868

横竪二超　868

横竪の菩提心　258

往　生　48, 55, 56, 57, 61, 71, 102, 103, 104, 115, 138, 139, 142, 143, 147, 148, 149, 150,

160, 178, 189, 190, 191, 193, 195, 196, 197, 198, 199, 200, 206, 215, 218, 225, 233, 235, 237, 238, 239, 240, 245, 255, 259, 261, 264, 265, 268, 271, 293, 297, 299, 301, 302, 307, 308, 312, 316, 320, 333, 349, 350, 356, 363, 366, 369, 370, 376, 380, 381, 382, 442, 445, 454, 474, 478, 497, 506, 518, 522, 523, 555, 556, 559, 576, 581, 601, 606, 607, 619, 674, 682, 684, 687, 694, 696, 702, 704, 726, 736, 737, 738, 745, 748, 751, 758, 760, 761, 762, 764, 765, 766, 768, 769, 770, 772, 773, 776, 777, 778, 779, 788, 789, 798, 807, 813, 816, 825, 826, 864, 867, 868, 874, 879, 882, 899, 901, 903, 906, 913, 915, 916, 918, 922, 923, 928, 930, 931, 933, 934, 937, 939, 941, 943, 944, 950, 951, 952

往生一定　789, 793, 923

往生経　368

往生決定　875, 904, 916, 927

往生極楽　665, 863, 946

往生極楽の大事　787

往生成就　934

往生成就の人　918

往生証成　464

往生浄土　220

往生浄土の縁　860

往生浄土の教え　903

往生浄土の旨趣　929

往生浄土の方便　533, 618

往生浄土の法門　324

往生人　224, 225, 238, 241, 656

往生の一大事　931, 950

往生の因　382

往生の因種　207, 375

往生の業には念仏を本とす　880

往生の肝腑　848

往生の義　381

往生の行人　915

往生の業　810, 880

往生之業　436

往生の業因　760, 802

往生之業念仏為本　836

往生の業は念仏を本とす　213

往生の心　928

往生の根機　777

往生の正因　744

往生の正機　365

往生の正行　388

往生の心　798

往生の心行を獲得する時節の延促　443

往生の信心　482, 568, 764, 840, 886

往生のすがた　882

往生の素懐　926, 952

往生の大事　933

往生の大益　238, 240, 256

往生の者　346

往生の本意　765

往生の本願　880

往生の要　743

往生必定　778, 826

往生をねがう人　737

往生を不定に思し召さん人　792

応身　351, 466, 486, 796

応信如来如実言　750

応身の土　466, 796

横截五悪趣　悪趣自然閉　728

往相　173, 192, 255, 442, 556, 646

往相回向　272, 442

往相廻向　647

往相回向の願　177, 879

往相回向の行信　214

往相回向の浄業　256

往相回向の心行　305

往相回向の大行　879

往相回向の大信　879

往相廻向の利益　647

往相還相の廻向　646

往相証果の願　444

往相正業の願　442

往相信心の願　232, 443

誑相なき涅槃　352

往相の一心　265

往相の回向　173, 177, 232, 443, 556, 720, 808

往相の廻向　584

往相の心行　445

応知　216, 217

横超　228, 258, 264, 374, 462, 477, 728, 751, 796

横超他力　374

横超断四流　264

横超の金剛心　258, 272

横超の信心　692

横超の本弘誓　449

皇都　659, 660

王の命　296

王の太子　293

横の大菩提心　258

王の処　417

王の所　295

王の処の所　419

殃罰　82, 85

殃病　93

殃福　74

王法　82, 276, 942

王法の掟　949

皇法の規模　673

王法の禁令　87

応法の妙服　29

王法の牢獄　82, 85

往夢　844

鸚鵡　157

往益　437

往来の想　311

尫劣　86

誑惑　423

大谷の墳墓　852

大番　794

犯せる者　82

億億衆生　848

語句　17

億億の衆生　391

億々の衆生　915

億劫　171, 209, 446

憶持　125, 129, 137

抑止門　302

億千の日　119

億千万衆　694

憶想　130

憶想間断　370

憶想する者　137

憶念　151, 187, 228, 263, 301, 368, 369, 442, 476, 682, 683, 686, 951

憶念称名　860

憶念の心　579, 584, 593, 642, 643, 925

憶念弥陀仏本願 自然即時入必定　899

億の如来　61

屋門　324, 504

於現身中得念仏三昧　365

行い　80

教　61

教え　80

億劫　62

淤泥華　314, 505

男　9, 927

名の字　885

お念仏　943

おのれがはからいの心　949

おのれが身　143

おぼろげの因縁　950

想（おもい）　244, 301, 311

念（おもい）　24, 29

想（おもう）　120

面おのおの百千由旬　132

慮り　423

親　929

親子　943

輪廻生死の苦界　916

愚かなること　937

怨　282

遠　367, 496

恩　95, 225, 433, 447, 749

瘟瘟　82

恩愛　550

御疑い　760

園苑宮殿の想　363

音楽　65, 107, 577

恩顔　862

怨家　72, 90

怨結　93

隠顕　456, 848

恩好　76

音響忍　45, 361

慇懃　229

御師　670

飲食　35, 48, 52, 90, 101, 295, 415, 434

御舎利　304, 357

恩恕　885

隠彰　377

音声　44, 45, 48, 67, 142, 144, 275, 344

音声微妙最勝　344

怨親　429

御たずね　760

御誓い　821, 878

恩寵　268

怨敵　245

恩田　303

御同行　805

恩徳　78, 535, 587, 588, 621, 647, 648, 749, 930, 939, 952

女　9, 927

恩愛　429

恩愛思慕　76

恩に負き義に違いて　90

御念仏　792, 792, 812

御念仏 心に入れて申して　792

怨枉　84

穏便無事の姿　887

御文　792, 816, 824

隠蔽　16, 98, 394

隠蔽落蔵　303

御返事　760

陰魔　208

御ものがたり　819

本願の御約束の力　943

厭離　477

遠離　70, 77, 252, 406, 421, 424

遠離我心　323

遠離我心貪着自身　323

遠離供養恭敬自身心　323

遠離自供養心　323

遠離無安衆生心　323

瘖瘂　429

温涼柔軟　52

園林　409

園林遊戯地門　324, 325, 504

遠流　435, 842, 926

御礼報謝　939

恩を報じ徳を謝せよ（報恩謝徳）　441

か

果　122, 192, 200, 206, 210, 217, 257, 265,
309, 338, 346, 351, 353, 367, 372, 445, 471

戈　427

果位　820

戒　17, 69, 147, 180, 287, 303, 340, 378, 385,
394, 397, 398, 399, 420, 431, 695

海　221, 222

界　402

蓋　126

怪異　395

戒慧　397

開演　254, 378

害覚　34, 247, 453

恢廓広大　34

恢廓曠蕩　36

恢廓窈窕　91

戒行　397, 687

開化　174

改悔　859, 921, 926

介卿　427

改悔廻心　947

開悟　235, 457

戒香薫修　144

開悟根熟　869

開山聖人勧化の御恩　939

開山聖人より相伝の安心　943

開士　424

開示　398

皆悉到彼国　727

皆受自然虚無之身無極之体　356

戒・定・慧　335, 393

楷式　428

害心　845

外人　294, 295

海水の一味　412

外甥　422, 423

戒・施・定　384

開闢　231

戒善　687

害想　34, 247, 453

海中宝洲　409

我一心　189, 235, 254

涯底　17, 62

開導　61, 222

果位のときの名　820

開避　65

開敷　284

戒不具足　385

戒法　394

戒品　687

開明　78

該羅　67

加威力　232

戒を受持　340

戒をたもてし者　61

何因何縁　651

瑕穢　332

帰るとも病み　とどまるとも病み　819

来れる　203

火王　68

語句　19

我憶往昔　730

火鑊　89

我・我所　293

鏡　287

果願　238

華漢日域の師釈　441

餓鬼　21, 37, 115, 278, 342, 409, 913, 938, 945

餓鬼道　434

柿の衣　845

我帰命　190

家郷　203

覚　334, 430

過咎　80, 182, 183, 277, 651

臥具　295, 415

覚位　858

覚悟　221, 281, 943

学地　237

学匠　575

学生　762

学生沙汰　825

覚蔵　903

覚知　451

覚知成興の心　452

廓然　150

赫然　349

楽の声　45

かくのごときの語　290

学文　873

学文をして念の意を覚りきわめて申す念仏にもあらず　875

過患　143

嘉元三年　788

過去　194, 293, 338, 342, 369, 402, 403, 404, 417, 419

過去・今生・未来の一切の罪　683

過去・未来　194

嘉号　441

果号　209

果号の三字　903

過去・久遠　693

過去の転輪王の功徳尊貴　185

過去・未来・現在　117

過去無数劫　186

瘡（かさ）　281

退邁　869

かしこくよきひと　695

果地の荘厳　869

呵責　303

和尚　685, 848

果浄　256

果成の正意　494

果成の土　355, 497

我所の心　66

数（かず）　92

果遂　25, 378, 882

果遂の願　378, 533, 618

果遂のちかい　533, 619

果遂の誓　378, 388

下生　426

花城の路　846

風の前の夕べの灯　929

河泉　409

華俗の訓　428

難きが中にうたたまた難し　269

火宅　215, 244, 372, 390

火宅に還来　587

火宅の利益　639

形もなく　822

刀（かたな）　295

歌嘆　524, 609

歌歓　58, 65

河池　429

蝎　401

月　401

月愛三昧　283, 284

楽器　120, 124

渇仰　921

月光摩尼　44, 361

合掌　21, 96, 97, 111, 141, 145, 187, 368,

418, 419, 420, 471, 476, 869

合掌・叉手　141, 146

月蔵　416

月半　402

月満　402

月利沙　213

火摘　320

過度人道のこころ　532, 617

悲しむ心　779

かの願　60

かのくに　684, 690, 704

かの国　45, 55, 56, 57, 61, 63, 64, 98, 99, 102, 103, 105, 117, 124, 129, 138, 139, 141, 150, 157, 159, 160, 164, 197, 198, 199, 233, 238, 244, 255, 261, 266, 271, 306, 312, 325, 346, 361, 363, 368, 369, 370, 379, 380, 454

かのくににうまれんとするもの　703

かの国の浄業を成ずる者　117

かの国の人民　98, 99

かの国の菩薩　64

かのくにの名字　704

かの国地　120

かの国土　37, 100, 118, 160, 164, 259, 307, 320, 322, 362

かの土　156, 206, 255, 272, 310

彼の土　504

彼の所　503

かの土の菩薩衆　58

かのとのみのとし　673

かの人　148

かの人の語　240

かの人の語を聞くこと　256

かの仏　128, 146, 158, 198, 204

かの仏願（第十八願）　239

かの仏国　63, 66, 102

かの仏国土　48, 157

かの仏の光明神力　147

跏趺　7, 100

禍福　75, 85, 92, 422

禍福相承　92

果分の上の果分　883

果報　276, 288, 289, 637, 766

鎌倉にての御訴え　791

果満　271

慢偏執の心　887

嘉名　378

我母是賊　536, 621

迦耶城　540, 625

嘉猷　392

我礼　513

花洛　862

華洛帰歟の運　869

荷羅睺星　401

加羅時　402

迦羅羅虫　276

迦羅林　398

かりの住家　929

瓦礫荊棘　859

瓦礫をして変じて金と成さん　204

訶梨勒の果　339

漢　430, 818

翰　427

観　136, 195, 196, 713, 715

願　17, 20, 29, 32, 33, 34, 186, 192, 199, 205, 206, 209, 212, 218, 219, 222, 233, 239, 246, 255, 307, 329, 348, 350, 353, 373, 376, 504, 567, 568, 808, 916, 929

願意　243, 814

甘雨　431

歓悦　331

願往生　493

願往生の心　455

桓王丁卯の歳　426

願海　221, 225, 356, 388, 558, 757, 849, 860

願海（智願海）　684

願海一乗のみのり　750

函蓋相称　192

願海平等　263

勧帰　390

歓喜　59, 61, 65, 78, 107, 143, 145, 146, 149,

語句　21

150, 151, 179, 180, 182, 183, 184, 185, 197,
213, 245, 250, 252, 261, 262, 284, 360, 405,
523, 528, 531, 548, 557, 607, 613, 616, 702,
707, 921, 949

歓喜（光）　226

含気　429

歓喜賀慶の心　246

歓喜讃仰　195

歓喜地　143, 182, 184, 213, 227, 349, 449,
548, 818

歓喜信楽　28, 29, 57, 105

歓喜信心　541, 806

歓喜せしめ　233

歓喜の因縁　183

歓喜無量　402

歓喜踊躍　39, 105, 179, 214, 330, 442, 495,
932

歓喜踊躍乃至一念　867

歓喜踊躍の行者　916

諫暁　90

願楽　14, 721

願行　196, 244, 928

観経往生　881

願楽覚知の心　246

観経義（観経疏）　565

観経の九品　848

観経のこころ　606

願楽の心　452

観行の体相　316

願行を円満　878

願求　140, 142, 143, 144, 378

勧化　378, 851, 923

願偈総持　188, 191, 443, 471

勘決　400

含華未出　650

感見　884

管見推量　887

漢語　430

奸詐　653

観察　66, 174, 256, 310, 314, 324, 325, 326,

344, 368, 390, 424, 476, 484, 503, 564

鑑察　208

観察荘厳仏土功徳成就　316

奸詐百端（かんさひゃくたん）　236

願作仏心　258, 259, 263, 319, 455, 551, 580,
583, 641, 643, 692, 875

願作仏の心　552

奸詐百端（かんさももはし）　475

願事成就　323

観地の法　121

勧修（かんじゅ）　367

灌注　47

灌頂　48

願生　190, 298, 702

願生安楽国　190, 732, 733

灌頂王子　318

願生我国　737

願成就　703

願成就一実円満の真教　264

願成就の一念　262

願成就の文　178, 306, 330, 360, 442, 446,
800, 806

願生彼国　684, 702, 880

勧信　211, 464

勧進　139, 873

願心　446, 455

勧進行者　487

願心の荘厳　256, 316

観世音菩薩の面　132

観世音菩薩の真実の色身を観ずる想　133

観世音菩薩の像　128

観世音菩薩を観ぜんと欲する者　133, 134

願船　654, 861

元祖　858, 874

観想・功徳・遍数等の一念　443

貫綜縷練　9

官属　7

管属　435

願体分明　879

浣濯　29

還丹の一粒　223

観知　365

感徴　7

願土　552

願というは名号　902

願と慧　33

願以此功徳 平等施一切 同発菩提心 往生
寒熱　72, 73

観念の秋　867

観念の念　875

願のこころ　880

願のこゝろ　882

願の成就　881

観の益　365

観音勢至自来迎　682

観音の垂迹　835

観彼世界相勝過三界道　308, 345

観彼世界相 勝過三界道 究竟如虚空 広大
無辺際　732

観仏　485, 486

観仏国土清浄味　326

観仏三昧　366

観仏本願力 遇無空過者 能令速満足 功徳
大宝海　732

勧無勧対　223

漢明の世　426

観門　365

願文　310, 880

肝要　902

願力　69, 200, 201, 237, 377, 437, 455, 477,
478, 479, 495, 693, 713, 728, 733, 737, 738,
766, 929, 938, 941, 951

願力回向　258

願力成就　505

願力成就の報土　566, 804, 868

願力摂得往生　738

願力の回向　326, 457

願力の信心　258

願力の徳　915

願力の白道　715

願力の不思議　902, 929

願力の道　244

願力不思議　544, 631

願力無窮　644

願力をうたがうこころ　744

寒涼の時　401

甘露　46, 48, 353, 361

天の甘露を灑ぐ　386

甘露の想　267

甘露の法　68

甘露味　284

き

器　95, 318

機　209, 223, 225, 227, 235, 236, 367, 373,
376, 382, 388, 390, 449, 457, 474, 747, 848,
863, 881

記　8, 60

起　35

鬼　410, 433, 434, 435

樹　122, 123, 193, 312

偽　266, 273, 360, 433, 496

疑　237, 261, 381

祇　434

義　13, 19, 38, 48, 174, 191, 289, 333, 335,
389, 410, 428, 435, 506, 767, 778, 807, 809,
918

愧　280

喜・悟・信の忍　272

喜愛　388

疑・愛の二心　261

起悪造罪　562

熙怡快楽　65

義異名異　341, 342

疑雲　744

疑雲永晴　744

帰依　275, 276, 290, 319, 341, 400, 403, 405,
421, 434, 471

棄捐　72

機縁　240

語句　23

毀厭　367

疑蓋　246, 247, 250, 255, 257, 373, 454

疑盖　455

疑蓋間雑　246, 249

伎楽　64, 101, 526, 610

伎楽の音声　45

飢寒　90

騎棺　428

飢寒困苦　50, 90

機堪不堪対　223

巍巍殊妙　39, 330

聞き候うにあかぬ浄土の聖教（聖人訂正後）　814

機偽多端　84

帰給　87

帰敬　406, 542, 555, 630, 654, 661

起行　200, 236, 902

機教相応　366, 867

起行というは念仏申す者の行儀　902

耆旧　340

疑懼　67

聞くところを慶び 得るところを嘆ずる　900

疑悔　362, 363

疑碍　238

譏嫌　302

綺語　88

疑怯退心　242

毀讃の文　392

涯　222

毀呰　420

起屍鬼　422

疑錯　368

義趣　140

偽性　471

疑城　466, 778

疑情　229, 258, 451, 496

色・声・香・味・触の法　453

疑城胎宮　359, 376, 649, 779

疑情のさわり　575, 931

喜心　293

鬼神　400, 402, 413, 421, 422, 423, 434, 435

疑心　215, 245, 262, 452, 453, 809, 814, 873

疑心自力　653

疑心自力のはからい　931

鬼神説　389

鬼神の説　795

疑心の善人　651

疑心の人　494

奇瑞　436

奇瑞霊験　661

奇瑞霊験あらたなり　661

器世間清浄　317

救世菩薩の告命　844

貴賤　76, 206, 258

貴賤老少　929

競う　66

来るとも帰るとも　809

吉祥　7

吉日良辰　710

吉良日　400

吉凶　75, 406, 421

吉凶の相　421

吉祥　341

吉徳　278

奇特　860

奇特最勝の妙典　175, 441

奇特の法　12, 173, 175

奇特法　175

機として少しもはからうことなく　899

義なきがなかの義　802

義なきを義とす　648, 803, 807, 809, 822, 876

帰入　228, 583, 585, 643, 645

喜忍　270

帰人　434

昨日の快楽　914

魏の末　734

機の善悪　878, 941

偽の善知識　493

24

樹の高さ　121

偽の中の偽　433

義のなきをもて義とす　752

機のよしあし　949

耆婆の語　284

耆婆の所説　281

帰伏　8, 668

器不浄　318

毀法　397

毀謗　231, 393, 676

偽宝　395

疑謗　207, 433, 437, 568, 638, 674, 773, 775, 861, 926

機法一体　880

喜法の心　66

疑謗のともがら　568

疑謗の輩　844

疑謗破滅　639

疑謗を成す輩　859

疑謗をなすともがら　926

魏末　734

鬼魅　291

君　950

帰命　187, 188, 189, 190, 199, 200, 212, 226, 228, 350, 471, 502, 513, 514, 515, 516, 517, 519, 520, 521, 522, 523, 524, 525, 526, 527, 535, 551, 596, 599, 600, 603, 604, 605, 607, 609, 610, 611, 612, 620, 659, 666, 669, 728, 732, 736, 816, 875, 935

奇妙・雑色の鳥　157

帰命尽十方無碍光如来　189, 356, 732, 816

帰命の意　190

帰命の信行　929

帰命方便巧荘厳　609

帰命礼　190

亀毛　191

疑網　67, 79, 172, 252, 443, 447

記文　674

逆　303, 496

獲　820

逆悪　229, 446, 448, 450, 555

劇悪極苦　71

逆悪もらさぬ誓願　537, 622

逆違　71

逆害　171, 274, 276, 277, 280, 287, 537, 622

却行而退　536, 622

劇苦　81

五逆・十悪　434

五逆十悪謗法闡提の悪人女人　903

獲証　209

逆臣　675, 676

獲信見敬得大慶　751

獲得　257, 293, 453, 495, 884

獲得の者　505

劇難　10

獲字　820

逆謗　227

逆謗闡提　171, 221

逆謗の死骸　557

撃発　208

宮商　43

舅　422, 423

糺挙　94

給済　71

宮商和して自然　526, 611

弓箭　845

虚　425

京　762, 768, 786

凶　428

境　196

教　197, 201, 223, 234, 368, 370, 378, 390, 392, 400, 434, 435, 441, 467, 473, 567, 691, 841

教化　35

狂　82

経　20, 61, 77, 105, 106, 107, 150, 197, 203, 211, 254, 298, 302, 338, 342, 381, 382, 383, 384, 391, 400, 434, 444, 446, 457, 472, 547, 801, 876, 878, 918, 919

軽　285, 496

語句　25

行 7, 8, 19, 74, 93, 140, 171, 177, 199, 205, 209, 214, 234, 237, 240, 241, 244, 245, 252, 258, 259, 260, 299, 319, 353, 366, 367, 368, 370, 372, 376, 378, 391, 397, 435, 437, 441, 444, 456, 479, 484, 490, 491, 505, 555, 747, 785, 826, 841, 878, 881, 882, 914, 915, 916, 917, 949

敬愛　73

京夷庶民　575

教有漸頓　747

径迂対　223, 468

教誡　96, 390, 400

経戒　77, 94

境界　19, 252, 414, 415, 416

教我観於清浄業処　365

教我思惟　365

教我正受　365

教観　272

経巻　920

行願　6, 859

教・機　400

慶喜　205, 227, 229, 244, 437, 522, 606, 692, 750, 761

慶喜するひと　692

澆季の風俗　948

慶喜奉讃　589

慶喜楽の心　452

経教　195, 433

教行　441, 451, 862, 923

経行　157

楽敬　183

教化　14, 14, 81, 95, 255, 299, 307, 311, 314, 315, 491, 675, 859, 927, 946, 950, 952

教誨　90, 91, 436, 836

経家　356, 375, 376, 389

行化　862

教化地　216, 256, 310, 324, 325, 326, 504

教化地の果　217

交結聚会　86

軽挙　65

教語　75, 76, 92

経語　77

僥倖　91

行業　243, 375

行業の果報　37

教興の所由　390

行業の地　37

馨香芬烈　53

巧言諛媚　84

慶西御坊　810

脇士　835

行事　392, 394, 398

交飾　52, 126

形色　52

形色殊特　26

形色端正　51

形色不同　21

行七歩　6

行者　117, 129, 139, 140, 141, 142, 143, 144, 146, 198, 229, 241, 244, 265, 390, 424, 491, 494, 560, 564, 647, 649, 650, 653, 683, 752, 777, 807, 820, 821, 822, 835, 873, 918

経釈　848

経釈の文　770

経釈分明　880

行者の廻向　588, 645

行者の願楽　721

行者の心　813

行者の称礼念　928

行者の所作　879

行者の智恵才覚　923

行者のはからい　708, 729, 761, 798, 803, 809, 922, 928

行者のはからいなき身　803

行者のはからいの　ちりばかりもいらぬ　803

行者のはからいは自力なれば義　778

行者の身　139, 141

教主　545, 562, 627, 648, 849

憍縦　83

行住坐臥　476, 849
行住座臥　198, 239, 244, 266, 367, 368, 571, 572, 778, 815, 914, 931, 942
軽重の義　299
教証　229, 451
行証　394, 435, 580, 594, 636, 841
敬信　172, 356, 441
行信　171, 214, 373
敬信の心　293
行ずる者　140
形勢　84
軽賤　476
教相　867
経蔵　303
形像　349
兄弟　73, 75, 83, 91, 280, 943
儀容端正　51
教勅　414, 454, 733
経典　10, 148, 353, 384, 671, 733
敬田院　665
郷党　84
薑湯　386
傾動　222
経道　96, 448, 472, 619
経道断絶　472
経道滅尽　106, 471, 565
行と信とは御誓い　785
行というはすなわち利他円満の大行　441
敬難　88
軽爾　257
行人　137, 200, 683
教念弥陀専復専　691
行の一念　214, 785
行の一念を離たる信の一念　785
経の隠彰の義　365
経の意　364
経の宗致　173, 441
経の住滅　391
経の体　173, 189
経の大意　173, 441

教の大・小　366
経の名　164, 180
経の名を聞く　379
『経』の別説　364
教の理致　833
境は細　196
刑罰　101
驚怖　113
行不退　839
教法（きょうほう）　550, 666, 674
教法（きょうほう）　243, 393, 469, 858
経法　19, 27, 58, 65, 75, 79, 95, 96, 100, 105, 106, 362, 472
楽法　66
行法　415, 416
行法の衆生　414
行法の者　419
巧方便　200, 253, 319, 320
巧方便回向　319
巧方便回向成就　319
巧方便力　504
軽慢　368, 387
憍慢　61, 88, 180, 227, 252, 254, 379, 384, 494
憍慢貢高の儔ら　869
軽慢厭捨　476
憍慢の鎧　224
形貌　50
教命　436, 885
教門　309, 874, 941
経文　393, 395
教論　947
孝養　946
孝養父母　487, 942
敬礼　419
恭敬礼拝　187
慶楽　242, 495, 708
狂乱　291
経律　398
経律論釈の肝要　868

語句　27

経律論釈の要文　926
経律論蔵　666
経歴　299
巧暦　41
教令　75, 88
暁了　451
校量　299, 300
交露　46, 361
経論　415, 672, 834
経論釈　878, 887, 906
経論釈の義　883
狂惑の見　906
行をはなれたる信　881
行を離れたる信はなし　785
浄き影　173
浄き仏土　60
玉京　431, 432
玉女　425, 431
局分　219
居諸　869
魚蟐　347
喜楽　401
義利　178
義理　83
義理甚深　868
記録　834
疑惑　38, 57, 80, 99, 101, 102, 106, 260, 361,
362, 378, 449, 471, 649, 650, 651
疑惑心　361
疑惑胎生　534, 619
疑惑の心　99, 652
疑惑の罪　649
疑惑の念仏の人　708
近　367
禁戒　219, 384, 420
擒狩　332
銀樹　42
今上　435, 842
金床玉机　431
禁制　112, 396

緊那羅　402
緊那羅王　413
金の台　115
金の葉・華・果　42
銀の葉・華・果　42
禁閉　303
欽明天皇　834
禁裏　842

く

苦　92, 95, 102, 120, 121, 123, 143, 148, 149,
178, 183, 210, 236, 257, 289, 292, 336, 367,
370, 420, 434, 441
求　383
愚　496, 868
遇　713
愚悪　939
苦悪のこと　476
苦悪の事　367
愚悪の衆生　247
愚悪の凡夫　916
苦因　861
空　9, 34, 60, 67, 70, 78, 114, 120, 123, 143,
202, 352, 366, 423
功　260
空・無相・無願の三昧　70
空・無相・無願の法　34
空閑　195
空見の人　288
空曠　241
遇善知識　聞法能行　905
空能願有　489
空（源空）の真影　436, 885
空（法然）の真筆　436, 885
空無我　321
空・無我の声　47
空・無相・無願の三昧　9
功・慧　69
倶会一処　160, 950
功慧の力　33

垢穢惑累　433

垢汚　8

久遠　79, 221

久遠劫　647

久遠実成　540, 625

久遠の因　205

久遠無量　14

苦海　387, 654

苦界　203

具戒　422

苦海の沈淪　646

苦海の浪　943

求願　80, 197

弘願　199, 308, 366, 556

弘願の一行　903

弘願の一乗　573

弘願の信楽　534, 620

弘願の信心　565

茎　42, 43

究竟　177, 182, 219, 220, 264, 306, 312, 345, 356, 550

供養　183

恭敬　35, 58, 59, 61, 70, 97, 100, 102, 111, 183, 190, 247, 252, 280, 289, 315, 340, 403, 405, 453, 524, 549, 609, 661, 669, 677, 943

苦行　273, 291, 371, 382, 423

工巧　284

恭敬合掌　405

究竟願　45, 361

究竟願故　206

恭敬修　884

恭敬心　449

公卿僉議　842

公卿人　577

恭敬の心　186, 442, 549

弘経の大士　230

久行の人　216

究竟畢竟　221

究竟法身　220

久久　79

求救　113

功勲広大　17

拘碍　79

口気香潔　35

くげ殿　774

苦患　44

苦　497

口業　313, 324, 339, 344, 367, 369, 476, 478, 503

弘興　675

求業　339

求降雨時　401

久近　259, 260, 371

救済　171, 401, 667, 672

草の上の朝の露　929

草の上の露　936

休止　75, 332, 437

九地　344

弘深　19

紅色の光　121

遇斯光　516, 599

駈使債調　303

具此三心　694

愚者　825, 930, 937

孔雀　157

求索　72

倶舎宗　758

丘聚　96

苦受　336

口授　301

久住　414

九十億の菩薩　103

九十五種　273, 587, 639

九十五種の異道　395

九十五種の外道　393

九十五種の邪道　195, 360

求生　248

口称三昧　903

空聖人　839

口称の一行　930

垢障の凡愚　388
垢障の凡夫　353
倶生の冥見　940
苦心　91, 95
久塵　204
窮尽　224
薬　300, 385, 386
弘通　947, 948
弘通の恩　884
弘誓　34, 178, 204, 229, 377, 441, 446, 450, 504, 550, 551, 566, 686, 710, 834, 869
弘誓各別　201
弘誓一乗海　224
弘誓願　227
弘誓の鎧　219, 312, 720
弘誓の功徳　63, 107, 446
弘誓の強縁　171, 446
多生にも値い難く　446
弘誓の智海　551
弘誓のちから　569
弘誓の力　387
弘誓の仏地　447
弘誓のふね　548
弘誓の門　200
弘誓の鎧　25
曲事　792
救世菩薩の霊夢　925
垢染　68
弘宣　589
九仙の術　427
功祚　7, 33
愚僧　392
休息　39, 182, 314, 330, 411, 412, 414, 416, 520, 604
具足　62, 69, 133, 214, 234, 355
具足戒　144, 147
具足して観世音・大勢至を観ず　136
具足衆戒　487, 687
具足八智　342
宮胎　363

苦治　396
口　763, 941
愚痴　80, 82, 84, 259, 260, 274, 332, 386, 422, 531, 697, 716, 763, 915
愚痴海　225
具知根力　340
口に常に悪を言い　90
口に称うる　879
口に称え身に拝む　877
口に南無阿弥陀仏と称うる　875
口の四悪　274
愚痴の人　287, 288, 298
愚痴の煩悩　767
愚痴の病　386
愚痴のやみ　743
愚痴放逸の類　859
愚痴無智　413, 825
愚痴無智の輩　879
愚痴矇昧　91
愚痴門　490
宮中　7, 101
究暢　63, 78
苦痛の道　94
屈駕　275
屈敬の気　839
窟宅　341
倶眠　540, 625
宮殿　27, 46, 48, 52, 80, 98, 99, 101, 139, 361, 378, 619, 652
求道　78
苦毒　19, 85
功徳　8, 24, 34, 35, 39, 48, 55, 56, 57, 63, 67, 69, 70, 99, 100, 101, 102, 107, 139, 140, 142, 144, 157, 158, 159, 177, 179, 180, 183, 188, 205, 248, 252, 255, 267, 289, 291, 313, 315, 330, 332, 349, 350, 360, 361, 379, 402, 406, 444, 447, 448, 453, 458, 501, 504, 511, 518, 523, 524, 542, 551, 557, 579, 602, 607, 608, 630, 633, 643, 654, 708, 713, 714, 864, 884
愚禿が信　868

愚禿が心　461, 474, 868
功徳殊勝　77
功徳成就　453
功徳証成　464
功徳善根　579, 683, 712
功徳蔵　59, 378, 563
功徳大海　315
功徳大宝海　228, 732
功徳のうしお　557
功徳の善力　37
功徳の大宝　714
功徳の大宝海　188, 222, 348, 443, 449, 713, 734
功徳の母　252
功徳の宝　33, 173, 177, 195, 441, 523, 607
功徳の宝海　551
功徳の法財　243
功徳の宝珠　446
功徳の水　221
功徳の本　60
愚禿悲歎の述懐　654
苦毒無量　93
功徳無量　207
愚鈍　171
愚鈍最下の悪機　902, 914
愚鈍最下の機　906
瞿曇氏　281
瞿曇沙門　295
愚鈍の悪人　949
愚鈍の衆生　246, 451
愚鈍の身　858
愚鈍の者　873
恐難生　691
国　16, 18, 280, 428, 430
刹（くに）　60, 61
国と財と位　7
国の中の人天　218
国の詔書　425
国の大夫人　111, 112
国の人　294

愚人　146, 147, 148, 204
恐熱迫慴　87
苦悩　39, 85, 87, 89, 92, 124, 250, 289, 298, 330
功能　270
苦悩の一切衆　504
苦悩の群萌　171
苦悩の娑婆　257
苦悩の衆生　587
苦悩の思い　80
苦悩を除く法　124
苦の衆生　136
空の真影　836
空の真筆　836
休廃　423
具縛　449
具縛の群萌　453
具縛の凡愚　259, 688
具縛の凡衆　553
具縛凡愚　260
愚鄙廝極　50
九百年　393
恐怖　423
愚夫　86
九方の仏国　524, 608
共報の用　318
九品　201, 462, 467
九品聖衆　857
九品ともに回して不退を得よ　376
九品の諸行　881
愚昧の今案　835
熊野証誠殿　850
熊野詣　850
熊野霊告　847
窮微極妙　26
共命の鳥　157
愚民　84
雲　429
拘物頭華　47
旧訳　732

語句　31

供養　25, 33, 35, 58, 59, 70, 98, 100, 102, 104, 114, 157, 180, 187, 219, 253, 271, 285, 286, 291, 310, 314, 315, 331, 340, 368, 399, 403, 405, 472, 476, 487, 516, 549, 564, 720, 859

供養の想　311

供養の具　26, 64, 293

位　302, 425

苦楽の地　73

苦楽万品　307

紅蓮華色　132

紅蓮大紅蓮　883

功労　241, 491

鉄　223

愚惑　76

苦を抜く　321

君　425

君王　225

群居　839

群胡　426

君后　225

君子　431, 555

群邪　421

群籍　7

薫修　210

群生　7, 10, 34, 69, 81, 174, 224, 228, 247, 248, 309, 315, 353, 446, 453, 454, 503, 504, 561

群生海　214, 225, 250, 360

君臣　432

群臣　111

群賊　241, 242, 243, 492

訓導　225

君父　432

群萌　13, 68, 173, 174, 371, 441, 453, 712, 750, 862, 869

け

化　9, 35, 96, 307, 313, 350, 351, 352, 353, 380, 424, 429, 433, 483, 743, 838, 842

仮　272, 356, 372, 492, 496, 758

華　121, 122

下　58, 215

解　244, 335, 382, 474, 491

偈　187, 222, 274, 276, 290, 384, 403, 404, 405, 410, 416, 423, 733

芸　7

景王壬午の年　426

境関　862

蔾蔾忪忪　94

蟪蛄　301

焚惑　401

谿・渠・井・谷　37

稽首　59, 187, 195, 348, 349, 350, 525, 609

稽首作礼　29

径術　271

稽首仏足　16

稽首礼　190

卿上雲客　577

卿上は公卿人　雲客は殿上人　577

係念遠離のすがた　882

経の目　432

希有　17, 68, 164, 174, 205, 226, 248, 259, 270, 306

希有・最勝・真妙・清浄　377

希有華　270, 705

希有最勝の花文　883, 885

希有最勝の華文　436, 836

希有最勝の大信　232

希有の行　183, 184

希有の心　193

希有の法　269, 387

稀有の法莚　949

化縁　570, 577

外縁　214, 469

華蓋　64

穢（けがれ）　8

仮観　486

逆順の異　428

逆天の常　427

外儀のすがた　572, 653, 927

外儀の姿　927

解義の中の第四重　316

計挍　23, 41

解行　236, 488

解行已上の忍　270

外教邪偽　400

解行不同　382

解行不同の邪雑の人　240

悔懼　91

外己　321

華香　48, 52, 64, 65, 101

繋業　299

下業　275

解業　339

繋業の義　299

悔恨　287

華厳　462

華厳（宗）　747

飢饉（けごん）　419

下根往生の実機　868

華厳宗　758

華厳の極唱　271

化作　142

裂裟　393, 395, 399, 420

華座　128, 487

繋在　299

裂裟衣　423

華座想　126

芥子　347

下至　215, 737

下至一念　214

下至十声　737, 880

下至十声聞等　215, 245

家室　73, 87, 90

芥子の地　209

外邪異見の難　241, 492

悔責　102, 362

解釈　268

華樹　27

偈頌　451

化生　56, 99, 100, 205, 307, 333, 361, 362,
409, 502, 551, 646, 651, 746

化成　361

戯笑　421

希常対　469

化生の人　646

化生の者　100

化身　376, 466, 486, 669

仮・真　374

悔心　286, 296

化身土　359

化身の証成　465

化身の土　466, 796

化身無数　137

化制　392

解説　125, 262, 385, 415

下賤　50, 82, 284

解奏　422

繋属　240, 299, 409

華胎　363

華台　202, 269

懈怠　61, 180, 248, 379, 392, 423, 494, 497,
695, 748, 938

解脱　17, 39, 78, 82, 83, 85, 87, 89, 92, 125,
147, 184, 192, 201, 240, 241, 243, 268, 288,
330, 332, 333, 334, 342, 348, 349, 371, 373,
382, 384, 393, 431, 490, 515, 517, 598, 600,
867

解脱果　441

解脱堅固　393

解脱智慧門　490

解脱知見　147

解脱の光輪　598

解脱分の善根　371

化他の要術　868

獣（けだもの）　434

下智　687

結縁　819

結縁の群類　849

語句　33

結縁の志　849
下智浅才之類　748
下智と高才　204
決　180
結縁　882, 907
結縁の類　879, 882
結跏趺坐　136, 362
欠減　421
決定　33, 204, 211, 235, 237, 239, 242, 256, 298, 299, 300, 333, 334, 368, 380, 421, 488, 560
決定往生　949
決定往生のしるし　886
決定往生の徴　437, 836
決定して自力を建立せよ　479
決定心　262, 875
決定の一心　916
決定の信　406, 560
決定の信心　207
決誓猛信　259, 260
決択　202
決判　878, 887
血脈　885, 886
血脈いるまじき　885
血脈相承　884
化度　576
化土　264, 571
化導　857, 860, 862, 874, 921, 947
華幢　120
外道　68, 202, 393, 421, 422, 423, 424, 433, 434, 496, 548, 587, 654, 655, 710
外道の家　879
外道の相善　189
外道の類　876
外道の道　335
外道付仏法　876
化土にうまるる人　728
化土の行者　647
化人　351
悔熱　274

係念　370
繫念　116
繫念思惟　384
係念定生の願　378
外の解脱　335
化の浄土　364
仮の善知識　493
外の雑縁　197, 567
仮の仏土　356
外の凡夫　390
下輩生の想　149
下輩の者　57
繫縛　250
虧負　77
化仏　57, 130, 132, 146, 148, 350, 482, 544, 632
無数の化仏　198
化仏の光明　146
化仏菩薩　743
化仏・菩薩　314, 743
華報　274
下方世界に　162
化菩薩　130, 132
下品下生　148, 301, 302
下品下生の者　149
下品　434, 556
下品上生　145
下品上生の者　147
下品中生　147, 260
下品中生の者　148
下品の懺悔　371
外魔　208
懈慢　264, 364, 462, 466, 534, 619, 649, 650, 778, 779
懈慢界　359, 363, 376, 497, 571
懈慢国　364
懈慢国土　363
懈慢辺地の往生　778
懈慢辺地の様　571
仮名　296, 390

仮名の修学　867
仮名の人　191
仮名の菩薩　296
希望　948
怖望　85, 91
怖望僥倖　91
化没　53, 64
化物　743
仮門　532, 565, 617, 620, 712, 880
仮門の教　376
化益　446
讃喩　95
華葉　125
化楽　410
快楽　29, 53, 80, 99, 306, 361
外楽　323
快楽安穏　18
計量　23
仮令の誓願　376
下類　688
下劣　72
下劣の輩　362
繋恋　209
外論　428
見　202, 298, 335, 344
賢　84, 425, 496, 868
顕　364, 376
顕の義　365
患　430
還　255, 310, 446
見愛我慢の心　424
玄・黄・朱・紫の光色　53
厳科　392
顕開　367, 373
患害　73
間隔　261
元久乙丑歳　836
元久乙丑の歳　885
謙敬　61
見敬得大慶　267

玄虚沖一の旨　429
謙苦　78
賢愚　207
源空が信心も善信房の信心もさらにかわる
　べからず　840
賢愚対　469
見解　243
顕化身土　172
幻化の境　931
幻化の法　9
眼見　344
堅固　390, 393, 525, 610
言語　431
賢劫　399, 411, 416, 418
賢劫中の一切の菩薩　6
堅固願　45, 361
堅固願故　206
限極　36, 40
堅固深信　262, 455
現其人前　532, 617
堅固の大悲心　254
堅固の法　104
堅固勇猛心　404
堅固力　415
現作　293
現在　10, 117, 338, 342, 402
現在・過去・未来　194
現在の障り　194
現在の仏　186
顕示　228
幻師　9, 287
顔色変異　424
顔色和悦　112
見写　437, 836
間錯　122
慳惜　84
賢者の信　461, 474, 868
顕宗（けんじゅう）　862
還住　409
甄叔迦宝　126

顕彰　372
原壊　428
顕彰隠密の義　364, 365, 376, 377
現生護念　494, 706, 707
現生護念増上縁　739
賢聖衆　395
現生に十種の益　262
賢聖人　352
現生護念増上縁　270
現生護念の利益　706
現生無量の徳　448
見濁　165, 586
賢人　695
現身　129, 150, 901
顕真実教　172
顕真実教の明証　175
顕真実行　172
顕真実証　172
顕真実信　172
現身に無量寿仏及び二大士を見ることを得
150
見信の者　884
顕真仏土　172
現世　197, 274, 286, 294, 564, 565, 947
玄籍　315, 392
現前　25, 219, 312, 721
賢善者　182
賢善精進　653
賢善精進の威儀　849
賢善精進の相　236, 475
現前僧物　147
現前導生の願　360, 532, 617
現前当来　546, 628
賢善の心　406
間雑　378
還相　173, 192, 255, 310, 442, 556, 646
還相回向　720
還相廻向　647
還相回向の願　310, 445
還相の回向　309, 445, 556, 719, 720, 721

還相の廻向　584
還相の利益　326
眷属　90, 91, 115, 140, 143, 144, 274, 307,
405, 410, 412, 413, 421, 819, 913, 943
患息　431
還俗　303
眷属無量　308
見諦所断の法　182
乾闥婆城　288
間断　369, 497
建長三歳辛亥　759
建長七歳乙卯　473, 678, 780
建長四年壬子　765
建長七年乙卯　634
建長八歳丙辰　507
建長八年　788
建長八歳丙辰　786
賢哲愚夫　576
牽纏　424
還到本国　140
閑と不閑　10
現に西方にまします　36
眼耳鼻舌身意の六賊　915, 945
顕曜　6
牽引　89
建仁辛酉の歳　885
建仁三年　834
建仁辛酉暦　836
建仁第三の暦　832
咸然　58
顕の義　364
検非違使　843
蜎飛蠕動の類　179
厳父　225
玄風　428
還復　53
見仏の善根　389
嫌貶　376
見暴　265
顕・密　374

顕密　463, 867
顕密聖教　857
顕密の先徳　873, 903
顕密両宗の教法　858, 922
賢明　86, 88
顔貌端政　306
顔貌端正　49, 445
見聞　382, 437, 858
顔容　274
顔容憔悴　294
顔容端厳　834
顔容端政　308, 521, 605
還来　494, 587
兼利　254
建暦辛未の歳　436
建暦第二壬申　577
限量　23, 27
堅牢地祇　543, 630
堅牢の法　182
幻惑の呪術　112
詃惑無識　421

こ

去　494
虚　300, 360, 496
子　929
沽　260
牛　293
呉　432
語　389
護　410, 494
去・来・現の仏　174
五悪　81, 89, 93, 96
五悪趣　71, 227, 264, 445, 728, 751
五悪趣のきずな　728
五悪道　265
迎　757
公　430
功　204, 209, 431
好　130

孝　428, 428, 942
広　342
皇　425
香　27, 34
劫　210, 298, 381, 411, 412
業　87, 90, 245, 287, 296, 339, 364
号　681, 820
矜哀　13, 254, 297, 836
好悪　202
光陰　920
業因　200, 200, 356, 376, 497, 710
業因縁　293
業因縁の法　352
光陰の駒のあし　936
光雲　598
広慧の力　362
強縁　353, 381, 446, 707, 739, 783
業縁　277
好悪　389
侯王　433
洪恩を報謝　943
後悔の心　877
曠海の浪の上　857
後学　883
光赫焜耀　37
恒河沙　199
恒河沙劫　545, 627, 730
恒河沙数の諸仏　161, 162, 163
恒河沙等の諸仏　199
恒河砂等の諸仏　238, 380
江河泉水　429
業果法然　367
綱紀　94
豪貴鄙賎　576
豪貴富楽　195
後宮　290
孔丘の談　431
孔丘の時　425, 426
光暁　514, 597
興行　922

業行　296, 387

広狭対　223, 468

光暁　348

高玉　272

業垢　517, 600

好華（こうけ）　705

香気　46, 64, 193, 546, 628

好華（こうげ）　270

香華　859

業繋　348, 516

降化　81, 88

光啓　349

公卿　433

好堅　312

光顔　14

強健　74

光顔巍巍　12, 16, 173

光顔・容色　52

好堅樹　817

康元二歳　697

康元二歳丁巳　588, 635, 716

曠劫　172, 237, 240, 243, 268, 299, 309, 354, 381, 478

強剛　497

曠劫以来　569

香光荘厳　546, 628, 730

曠劫塵沙の罪　202

曠劫多生　447, 573, 941

曠劫多生の間　774

曠劫多生の群生　454

恒向北礼　735

浩浩茫茫　91

後昆　862

高才　687

高才　82

高才勇哲　16

興讃　392

講肆　869

光色　53

業識　214

光色昱爍　64

光色晃耀　52

業事成弁　301

恒沙　17, 38, 58, 376, 433, 646

恒沙曠劫　203

恒沙如来の護念　693, 709

恒沙の劫　371

恒沙の信心　539

恒沙万徳の大宝海水　221

恒沙無明の海水　221

恒沙無量　25

好醜　22

劫数　20

業種　209

業儒　272

好醜　260

興集　253

好醜対　469

孝順　942, 950

劫初　113

光照　226, 349, 517, 600

光摂　269

迎接　139, 140

豪姓　35

業清浄　337

広長の舌相　161, 162, 163

広長の相　135

劫濁　165, 412, 586, 637

光端　530

劫水　97

光瑞希有　174

高斉のはじめ　734

広説　69

講説　62, 66

広説衆譬　365

光闡　13, 173, 174, 200, 228, 376

豪賤　259, 260

豪賤対　223

高僧　227, 449

高僧の説　230, 451

光触　348, 515, 598

業足　349

光触を身に蒙るもの　355

高祖知識の教え　929

皇帝　842

広大　345, 356

広大異門　267

光台現国　535, 621

皇太后宮大進　858

皇太子の形像　884

皇太子の尊形　883

広大勝解者　267

広大勝解のひと　444

広大勝解の者　227

広大善　253

広大智　362, 363

広大智慧の名号　688

広大難思の慶心　261

広大難思の利益　446

広大の恩　447

広大の御慈悲　938

広大の荘厳　447

広大の利益　708

広大仏法異門　233

広大無碍の一心　326

広大無碍の浄信　446

広大無量　315

光宅　392

光沢　348, 515, 598

強奪　87

弘長第二壬戌黄鐘二十八日（聖人御命日）
862

弘長二歳壬戌　357

弘長二年　851

劫盗　288

行道　425

講堂　46, 361, 524

業道　299, 940

業道経　299

業道成弁　193, 216

講堂道場　524, 609

怯弱　240, 256, 497

強弱　260

強弱対　223, 469

好人　270, 494, 705

矜念　277

五劫のあいだ　944

孝の道　942

こうばしき人　730

惶怖　242

豪富　72, 82, 86

高峰岳山　586, 637

興福寺の学徒　435, 841

広普寂定　10

豪富尊貴　185

頭の燃　236

業報　406

興法の因　831, 922

回向発願心　239

降魔力　208

高慢の心　877

香美　193

香味飲食　424

好蜜　224

光明　8, 17, 18, 28, 38, 39, 63, 98, 100, 116,
119, 120, 128, 129, 130, 132, 135, 139, 141,
146, 186, 196, 209, 234, 266, 269, 283, 284,
329, 330, 331, 332, 333, 334, 348, 349, 450,
502, 505, 514, 518, 519, 526, 544, 576, 577,
601, 603, 611, 682, 691, 713, 732, 806, 816

告命　227, 449, 474, 834

光明・寿命の願　329

光明・相好　57

光明威神　330

光明威神功徳　330

光明王仏の刹　135

光明顕赫　39

光明顕曜　6

光明自在　354

光明熾盛　125

語句　39

光明寿命の誓願　640
光明照曜　349
光明智相　325, 559
光明徹照　78
光明土　214
光明と相好　130
光明の威相　17
光明の台　120, 133
光明の広海　215
高明の志願　19
光明の悲母　214
光明の宝林　139
光明は智慧　682
光明は智慧のかたち　691
光明遍照摂取衆生力　208
光明遍照摂取不捨力　209
光明名号　214, 229
光明名の父母　214
光明無量　159
光明無量の願　329
光明無量の徳用　814
光明無量無辺　544
衡門　853
曠野　286, 409
光融　8
綱維　79
光耀　526, 611
綱要　210
滉瀁浩汗　97
業力　347, 502, 729, 815
業力不可思議　347
広略　201
広略修行成就　319
広略相入　316
回向利益他の行　188
広略の止観　319
考掠　332
光輪　348, 515, 539, 594, 625
口論闘諍　947
業惑　473

声（こえ）　44, 123, 149, 281, 299
条（こえだ）　42, 43
牛王　68
牛黄　398
虚誑語　304
虚誑の身口意　558
こおりおおきにみずおおし　557
こおりとみずのごとく　557
氷の映徹せる　119
五陰　243, 493
後園　7
御恩　774, 814, 941
御恩の力　815
御恩報謝　933
御恩報謝の念仏　934
巨海　447
五戒　143, 147, 667, 687
辜較縦奪　90
金（こがね）　213, 223
虚偽　192, 232, 323, 372, 444
五気　427
虚偽・諂曲の心　453
虚偽諂曲の心　34, 247
五逆　24, 55, 143, 181, 218, 232, 233, 235,
240, 255, 281, 297, 298, 299, 301, 302, 303,
471, 489, 696, 751, 768, 787
五逆・十悪　148, 297, 299
五逆罪　273, 274, 298, 299, 340
五逆・十悪・繋業等　299
五逆十悪重軽等の罪　210
五逆の往生　297
五逆のこころ　622
五逆の重罪　298
五逆のつみ　696
五逆の罪　787
呼吸の頃　207
虚空　598, 733
五苦　118, 236
獄　362
極悪深重　748

黒悪道　493

黒闇生死海　384

国位　113

虚空　27, 33, 64, 68, 69, 114, 120, 124, 128, 137, 138, 151, 191, 219, 249, 279, 334, 337, 338, 339, 345, 348, 356, 447, 502, 539, 550, 551, 625

虚空の相　222

国王　16, 422, 676

国邑　96

国王・大臣　396

国王后妃　671

極果　443

国家　676

国君　35

黒業　275

黒業の報　275

極重　273, 298

極重悪業　124, 146

極重大罪悪業　421

国中のあらゆる一切万物　27

国主地頭の法度　949

極長の生　71, 74

極成用重の心　246, 452

極濁悪　230

極善　332

剋賊　82

極速円融の真詮　444

極速円満　177, 442

極速円融の白道　232

極大慈悲母　212

国土　18, 37, 41, 63, 106, 107, 115, 186, 201, 211, 265, 276, 318, 340, 401, 409

国土清浄　27

国土人天の善悪　226

国土人民　542, 629

国土のあらゆる万物　66

国土の主　313

国土の荘厳十七句　316

国土の善　179

国土の相　313

国土の粗妙　20

国土の名字　307

国土豊饒のたから　673

極難信ののり　538, 624

極難信法　457

極難値遇者　212

剋念　307, 704

黒白業　275

黒白業の報　275

極妙の楽事　118

極楽　156, 212, 353, 354, 376, 379, 381, 445, 522, 524, 583, 607, 608, 690, 691, 701, 769, 812, 882, 901, 903, 923, 943, 944

極楽池　203

極楽国　128, 140, 142, 144, 364

極楽国地　120

極楽国土　123, 135, 150, 156, 157, 159, 160

極楽国の七宝の荘厳の宝地・宝池・宝樹　128

極楽世界　116, 124, 127, 129, 135, 137, 143, 144, 145, 149, 150, 913

極楽能化　857

極楽宝国　243

極楽無為涅槃界　690

極楽無為涅槃界　随縁雑善恐難生　故使如来選要法　教念弥陀専復専　689

虚仮　236, 246, 452, 475, 681, 695

悟解　382

虚仮疑惑　706

虚仮雑毒の善　250

虚仮諂偽　247

虚仮諂偽の行　250

虚仮の行　236, 453, 475, 654

虚仮不実　653, 921

五眼　175, 235, 457

古賢の法語　210

五更　867

五劫　20, 226, 447, 640

後業　339

語句　41

五劫思惟　878
五劫思惟の御苦労　878
五劫に思惟　930
其国　728
五穀　431
五黒　323
其国不逆違　206
其国不逆違 自然之所牽　728
後五の機　392
九品の衆生　559
こころ　609
意（こころ）　41, 59, 62, 84, 87, 233, 257,
293, 294, 363, 377, 382, 386, 393, 401, 453,
887, 941
懐（こころ）　430
情（こころ）　240
心（こころ）　66, 67, 72, 75, 78, 84, 85, 87,
140, 142, 143, 160, 180, 182, 183, 217, 267,
270, 274, 275, 277, 292, 293, 295, 309, 360,
404, 405, 421, 422, 423, 424, 434, 763, 799,
878, 917, 941, 950
神（こころ）　6, 75
心憂くうたてきこと　790
心昏く識り寡きもの　446
こころざし　765, 767
志　67, 69, 928
心ざし　782
こころざしの銭　780
こころざしのもの　760, 762
意専心にして回すると回せざるとにあり
269
こころなきおさなきもの　906
心に常に悪を念い　90
心に仏を想う時　127
心の癖　928
意の所願　330
心の所願　78, 80
心の所楽　252
心の所念　64, 114
意の願うところ　39

心の欲する所　77
こころもことばもたえたれば　525
心を至し信楽して　232
心を端し意を正しくし　81
古今　94, 272
五根　157, 352
御在世の掟　887
五三昧処　852
居士　35
吾子　430
五事　416
護持　208, 395, 408, 409, 410, 411, 412, 413,
414, 416, 417, 418, 419, 420
五識所生の楽　323
五色の光　116
虚実　389
五実　482
御自筆　816, 818, 876, 881
御自筆の『教行証』　886
御自筆の銘文の御影　886
御自筆はつよき証拠　816
五邪の法　655
五種　483, 795
五趣　79
五十億劫の生死の罪　146
五十六億七千万　642
五十六億七千万歳のあかつき　817
五種の功徳　324
五種の功徳力　324
五種の業　324
五種の修行　319
五種の正行　374, 564
五種の雑行　375, 564
五種の不可思議　347
五種の不思議　312
五種の法門　324
五種の門　324, 325, 503
五趣八難の道　262
虚性　471
五焼　81, 93, 96

後生　899, 918, 924, 930, 936
五常　429
護持養育　407, 411, 412, 413, 414, 415, 420
五正行　375, 484
五障三従の女人　941
後生たすかるべきよう　901
故聖人　792
故聖人の御教え　767
後生の一大事　920, 940
後生の大事　929
五常の道　942
五乗斉しく入らしむる（五乗斉入）　353
五濁　202, 236, 371, 381, 506, 561, 636, 640,
703, 773, 775, 861
五濁悪時　239, 924
五濁悪時・悪世界・悪衆生・邪見無信のも
の　691
五濁悪時悪世界　539
五濁悪時群生海　750
五濁悪時の群生海　226
五濁悪邪　637
五濁悪世　64, 165, 372, 391, 521, 538, 567,
579, 605, 624, 633, 637, 643, 693, 750, 779,
915, 929, 939
五濁悪世の有情　643
五濁悪世の我等　930
五濁世　419
五濁増　568, 654
五濁の時機　639
五濁の利　7
五濁の凡愚　540, 625
五濁の世　188
五濁の世のありさま　638
五濁のわれらがためにときたまえる文（阿
弥陀経）　703
己心　190
己親　429
己身　293
御真影　886
挙身投地　114

挙身の光明　134
古人の言葉　937
挙身の光　132
御真筆　813
牛頭栴檀　193
後世　73, 82, 195
御誓言　875
御誓約　944
虚設　222, 348, 400
五説　795
後世の一大事　936, 942
後世の畏れ　414, 416
後世のくるしみ　938
後世のこころがけ　950
後世をおそるる心　919
五専　375
五善　81
五祖　867
御素意　874
御相承　876, 885, 906
御葬送　851
欺紿　95
五体　281
五体投地　29, 97, 115
五痛　81, 93, 96
五通　293
五通具足　286
剋果　20
乞匂　82
極刑　82
忽遇往生善知識　急勧専称彼仏名　905
忽緒　906
業障　133, 150, 424
骨相　386
骨体　185
乞人　51
乞人の帝王の辺　51
忽然　65
御伝持の旨　886
五道　79, 132, 473

語句　43

五道生死　728
五道の衆生の一切の色相　132
五道分明　91
五道冥官　543, 631
漚涜　430
孤独　82
五徳　96
古徳の伝説　390
異なる義　875
異なれる宝色　121
ことば　609
言（ことば）　431
道理　822, 919
理　298
御内証　905
老いて子におくるるより悲しきはなし
932
御入滅　176, 304, 357
悟忍　270
五念　505, 711, 902
後念　191, 266
護念　161, 163, 164, 198, 253, 350, 448, 464,
693, 709, 874, 918
護念経　199
御恩報謝　409
仏恩報謝の裏表　862, 950
五念門　190, 191, 503
この会の四衆　98
この界　203
此の界　547
願成就の文　881
願の心　881
子の義思い切り　790
この記文は出現せん　674
この経に値う者　106
この刹（くに）　180
この事　61
この語を持て　151, 379
この心これ仏なり　455
この心作仏す　455

この心深く信ぜること金剛のごとく　256
この世界　102
虚の善知識　493
五の専修　375
この土　98, 576
この念仏の一行　941
この人　139, 145, 227
この人（是人）　420
この身　813
この身の浮生　919
この世　79, 81, 948
この世の人のこころ　747
このよのひとびと　677
この世の仏法者のまなこ　747
この世の面謁　823
琥珀　36, 49, 121
琥珀の池　46
琥珀の沙　46
寤寐　572, 927
御筆　836
五百歳　80, 101, 619, 651, 652, 694
五百色の光　120, 137
五百生　662
五百歳　1000
孔子思神　907
護不護対　223, 468
故仏　570
其仏本願力　726
古墳　937
御報恩　792
御本懐　874
御本願　901
御本願の道理　933
虚無　333
五無間　233, 255, 303
虚妄　473, 904
虚妄顛倒の見　300
虚妄の相　319
虚妄輪　349
五門　324

五門の行　188, 217, 218

護養　414

牛羊眼易迷　747

五欲　202

五濁悪時　380

五欲の楽　274, 288

五欲名利　936

去来今　78

去来対　495

五力　157, 352

五利増長　415

御流の安心　900

不思議　850

これらの経　398

欺惑　84

金　36, 49

金鎖　101

根　201, 339, 378

近　496

銀　36, 49

金・銀・瑠璃・珊瑚・琥珀・硨磲・碼碯合
成して地とせり　36

権・実　374

言阿弥陀仏者　736

金剛心の行人　266

金剛不壊の真心　297

近遠対　223, 468

根機不同　903

権教　565, 758

言教　394, 431

権教　758

勤行　71

言行　80, 92

勤行精進　186

勤苦　7, 72, 76, 80, 83, 86, 87, 89, 92, 93, 95,
386

欣求　477, 478

欣求浄刹の道俗　258

欣求真実　477, 478

勤苦の処　332

根芽　193

権化の再誕　862

権化の仁　171

厳顕　116

権現　846, 850

今現在成仏　880

言語　883

金光　128

金剛　239, 245, 257, 336, 456, 488, 624, 684

金剛・七宝の金幢　119

金剛囲山　97

金剛堅固　567

金 剛 心　201, 229, 257, 263, 272, 455, 471,
525, 538, 552, 610, 613, 624, 684, 692, 704,
714, 715, 738, 757, 765, 779, 804, 875

金剛信心　806

金剛真心　264

金剛山　68

金剛智　281

金剛鉄囲　37

金剛那羅延の身　26

金剛の台　126, 139

金剛の志　257, 471

金剛の信　616

金剛の心　566

金剛の真信　231, 839, 860

金 剛 の 信 心　223, 567, 683, 684, 688, 705,
710, 743, 815, 860, 929

金 剛 の 真 心　257, 262, 365, 373, 377, 467,
494, 497

金剛不壊の心　494

金剛不壊の真心　232

金光仏の利　135

金剛摩尼華　133

言護念増上縁者　738

金・銀　156

金沙　156

金鎖　649

今師　859, 862

言辞　41

語句　45

金色　115, 126, 128

言色　73

厳飾　156

厳飾の奇妙　27

金色の光明　574

金色の光　121, 143, 144

金色微妙の光明　123

金翅鳥　68

権実　463

権実・顕密・大小の教　258

権実真仮　535, 620, 880

権実の教旨　868

欣戚　69

金樹　41, 42

勤修　74, 229, 253

欣趣　353

懃修　367

銀樹　41

今生　240, 271, 369, 371, 381, 730

欣笑　59

厳浄　98

欣浄厭穢の妙術　232

厳浄光麗　26

厳浄国　60

厳浄土　59, 60

厳浄の国土　20

今生の罪障　204

厳浄の仏土　29

今身　266

魂神精識　83

今世　73, 79, 85, 88, 93

言説　238

言説教令　414

近世の宗師　231

金山　269

近相　324

金台　141

金堂　663

金堂の内監　677

金銅の凾　673

混沌の性　430

言南無者　736

今日　348, 387, 405

言念　84

言音　10

欣慕　237, 368

困乏　72

権方便　6

欣慕浄土の善根　364

欣慕の釈　376

根本中堂の本尊　867

昏盲の闇　32

昏曚閉塞　76

近門　324, 503

建立　207

建立常然　34

言令不和　90

金流　7

金縷　52

金蓮華　142, 149

さ

作　35

座　313

妻　425

才　272

災　432

細　335

材　425

罪　200, 400

罪悪　93, 929

在縁　300

罪科　435, 841, 842

斎戒　56

斎戒清浄　95

才学　687

西岸　242, 494

犀牛　347

罪垢　224, 349

西瞿陀尼　407, 408, 409

蔡華　270
在家　927, 930
在家出家　927
在家出家智者愚者の差別　930
在家出家の四部　862
在家の尼入道の後生　876
在家は在家ながら出家は出家ながら　934
罪業　296, 589, 634, 735, 748, 876, 915, 931, 946
罪業深重　644
西国　426
摧砕　72, 89
妻子　338
細色　86
菜食　404
財・色　75
財色　35
在此起心立行　562
祭祀の法　434
罪者　283
在昔の時　114
摧邪力　208
債主　72
済衆の仁　209
最初引摂の利益　863
最勝　196, 209, 253
宰相　396
歳星　401
罪障　207, 550, 557, 585, 644
災障禍　433
最正覚　7
罪障功徳の体　557
最勝華　705
最勝丈夫　178
罪障深重　197, 585
罪障深重の悪機　899
最勝真妙の正業　181
最勝深妙不可説不可称不可思議の至徳　224
最勝智　252

最勝道　175
最勝の弘誓　441
最勝の直道　171
最勝の浄信　250
最勝の道　12, 173, 175
最勝の福田　69
罪障深きわれら　914
裁成両巻　735
罪障をつくる身　915
在心　300
在世　388
在世・正法　388
財増長　415
最尊第一　38, 63, 330, 331
最第一　349
西天　449, 834
西天の仏法　884
済度　662
斉等　72
斉同不退　302
済度衆生の身　929
西土の教文　858
西土仏教の楦　857
采女　290
罪人　147, 296, 302, 696, 765
摧破　227
最はもともことに勝れたり ありがたく 勝れたるよきひとと ほむるこころなり　568
裁縫　29
罪福　361, 378, 389, 421, 649, 650, 652
罪福の多少　239, 380, 917
罪福を信ずる心　378
西方　36, 119, 137, 156, 186, 196, 197, 201, 202, 203, 205, 244, 269, 382, 495, 668
罪報　89, 278, 286
財宝　913
西方安養の教主　874
西方極楽　922
西方極楽国土　117
西方極楽世界　118, 136, 143, 144

西方極楽世界の教主　915
西方寂静無為の楽　309, 354
財宝消散　50
西方浄土の先達　923
西方世界　161
西方の極楽世界　145
罪報の所生　157
西方の真門　862
最末の時　394
摧滅　94
災癘　96
西路　381, 569
さかさかしき人　826
作願　192, 255, 319, 324, 503, 504, 644
座観　196
作願門　190
坐起　72, 86
鑿窈の弁　430
酒　288
作業　902
作業というは念仏申す者の振舞　902
座主　313
作心　311, 322
左衽　425, 427
左遷　425, 925
座禅　201, 202, 382
雑観　126, 487
雑華雲　126
雑廁　36
雑色光茂　47
雑色の金剛　123
雑廁間錯　120
雑修　364, 373, 375, 487, 564, 571, 707
雑修雑心　375
雑修・専修　374
雑修雑善の川水　221
雑書　432
雑心　375, 377, 387
雑想観　138
薩捶の利益　913

蹉跌　89
詐諂　248
左道　427
左道乱群　427
さとり　560, 578, 582, 642, 684, 796, 809, 914, 917
解（さとり）　236, 241
識（さとり）　240
証（さとり）　171
薩婆若智　184
作仏　178, 179, 185, 234, 263
猿楽　905
猿楽のたより　905
猿楽の振舞い　905
さる（獼猴）のこころ　747
さわり　557
さわりおおきに徳おおし　557
碍（さわり）　241
障り　196, 197, 208, 209, 302, 441, 917
散　258, 366, 367, 376, 470
讃　503
讃（和讃）　880
懺　371
慚　280
三悪　287, 371
三悪道　179, 411, 412, 414, 420
三悪道の門　182
三畏　429
三異　481
三印　480
三有　384
三有繋縛の城　225
三有の生死　265
三会のあかつき　799
三往生　465, 883
三界　13, 67, 79, 174, 182, 184, 215, 240, 244, 299, 307, 323, 349, 431, 476, 862
三界・六道等の自他依正二報　367
残害　431
三槐・九棘の道　837

48

残害殺戮　82
三界雑生の火　307
三界輪転の事　218
三界の繋業　308, 345
三界の衆生　319, 541, 626
三界の諸天善神　789
山海の神　347
三界の道　345
三界の雄　33
三界六道　428
三界六道の命根　951
三迦葉兄弟　422
三ケ条の尋ね　886
三ケ条の難勢　887
三願　218, 882, 883
三願の意趣　882
三観仏乗の理　831
三帰　117, 334, 421
散機　373, 470
慚愧　146, 147, 244, 280, 293, 457, 635
三祇・百大劫　747
三帰依　334
慚愧懺悔　948
慚愧・懺悔の心　370
慚愧の正念　947
慚愧の人　288
三逆罪　281
三経　377, 389, 883, 848
散行　485
三経一心　377
三経の光沢　231
三経の真実　372
三経の大綱　377, 456
三経の沖微　867
三経の方便　372
三苦　8
三垢　38, 330
三句展転　235
三垢の障り　69
三垢の冥　32

山家　629
算計　7
懺悔　113, 115, 390, 391, 421, 735, 921
散華焼香　56
三解脱門　352
三遣　479
三賢・十聖　309
珊瑚　36, 42, 43, 49, 121
三光　427
三皇　424
讃仰　607
賛仰　523
三業　236, 237, 313, 369, 400, 452, 454, 475,
558, 927
三恒河沙　582, 640
三恒河沙の諸仏　693
三業修善　495
三業所為の善　367, 476
三業相応　418
三業の過失　946, 951
三業の所修　236, 244, 247, 248, 250, 254,
475
三業の善　291
三業の力　928
三国　734
三国伽藍　920
三国知聞　734
三国伝来の大師・先徳　883
三国の祖師　848
珊瑚樹　41, 42
珊瑚の池　46
珊瑚の沙　46
三災　396, 397
三三の品　308, 502
三事　117
三時　392
三七日　112
三七日の後　142
三時の教　391
三者回向発願心　906

語句　49

三趣　10

算数　40, 41, 159, 354, 603

三宿（虚・危・室）　407

三十三天　293, 412

三十二相　63, 127, 318

三十二大人相　25

三十六百千億　527, 611

三十六百千億の光　53

三聚浄戒　687

暫出還復没　384, 385

三種の業　117

三種の障　302

三種の三心　365

三種の受　336

三種の衆生　138

三種の精気　414, 419

三種の障碍　323

三種の荘厳成就　256, 316

三種の成就　256, 316

三種の身　338

三種の心　138, 323

三種の随順菩提門の法　321

三種の善調御　385

三種の人　273

三種の不相応　235

三種の菩提　415

三種の菩提門相違の法　320, 321

三種の発相　435

三所　483, 484

三障　193

三生　882, 907

三精気　416, 417, 418, 419

三乗　10, 220, 221, 257, 374

三小劫　143

三乗衆　349, 518, 601

三定聚　883

三乗正行の伴　434

三乗浅智　351

三乗の五逆　303

三乗の法　303

三信　450, 455, 497, 506, 567, 694, 916

三心　236, 244, 246, 257, 264, 365, 369, 376, 451, 452, 454, 456, 474, 497, 693, 748, 848, 902

三身　196, 209, 351, 465, 796

散心　374, 757

三心一異の義　376

三心往生　497

三信心　693, 694

三心すなわち一心　452

三信展転相成　560

散心念仏　759

三心の願　247

三心を具する者　138

三塗　85, 87, 89, 92, 94, 135, 219, 349, 527, 569, 612

三随順　479, 480

三塗苦難　527, 612

三塗苦難の名　48

三途の旧里　917, 944, 948

三途の業因　937

三塗の黒闇　349, 516, 599

三塗の勤苦の処　39

三塗の無量の苦悩　82, 85, 87, 89

三塗のもろもろの苦　299

三塗勤苦処　330

三世　212, 457, 528, 612, 914

三石の運　392

三世十方一切如来　224

三世諸仏　117

三世の重障　542, 542, 630

三世の諸仏　405, 420

三世の諸仏の教え　144

三世の諸仏の法　403

三世の罪　292

三是名　479, 480

三禅　323

散善　712

散専修　375

散専心　375, 377

50

三千世界　239, 380
三千大千界　212
三千大千世界　63, 64, 105, 107, 122, 130,
161, 162, 163, 199
三千大千世界の一切の仏事　122
三千大千世界の声聞・縁覚　23
三善道　411, 412, 414
三千の威儀　687
散善の義　758
三千の法門　343
三禅の楽　302
散善は行を顕す縁　369
三市　59
三蔵　5, 191
三帀　292
讒賊闘乱　88
三諦一諦の妙理　858
三大僧祇　351
讃嘆　178, 190, 238, 290, 315, 324, 325, 367,
464, 476, 487, 503, 521, 564, 869
讃歎　55, 97, 123, 139, 141, 143, 144, 145,
160
讃嘆供養　368, 485, 564
讃嘆門　189, 190
三朝　648
三朝浄土の宗師　377
三点　431
散動の根機　367
三毒　193, 453, 763, 768
三毒の煩悩　914
三毒の箭　300
三毒の利箭　276
三悪　86
三悪趣　157
三悪道　21, 93, 913, 938, 954
三悪道の名　158
三忍　229
三有　300, 448
三会　869
懺念　382

三念門　191
散の三心　373
三の蓮華　129
三輩　55, 365, 848, 862
三輩・三心　364
三輩・九品　374
三輩九品定散の教　264
三輩生　259, 319
三輩の業　211
三輩の諸善　881
三輩の文　360, 881
三病　273
三不　450, 455
三部経　796
三福　117, 367, 462, 467, 487
三福・九品　368
三福九品　237
三福九品の諸善　712
三福の行　367
三不三信の誨え　229
讃不讃対　223, 468
三部大乗　733
三仏菩提の願船　861
三部の経典　733
三宝　34, 42, 46, 48, 101, 197, 247, 291, 315,
376, 404, 406, 453, 649, 651, 652, 677, 789,
796, 857, 858
三宝種　414, 420
三宝紹隆の基　920
三宝神明　787
三宝同一の性相　384
三宝にあつく恭敬せよ　677
三法忍　45, 361
三宝の財物　303
三宝の種　411, 414, 416, 417, 418, 419
三宝の名　147
三宝物　304, 393
三菩提　473
三品　370, 392
三品の懺悔　566

語句　51

三昧　9, 10, 17, 30, 31, 53, 67, 120, 141, 150, 194, 208, 216, 283, 311, 314, 326, 400, 401, 415, 424

三昧王　211

三昧海　201

三昧常寂　34, 247, 453

三昧神力　310

三昧の根　415

三昧の中の王　194

三昧門　70

三昧を行ずる者　150

三昧力　208, 314

三藐　473

三明　371, 400, 863

三明・六通　144

三無　480, 481

讃誉　406

三曜（太白星・歳星・月）　408

三曜（鎮星・歳星・熒惑）　407, 408

三曜（日・辰星・太白星）　408

三曜（熒惑星・歳星・鎮星）　408

讃揚　188

三礼　857

散乱放逸　585, 644

三輪　235, 457

三論・法相宗　747

三論宗　758

三論の祖師　211

し

師　276, 764, 765, 768, 772, 776

思　251, 252, 384, 797

死　79, 91, 93, 241, 242, 290, 332, 427, 914, 940

慈　321, 428

持　192, 377

自　820

地　27, 36, 278

慈哀　472

慈愛　423

慈愛仁惻　277

四悪　88

四阿含　191

四阿修羅城　412

地位　553, 930

四威儀のすがた　572

徙倚懈惰　89

至韻　315

四有縁　489, 490

師友の義　90

紫雲　577

時運　399

四依　389, 390

慈恵　51

侍衛　431

四依弘経の大士　377

四王　410

師恩　859, 916

師恩仏恩　900

四海　307, 428

死屍　286

持戒　202, 382, 394, 395, 397, 398, 423

持戒の比丘　398

持戒の者　878

四海の竜神八部　789

持海輪宝　361

持戒輪宝　44

慈鵠樹　426

止観　747

志願　19, 31, 34, 247, 442, 453, 473

至願　61

止観は法華　747

識　196, 389, 431

色　34, 335, 338, 351

四儀　400

思議　307, 308, 345, 705

食　49, 338, 412, 421, 424

直　494, 496

色・声・香・味・触の想　248

色形　758

色究竟天　37

直参　905

時機純熟の真教　175, 905

色・声・香・味の法　247

植諸徳本の願　376, 378

識心　209

色身　48

識神　209

色塵　858

直説　191, 711, 715

直説聖人　883

直説善知識　899

色相　139

色像　281, 335

時機相応の法　584, 643

識体　428

惻度　355

色超絶　349

四季転変の消息（ありさま）　919

職当　90

直道　814

直入回心対　470

食不浄　318

直弁因明対　223

色味　7

色貌　344

四狂　287

師教　849

示教　389

慈孝　82

四教円融の義　831

自行化他　858, 907

自行化他の要術　876

師の恩厚　437

始行の人　216

惻量　521, 605

四気和暢　431

紫禁・青宮の政（まつりごと）　837

四衢道の頭　287

四功徳処　182, 183

至愚の相　868

字訓　247, 452

自解の義　868

示現　293, 313

自己　11

恃怙　85

至孝　437

慈光　209, 349, 350, 517, 520, 600, 604

二皇（伏羲・女媧）　429

自業自得の道理　653

師教の恩致　835

地獄　21, 37, 115, 147, 274, 275, 278, 279,
280, 285, 286, 292, 299, 339, 342, 396, 420,
422, 541, 627, 772, 776, 887, 913, 938, 945

地獄　餓鬼　畜生　612

地獄・餓鬼・畜生の三悪道　913, 938

地獄の果報　274, 286

時剋の極促　200

地獄の衆火　147, 260

持国の正法　394

地獄の猛火　148

至極無碍の大行　216

四五寸　493

紫金　42, 43

紫金色　114, 132, 134

紫金の池　46

紫金の沙　46

紫金の台　140, 141

死罪　435, 842

自妻　86

自在　14, 36, 66, 184, 195, 324, 340, 403

自在神力　222

自在随意　80

自在天宮　115

自在なるこころ　712

自在人　188

自在の義　326

自在の業　324

自在の意　332

自在の所化　219, 312

語句　53

自在の所聞　184
自在の処　414
自在の飛行　184
自在の変化　184
死罪流罪　842
四子　428
師子　774
祠祀　401
四事　35, 368, 476
四字　209, 210
四時　37
姿色　14
姿色清浄　12, 173
師子吼　33, 178
自在　202
師資遷謫　841
師子の身の中の虫　774
死者　279
咨嗟　24, 177, 709, 710
侍者　130, 132
師釈　375, 389, 447, 451
磁石　224
四趣　372, 434
四修　370, 902
四衆　79, 98, 210
師主　574
旨趣　309
持誦　105
四重　240, 471, 489
始終　426
止住　391, 472
心の所願　472
自宗　873
四重禁　340
四十二対　469
四十二対の異　868
四十八願　145, 199, 201, 203, 212, 218, 222,
237, 301, 302, 316, 348, 350, 353, 379, 478,
737, 879, 880
四十八願等　256

四十八願の月　837
四十八大願　685
四十八の大願　346
四十八の別願　916, 944
四十不共法　184
師主知識　587, 648
師主知識の恩徳　900, 939
師主のおしえ　749
師主の御教えのゆえ（聖人訂正後）　814
師主の恩徳（聖人訂正後）　815
四種の限り　425
自修の去行　868
自宗の骨目　848
四種の衆生　401
四種の荘厳菩薩功徳成就　318
四種の正修行功徳成就　314
四種の清浄の功徳　324
四種の魔　292, 397
四種の門　188, 216, 325
四生　265, 493, 586, 640, 677, 728, 745
至聖　430
熾盛　274, 421, 638
四乗　796
自障　261
治定　886
至誠回向の二心　456
四正勤　352
自障自蔽　261
自障障他　388, 569
至誠心　57, 138, 236, 249, 369, 456, 475,
476, 495, 694, 765, 770
至誠心の中に云く、「至とは真なり誠とは
実なり」と　456
至誠専心　404
淄澠の一味　308, 502
死生の趣　75
資生の具　420
自性唯心　231, 860
時処諸縁　448, 571, 778, 931, 942
時所の不浄　815

詩書礼楽の文　429

四信　482

至心　20, 55, 56, 57, 77, 149, 198, 246, 247, 249, 267, 382, 405, 452, 454, 702, 725

侍臣　285

慈心　91, 117, 139, 179, 185

自心　136, 220, 368, 481

自身　215, 237, 244, 321

至心回向　24, 255, 261

至心回向の願　359, 378

至心回向欲生　533, 618

至心回向欲生の機　882

至心・回向・欲生の心　376

慈心歓喜　332

自信教人信　難中転更難　大悲伝普化　真成報仏恩　924, 952

自信教人信の意　933

至心者　528, 613

自身住持の楽　259, 319, 320

至心信楽　24, 725, 860, 880, 881, 928

至心信楽願為因　749

至心信楽する人　917

至心信楽の願　225, 226, 231, 232, 443

至心信楽の願心　373

至心信楽の業因　729

至心信楽の本願の文　232

至心信楽欲生　531, 616

至心・信楽・欲生　257

至心・信楽・欲生の誓　246

至心に回向　55

至心に回向せしめたまえり　233

至心にかの国に生ぜんと願う者　55

至心念仏　404

自身の邪活　394

自身の生因　860

至心の者（ひと）　235

自心の発起　849

慈心不殺　487

至心不断　39

慈信坊御返事　774

慈信坊の法文　786

至心発願　24, 533, 618

至心発願の願　359, 360

至心発願欲生　532, 617

至心発願欲生の機　881

至心・発願・欲生の心　373

自身を供養し恭敬する心　321

賎が庵・海人の苫屋　874

身の浮生　919

死するほどのことならば帰るとも死しとどまるとも死し　819

此是自力　562

時節　244, 284, 298, 301, 340, 726

自説他説対　223

時節の久近　239, 239, 368, 380, 917

時節の久近・多少　299

自説不説対　468

時節要略　403

死せる人　398

廝賎　86

四禅　857

地前の菩薩　482

緇素　207, 258, 852, 858, 868, 951

思想　72, 76, 93, 368, 476

地想　120, 121, 487

淄澠の一味　502

子息　393

此即是願往生行人　737

自他　876

四諦　144

四大　243, 274, 492, 493

次第　252, 313, 314, 401, 412

辞退　292

四大海　412

四大海水　130

次第相承の安心　951

四大天下　411, 412, 413

四大天王　409, 411, 412, 413, 663

四大の暴河　265

次第方便　415

語句　55

斯陀含　352
斯陀含果　352
自他所修の善根　369
自他二力　878
自他の依正二報　368
自他の諸悪　367, 476
自他凡聖　478
自他凡聖等の善　476
四智　175
七悪　489
日域　227, 449
七覚　66
七覚分　352
七賢聖僧　392
七地　311, 312
七七日　146
七重の網　121
七重の行樹　156
七重の行樹の想　121
七重の室内　111
七重のむろ　535, 621
七重の羅網　156
七重の欄楯　156
七生　660
七深信　478
七難消滅の誦文　542, 629
七日　104, 141, 144, 145, 404, 424
七日のうち　142
七日の功　203
七百歳の後　397
七百年　393
自致不退転　727
七菩提分　157
思釈　452
四柱の宝幢　126
師長　34, 88, 248, 280, 453
七曜　412
七宝のもろもろの樹　41
師長に奉事　117
師長の遺徳　857, 921

師長の想　420
失　390
湿　307
実　236, 248, 287, 300, 360, 425, 475, 496
疾雨　431
実機　868
実義　296
実教　565
室家　75, 83, 84
習気　314
実解　482
日月の咎　430
実見　482
悉現前　701
実語　237, 290, 862
十劫　36, 159, 348, 447, 511, 514, 531, 594, 597, 616
十劫の暁　930
漆膠の憶（痴膠の憶〈本願寺本〉）　858
実虚対　223, 469
実際　312, 323, 347
実事　351
湿生　746
実証　482
実性　470
十声　196, 198, 199, 696
十小劫　147
実相　201, 211, 305, 317, 319, 338, 445, 690
実相の身　235
実相の法　300
実相の智慧　317
十即十生　197
質多（しった心）　264
実諦　220
実知　482
七昼夜別時念仏　924
実の声　287
実の衆生　190, 191
実の生死　190, 191
実の清浄　318

実の善知識　493

疾風　224

七宝　36, 41, 42, 46, 120, 123, 318, 361, 524, 664

十方　6, 18, 27, 33, 54, 61, 78, 98, 141, 214, 226, 238, 264, 269, 314, 380, 387, 448, 466, 524, 527, 608, 611, 654

十方一切衆生　682

十方一切の衆生　726

十方一切の世界　315

十方一切仏　292

十方界　140

十方群生海　214

実報華王の宝国　882

十方現在の仏　187

十方恒沙の諸仏　237, 380, 538, 624, 806, 807, 918

十方恒沙の諸仏如来　442

十方恒沙の諸仏の御証誠　795

十方恒沙の如来　807

十方恒沙のもろもろの仏・如来　55

七宝合成　115, 126

十方国　59, 134

十方国土の諸仏如来　97

十方三世の徳号の本　378

十方三世の無量慧　350

七宝樹　45

十方衆生　234, 452, 520, 532, 533, 604, 617, 618, 725, 737, 761, 808, 880, 907, 917, 944, 949

七宝樹林　526, 611

十方諸有　531, 616

十方称讃の正教　441

十方称讃の誠言　175

十方浄土　531, 616

十方濁世　378

十方諸仏　115, 186, 203, 238, 267, 312, 349, 473, 563, 565, 669, 807, 861

十方諸仏如来　219, 312, 720

十方諸仏の国　447

十方諸仏の国土　330

十方諸仏の証誠　693, 709, 809

十方諸仏の浄妙の国土　135

十方世界　24, 40, 45, 56, 57, 81, 104, 130, 132, 135, 177, 201, 209, 234, 310, 315, 330, 682, 685, 709, 732

十方世界の無量の諸仏　24

十方世界の無量の仏国　104

十方世界のもろもろの天・人民　55

七宝台　431

実報土　687, 688, 691, 695, 714, 716

実報土にうまるる人　728

実報土の正因　747

十方に遊歩　6

十方に遊歴　142

十方如来　473

七宝の池　141, 156

十方の一切諸仏　130

十方の一切世界　37

十方の有縁　528, 613

七宝の台（うてな）　203

七宝の果　122

七宝の宮室（きしつ）　101

七宝の宮殿（くでん）　80, 98, 139, 651

十方の国　138, 159

七宝の華（け）　100

七宝の華葉　121

七宝の講堂　65

七宝の獄　650, 653

七宝の国土　135

十方の国土　107

七宝の色　123, 132

十方の衆生　24, 198, 199, 218, 232, 350, 360, 378, 702, 725, 760, 881

十方の諸有　531

七宝の荘厳　128

十方の諸大士　212

十方の諸仏　380, 779, 901

十方の諸仏・菩薩　39, 330

十方の諸仏如来　25

語句　57

十方の諸仏の国土　39
十方の諸仏の名号　105
十方の世尊　18
七宝の池　148
七宝の地上　125
七宝の池中　142
七宝の池中の蓮華　148
十方の如来　269, 545, 628
七宝の鉢器　49
七宝の華　56
十方の仏国　122
七宝の宝池　527, 612
十方の無量菩薩衆　609
十方のもろもろの有縁　350
十方のもろもろの天・人民　79
十方のもろもろの菩薩　187
十方のよろずの衆生　701, 725, 737
七宝の蓮華　123, 141, 144
七宝の牢獄　362
十方仏　380, 484
十方仏国　553
十方仏土　523, 607
十方仏等　239
十方微塵世界　538, 623, 682, 713
十方微塵刹土　733
十方無碍人　217, 350
十方無量　28, 29
十方無量諸仏　135
十方無量の諸仏　131, 544, 632, 646, 685
十方無量の世界　64, 115
十方無量不可思議　266
十方無量不可思議の諸仏世界　28
十方無量仏　350
十方面　126
十方より来れる正士　60
十方来生　524, 609
疾疫　431
師弟芳契の宿因　863
祀典　434
四天下　49, 219, 407, 410, 411, 412, 413,

414, 418
四顛倒　323
四土　796
四同　483
寺塔　661, 667, 672, 675
地頭　774, 775
四徳　431
師徳　861, 906
至徳　81, 221
至徳円修満足真実の心　452
至徳具足の益　262
持読誦説　262, 385
至徳成満　378
至徳の風　215
自督の詞　189
至徳の尊号　247
至とは真なり誠とは実なり　456
慈に三種あり　186
四如意足　352
次如弥勒　704, 720, 799
慈忍の心　248
思念　117, 124, 242, 247, 292
熾然　411, 416, 417, 418, 419
自然　29, 31, 33, 43, 45, 46, 47, 49, 51, 52,
56, 64, 65, 71, 73, 74, 76, 80, 82, 85, 87, 89,
91, 92, 95, 99, 100, 107, 116, 121, 122, 126,
131, 158, 182, 203, 206, 228, 264, 265, 269,
281, 283, 284, 300, 311, 326, 354, 361, 370,
387, 424, 445, 507, 526, 533, 562, 568, 587,
611, 619, 639, 683, 684, 708, 727, 728, 729,
730, 736, 820, 821, 822, 899, 929, 946, 951
自然化成　133
自然快楽音　527, 612
自然快楽の音　48
自然虚無の身　49, 306, 445
自然之所牽　206, 729
四念処　352
自然清和　526, 610
自然増進　116
自然というはおのずからしからしむるとい

う心 899
自然に風起こり 65
自然に供養 65
自然に化生 64
自然の音楽 33
自然の七宝 36
自然の浄土 535, 567, 620, 880, 929
自然の徳風 52
自然の万種の伎楽 45
自然の妙声 47
自然の物 49, 98
自然のようを知らせん料 822
自然の利益 683
自然閉 728
自然発応 35
地能載養 489
死の趣向 91
地の精気 411, 414, 415, 418
四の善事 384
四の大国 409
死の難 242
四輩 858, 862
師範 925
慈悲 106, 112, 319, 322, 402, 447, 525, 580,
610, 613, 643, 644, 652, 659, 806, 930
慈悲哀愍 472
慈悲海 207
慈悲含忍 405
慈悲心 664
自筆 886
慈悲に三縁 346
慈悲の相 386
慈悲の父母 244, 457, 506, 566, 635, 798
慈悲方便 201
慈悲門 321
四百万里 26
慈悲力 208
慈父 693
思・不思 797
思不思議対 223, 469

思不思議の法 797
四部の衆 396
四部の弟子 393
慈父母 291
自蔽 261
四別 482
時別 482
慈弁 10
四辺の階道 156
四宝 156
四方四維 402
しぼめる花 787
四暴流 265
四梵行 404
死魔 296
姉妹 280
紫磨金色 141
枝末諸方の霊幅 867
時魅 208
滋味 183
持名の行法 211
持名の功 382
慈愍 78, 254, 414
慈愍の心 416
四無碍智 352
四無所畏 352
下 22, 23
下一念に至るまで 195
下の長行 190
社 272
邪 433, 496
邪悪 86
奢婬 83
闍王の逆心 536, 621
釈迦・弥陀の二尊の勅命 736
釈迦一仏の所説 380
釈迦一仏のみこと 779
釈迦慇懃の付属 861
釈迦勧信 464
釈迦護念 464

語句 59

釈迦讃嘆　464

蛇蝎　236, 475, 654

蛇蝎奸詐のこころ　654

釈迦如実の言　449

釈迦如来の自説　796

釈迦の恩　200

釈迦の教法　550

釈迦の慈父　683

釈迦の舎利　857

釈迦の所説・所讃・所証　380

釈迦の発遣　455

釈迦の法　392

釈迦の遺教　580, 593, 640

釈迦の遺法　580, 594, 636, 648

釈迦毗楞伽宝　126

釈迦毗楞伽摩尼宝　122

釈迦仏の開悟　387

釈迦微笑の素懐　364

釈迦弥陀十方諸仏の御方便　779

釈迦弥陀如来の御恩　761

釈迦弥陀の御すすめ　764

釈迦弥陀の御はからい　798

釈迦弥陀の御方便　763

釈迦弥陀の二尊の御はからい　808

邪観　121, 124, 127, 131, 134, 136, 258

邪偽　236, 246, 377, 390, 475

邪疑　209

邪義聴聞の人　879, 883

邪義聴聞の人々　877

邪偽の善業　222

邪行　303

釈　735

釈教　428, 429

綽空の字　836

釈家の意　364

釈氏　428

赤色には赤光　156

錯失　367

釈綽空の字　885

赤珠　156

積習　345

寂静　20, 47, 451

寂静止　325

寂静処　404

寂静の声　47

寂静無為の楽　230

策進　248

斫截　420

積善の余慶　51

積善余慶　51

釈尊一代の教　914

釈尊の教勅　691, 733

釈尊の附（付）属　885, 941, 949

釈尊のみこと　795, 800

釈尊の御弟子　735

釈尊の御法（みのり）　636, 645, 666

釈尊付属の真説　905

釈の意（こころ）　453

石蜜　386

錯謬　366

寂滅　34, 48, 67, 305, 317, 445

寂滅の慧　322

寂滅の煙　862

寂滅平等　310

寂滅平等の身　449

寂滅平等の法　310

釈文　210

釈門　427, 575, 841

捨家棄欲の姿　927

邪見　209, 227, 381, 383, 384, 406, 415, 433, 494, 515, 598, 674, 859, 869, 921, 926

邪見の幡　393

邪見の者を助けん料　794

邪見放逸　645

邪見放逸のちまた　926

邪見無信のもの　691

邪見六臣の言　281

砷碩　36, 42, 43, 49, 156

射御　7

遮護　415

邪語　384

麝香　398

邪業　339

硨磲色　121

硨磲樹　41, 42

硨磲の池　46

硨磲の沙　46

硨磲の光　121

邪聚　55, 306, 444, 703, 708

遮障　414, 416, 417

邪性　471

邪正　196

邪定　521, 606

邪定聚　306

邪定聚の機　359

邪定聚の人　881

邪正対　468

邪正の道路　225, 435, 841

捨身　209

邪心　85, 492, 675

邪神　421

捨身他世　131

邪推　879

捨施　415

邪扇　349

邪雑　258

奢促　747

奢促対　223, 469

邪態　86

舎宅　52

社壇　847

邪智の義　887

邪道　273

邪の善知識　493

奢　747

娑婆　202, 257, 265, 269, 371, 387, 433, 569, 570, 859, 863

娑婆一耀の光　355

奢はおそきこころ　747

娑婆界　418, 546, 628, 686, 731

娑婆苦界　948

娑婆苦界のならい　932, 938

娑婆国土　165

娑婆長劫の難　200

娑婆世界　639, 727, 747, 807, 817, 913

娑婆世界主　407, 411, 412, 413, 415

娑婆世界の主　411, 413

娑婆世界の智慧　528, 612

娑婆の縁　952

娑婆の火宅　242

娑婆の機　874

娑婆の化主　366

娑婆の仏土　413

娑婆仏国土　417

娑婆仏土　412, 413

娑婆本師の力　269, 387

捨謬開悟　886

社廟　849

邪風　433

差別　184, 371, 882

邪魔　202, 422

奢摩他　255, 319, 415, 503, 504

奢摩他・毘婆舎那・方便力　310

奢摩他寂静三昧の行　325

沙弥戒　144

捨命已後　238, 244, 380

邪網　8, 424

沙門　16, 55, 56, 112, 244, 398, 399, 400, 428

沙門の行　399

舎利　157, 857, 921

捨離　89, 254, 416

車輪　156

闍黎多　434

主　313

取　702

趣　265

首　254, 255

衆　33, 90, 93, 177, 227, 290, 291, 363, 394, 396

語句　61

堅　258, 704, 728

頌　16, 19, 32, 33, 58, 303

衆悪　77, 81, 82, 83, 86, 87, 88, 89, 92, 93, 94, 96, 146

衆悪の万川　557

衆悪の源　79

四維　38, 58

思惟　116, 226, 293, 514, 597, 640, 867, 944

思惟攝取　447

執　377

周　394

宗　366, 372, 465

重　285, 496

重愛　234

醜悪　51

十悪　240, 299, 303, 471, 489

十悪五逆　204, 941

十悪・五逆　433

十悪・五逆等の罪　297

十悪・五逆の悪人　687

十悪五逆の罪人　757, 941

十悪の罪人　696

十一・二・三の御誓い　814

宿因　535, 621, 858, 863

酬因の身　350

愁憂　113, 114

臭穢　281

集会　40, 331

集会の悪党　412

修学　925

習学　922

終帰　209

宗義　925

重軽対　223, 468

重軽の悪人　213

愁苦　71, 274, 275, 277, 278, 279

十九・二十の願の機　882

十九の願　532, 617, 879, 883

十九の願の機　881

十九の願のこころ　879

十九の願の心　876

十九は諸行往生　882

宗家　874

重悔　280

重誨　80

宗家・元祖の両意　874

宗家大師の祖意　868

縦広正等　122

縦広・深浅　46

縦広二百五十由旬　125

重罪　209, 281, 290, 296, 297, 298, 389

十三観　365

十三重の塔婆　852

十三の観想　487

宗師　230

執持　198, 377, 379, 382, 456, 465, 549

住持　222, 259, 307, 314, 315, 320, 383

十地　482

住持三宝の中の仏宝　883

十四支　123

十七・十八の悲願　803

十七種　347

十七種荘厳功徳力不可得思議　347

十七種の荘厳功徳成就　347

十七種の荘厳仏土功徳成就　317

十七の願　803

終日　430

執持護念　464

十地の階次　312

十地の願行　269

宗師の勧化　388

宗師の解（『観経疏定善義』）　457

宗師の意　373

宗師の釈義　249, 355

十地のもろもろの所行の法　184

十四仏国　104

執持名号　383

執持名号の真説　456

縦捨　72

執受　383

循循　387		自由の儀　905	
宿習　141		宗の教相　885	
十住の菩薩　343, 343, 344, 355		宗のこころ　876, 916	
洲渚　265		宗の己証　880	
湿生　409		周の第五の主　391	
十乗三諦の月　867		周の代　426	
志勇精進　69		十はすなわち十ながら生ず　382	
住定の菩薩　303		十八（第十八願）　879	
住持楽　259, 320		十八願迎来　204	
住持力　347		十八対　470	
執心　451		十八の願　803	
執心牢固　364		十八は念仏往生　882	
愁悴　274		十八不共法　352	
住水宝珠　245		十平等処　406	
宿世の時　180		愁怖　276, 278	
十善戒　687		摺怖　8	
十善業　117		十不善業　303	
周市　44, 52, 156		住不退転　880	
重担　10		十仏の名号　186	
愁嘆の声（或本、生死の声）　309		愁憤　295	
宗致　225, 457		周遍　65	
十二因縁　342		周遍十方無量無辺不可思議　266	
十二因縁相　386		酬報　329, 355, 356	
十二光　730		十万億刹　36	
十二劫　545, 628		十万億西涅槃の果　869	
十二辰　410		十万億の仏　157	
十二大劫　149		宿命過去の事　423	
十二年の修行　902		習滅の音声の方便　67	
十二の如来　545, 628		什物　71, 72	
十二部　389		宿曜　419	
十二部経　137, 147, 191, 261, 335, 343, 385		十力　47	
十二類生　493, 746		十力威徳　147	
十人は十人ながら　901		十六正士　6	
十念　149, 218, 259, 260, 299, 300, 301, 350, 382, 696, 709, 726, 761, 785		十六の大国　409	
十念業成　301		守衛　295	
		衆禍　378	
十念・三念　711		衆画　427	
十念相続　216, 301		衆戒　117	
自由の悪見　904		修学　422, 474	
愁悩　278		衆禍の波　215	

語句　63

衆機　322

授記　131, 140, 141

衆経　209, 395, 734

修行　19, 21, 67, 106, 139, 143, 178, 190, 195, 202, 234, 253, 314, 315, 319, 325, 335, 368, 415, 418, 503, 562, 773, 774, 775, 777

衆行　34, 248, 252

呪狂　286

樹茎　122

受行　60, 94

修行安心の宅　324

修行成就　324

修行成仏　259

修行所居の屋寓　324

修行の久近　207, 258

衆苦　34, 143, 247, 453

宿　141

趣求　236, 248

宿縁　171, 447

宿世　51, 61, 82

宿世の時　101, 379

熟蘇　334

宿福　51

宿命　22, 64

宿命通　863

衆苦輪　250

樹下　409

聚蛍映雪の苦節　867

受決　60

守護　225, 565

殊好　332

珠光　16

趣向　89, 411, 414

衆好　133

取業　339

衆根　341

衆罪　276

衆罪消滅　285

種作時　401

種子　307

宗師　566

衆事　74

呪師　666

受持　22, 118, 150, 219, 261, 385, 415

衆水の海　751

受持三帰　487

受持読誦　105

縦捨　92

修習　25, 208, 219, 248, 253, 284, 312, 361, 362, 363, 415, 434, 721

修集　253

修十善業　487

寿終の時　360

授手接引　210

竪出　258, 264, 374, 476, 478

呪術　280

竪出聖道　462

竪出自力　477

種種の悪　285

種種の薬　274

種種の疑難　240

種種の功徳　248

種種の荘厳　238

種種の身　216

種種の神通　216

種種の神通の事　293

種種の説法　216

種種の罪　288

種種の法要　281

種種の宝幢　290

種種の方便　244

種々の法門　371

種種無量の法　291

呪咀　422

手掌　133

殊勝　17, 69, 185

種姓　284

衆聖　78, 210, 353

主上　84, 94

衆生　9, 10, 11, 13, 24, 25, 34, 35, 37, 38, 39,

54, 55, 56, 63, 66, 68, 79, 98, 99, 100, 101,
102, 105, 106, 118, 138, 143, 144, 146, 147,
148, 156, 157, 159, 160, 161, 162, 163, 174,
175, 181, 185, 192, 193, 196, 198, 199, 201,
205, 206, 207, 212, 218, 219, 220, 234, 237,
239, 240, 243, 254, 255, 259, 260, 261, 262,
269, 271, 274, 276, 280, 281, 282, 284, 289,
290, 292, 298, 302, 306, 307, 310, 312, 314,
315, 318, 320, 323, 326, 330, 331, 338, 340,
345, 354, 355, 361, 362, 363, 370, 372, 380,
381, 384, 386, 391, 395, 397, 398, 399, 401,
402, 403, 404, 406, 411, 414, 415, 420, 422,
423, 442, 444, 451, 453, 454, 472, 473, 478,
491, 505, 521, 523, 527, 535, 540, 546, 551,
558, 562, 563, 579, 580, 582, 583, 587, 589,
594, 605, 607, 611, 616, 620, 626, 628, 633,
634, 644, 647, 682, 691, 692, 693, 701, 703,
712, 713, 720, 726, 727, 730, 743, 750, 848,
849, 869, 914, 916, 917, 922, 924, 939, 944,
946
衆生一生　272
衆生有碍のさとり　877
衆生縁これ小悲　346
衆生往生の因果　205
殊勝決定の解　253
衆生化度　576
衆生根機　878
衆生清浄　318
衆生称念　880
衆生濁　165, 412, 586
主上臣下　435, 842
衆生世間清浄　317, 318
衆生多少不可思議　347
殊勝智　362
衆生の悪心　289
衆生の願楽　551
衆生の機　272, 382
衆生の行　200
衆生の狂惑　286
衆生の垢障　353

衆生の意　235, 457
衆生の意のごとし　366
衆生の虚妄　319
衆生の根性　339, 747
衆生の根本　905
衆生の志願　559
衆生の四大・五陰　257
衆生の精気　411, 414, 415, 418
衆生の浄信　406
衆生の浄信難し　406
衆生の情度　884
衆生の信　568
衆生の心　335
衆生の瞋恚盛心　354
衆生の善知識　398
衆生の相　9
衆生の類　28
衆生のため　917
衆生の輩　266
衆生のなすべき行　916
衆生の念仏の心　193
衆生の仏性　338, 339
衆生の煩悩　67
衆生の煩悩悪業　733
衆生の煩悩悪心　289
衆生の無明の品心　354
衆生の類　266
衆生無生にして虚空のごとし　190
衆生利益　556, 587, 686, 765, 809
衆生利益の宿念　844
衆生を哀愍すること難し　406
衆生を安穏す　186
衆生を摂取して安楽浄土に生ぜしむる心
455
衆生を摂取して有仏の国土に生ぜしむる心
259
修諸功得　881
修諸功徳の願　360
修諸功徳の行者　882
修諸功徳の善　373

語句　65

衆水　227

受施　268

修善　654

衆善　95

数千億劫　77

衆善海水　579, 633

衆善の仮門　532, 617

衆善の根本　942

首相　138

衆僧　91, 281

衆相　134

樹想　122

受・想・行・識　351

寿増長　415

衆多・無数の化菩薩　130

首題の名字　146

須陀洹　145, 296, 352

須陀洹果　352

須陀洹道　182

修多羅　129, 188, 191, 228, 335, 400, 443, 449, 471, 732, 733

修短自在　24

竪超　258, 264, 374, 462, 476, 796

竪超は聖道自力　796

出　384

衆機の往益　860

出家　143, 276, 318, 339, 340, 398, 399, 420, 422, 925, 927, 930

出家学道　831

出家修道　340

出家の聖人　318

出家の時　340

出家の人　303

出家の人の法　422

出家の法　276

出家発心の儀　927

出現　174, 363

出期　422

出興　411, 412

十種の功徳　406

出生　224

出定　129

出定の時　137

十信　355

十信の中の忍　270

出世　249, 292, 409, 412, 457, 582, 640, 811, 914, 950

出世間　182

出世間道　182, 183

出世間の一切賢聖　299

出世間の法　352

出世上道　182

出世善根生　346

出世のこころ　811

出世の善　346

出世の善根　345, 346, 347

出世の大事　173

出世の本意　530, 565, 614

出世の本懐　709

出世畢竟　221

出第五門　256, 310, 326, 504, 720

出要　867

術通　374

出入の息　289

出の功徳　325, 504

出没　225

出門　325

出要の道　224

出離　388, 586, 638, 858, 867

出離解脱の良因　838

出離得脱　914

出離の縁　237, 478

出離の強縁　573

出離の道　913

出離の要道　858, 923

戎狄　427

戎狄の輩（ともがら）　838

主僧　401

衆道の要（かなめ）　79

修道の身　390

受得　929

修徳の根源　903

守人　295

衆人　9

宗の淵源　833

堅の金剛心の菩薩　704

取はきらいとるこころ　616

衆病　335

衆宝　37, 46, 122, 128

衆宝の王　44, 361

衆宝の国土の一一の界上　124

衆宝の中の精　37

衆宝の妙衣　52

衆宝の羅網　128

衆宝の蓮華　53

守牧　430

鬚髪　7, 399, 420, 423

衆魔　404

衆魔雄健天　175

衆魔の路　252

数万歳の有情　637

須弥　314, 347

須弥住持　314

須弥山　37, 115, 126, 130, 412, 942

須弥山の四方面所　402

殊妙　173, 201

寿命　13, 23, 40, 62, 82, 88, 186, 329, 339, 348, 511, 594

寿命延長　447

寿命終尽　88

寿命長久　40, 330

寿命長　279

寿命の長遠　40

寿命の長遠の数　331

寿命の長短　40

寿命方将無有量　594

寿命無量　814

寿命無量の願　329

寿命無量百千劫数　333

聚墨　16

須夜摩　410

須臾　211, 371, 403, 586

須臾のあいだ　100

須臾の間　80, 140

須臾の夢　931

寿夭　207

樹葉　122

朱陽の節　301

受楽　259

入洛　436

聚落　267

寿量　20

縦令一生造悪　563

首楞厳三昧　300

首楞厳等の三昧　343

儒林　575

醜陋　421

修練顕密の二教　923

順　91, 495, 496

淳一相続心　455

純一専心　496

順逆対　223, 467

純孝の子　11

順次の往生　767, 882

順次の得益　906

純浄　337

淳心　263, 506

純雑対　223, 468

准難　363

淳（淳）風　429

順菩提門　321

疏　887

助　374

所愛　240, 490

諸悪　89, 367, 416

諸悪闇翳　412

諸悪の朋　418

諸悪莫作　衆善奉行　942

所為　76, 291

所有　10, 67

語句　67

諸有　262, 384, 385, 446, 535, 556, 620

勝　185

小　366

少　238

彰　364, 376

彰の義　365

抄　681

昇　728

焼　83, 86, 87, 89, 92

称　715

証　239, 347, 380, 444, 562, 563, 565, 622, 878, 887

詔　667

姓　435

性　202, 217, 248, 260, 272, 274, 338, 345, 346, 355

正　217, 239, 368, 374, 433, 496

生　79, 93, 181, 191, 196, 197, 205, 210, 265, 298, 307, 308, 330, 363, 367

精　37

聖　94, 241, 260, 367, 433, 491

声（しょう）　34, 697

摂　269, 702

漿　111, 112

麹　111

枝葉　122

上　58

乗　737

常　334, 335, 337, 339

情　66, 90, 860

浄　171, 309, 318, 337, 338, 367, 441, 445, 803

定　14, 147, 238, 258, 339, 366, 367, 376, 390, 424, 470, 801

正・助二業　213

正・雑　485

正・像・末法　394

正・雑二行　213

承安三年　925

正意　229

調意　17

定意　30

勝因　353

正因　236, 263, 474, 646, 744, 808

生因本願の機　882

勝友　151

浄慧　32, 62

浄穢・好悪　67

浄穢対　223, 469

勝縁　948

上衍の極致　189

城邑　409

昭王甲寅の年　426

正応三年庚寅　634, 655

小王子　101, 362

証果　397, 462

聖果　393

諸有海　250, 255, 360

勝果　353

小海　37

浄戒　687

正嘉元年丁巳　588, 721, 800

乗我願力　737

正覚　19, 21, 22, 23, 24, 25, 26, 27, 28, 29, 30, 31, 32, 33, 107, 177, 198, 203, 218, 219, 232, 264, 266, 306, 312, 329, 350, 360, 378, 406, 412, 473, 502, 721, 928

正覚阿弥陀　307

正覚阿弥陀の善力　307

正覚華化生　307

正覚浄華　307

正覚浄華の化生　213

正覚の阿弥陀　307, 347

正覚の大音　16

正覚のはな　551, 715

正覚の華　315, 502, 505

正覚を取らじ　177, 200

星・月　120

正月　577

正嘉二歳　655

正嘉二歳戊午　752, 823

証果の悲願　719

証果の人　397

称我名号　880

称我名字　563, 737

招喚　244, 254, 454, 495

証勧　237

正観　69, 121, 124, 127, 131, 134, 136, 258

定観　365

定観成就の益　365

正機　916

正義　238, 264, 481, 883

浄器　318

長跪　77

定機　373, 470

長跪合掌　16, 143

定機散機の人　694

長跪し合掌して　12

正教　238, 264, 480, 481

勝行　353, 373, 423

正行　213, 215, 238, 264, 368, 375, 406, 481,
484, 564, 745, 796

聖教　216, 303, 353, 555, 687, 762, 769, 873,
878, 887

浄教　228, 450

常行　178

定行　367, 485

正行・助業　745

浄教西方の先達　867

正行散心念仏　486

正行定心念仏　486

常行大悲の益　262

聖教に有目の輩　878

『小経』の執持　456

正教の道理　879

小行の菩薩　102. 363

聖教万差　848

長苦　50

性空　352, 353

上求下化　869

上宮太子　834

少功徳　102, 363

少功徳のもの　26

少功徳を修習せん者　102

正化　8

勝計　330

称計　11, 40, 102, 104, 363, 436

障碍　68, 98, 159, 208, 219, 234, 261, 337,
350, 360

正解　238, 264, 481

浄華　551

上下　38, 70, 76, 78, 84

生希有心　529, 614

上下相応　94

上華台　203

清潔　332

聖化の事　363

少見　343

正見　406, 421, 869

清閑　273

常見の人　289

承元丁卯歳　842

承元丁卯の歳　435

清虚　429

照護　227

証悟　240

醒悟　287

摂護　269, 448, 567, 738, 802, 811, 901

少康　563

青光　53

正業　215, 238, 264, 443, 456, 481

上業　275

浄業　117, 209, 554

長劫　210, 269, 313, 387

猖狂悪相　209

浄業機　171

上皇群臣　575

正業すなわちこれ念仏　181

定業中夭　542, 630

浄業の正因　117

語句　69

所有広博の言　290

浄業を修せんと欲する者　117

聖国　205

浄国　121

上古先達の嘉風　904

請乞　422

浄居天　98

証護の正意　377

上古の法度　905

摂護不捨　706, 739

聖言　443, 445, 446, 453, 454

荘厳　19, 21, 44, 46, 52, 63, 69, 101, 120, 135, 147, 157, 158, 159, 192, 205, 248, 256, 308, 309, 313, 315, 317, 355, 361, 362, 404, 406, 446, 447, 523, 525, 558, 607, 736, 863, 869

荘厳眷属功徳成就　307

荘厳高顕　135

荘厳国土の功徳成就　313

荘厳主功徳成就　307

荘厳性功徳成就　345

荘厳清浄功徳成就　308, 345

荘厳清浄の身　338

荘厳の具　35, 49

聖権の化益　446

荘厳の事　133

荘厳の仏土　19

荘厳畢竟　221

荘厳不虚作住持　314

荘厳不虚作住持功徳成就　222, 348

荘厳仏功徳成就　256, 316

荘厳仏国　20

荘厳菩薩功徳成就　256, 316

荘厳妙声功徳成就　306

上根利智の法　903

傷嗟　388

正坐　119

小罪　371, 941

摂在　436, 885

拯済　80

成作為興の心　246

正坐西向　119

称讃　161, 162, 163, 164, 187, 188, 448, 513, 596

証讃　237

証賛　368

定・散　488

定散　229, 258, 372, 450, 462, 493

定散雑心　377

定散・三福　374

定散・三福・九品の教　462

称讃浄土三部妙典　857

定散諸機　532, 537, 564, 618, 623

定散諸行　477

定散諸善　364, 365, 488

定散自力　254

定散自力の称名　533, 619

定散自力の心　492

定散自利の心　373

定散心　375, 388

定散二機　694

定散二心　565

定散二善　237, 368, 467, 694, 758

定散二門　366

定散の機　272

定散の自心　231, 860

定散の諸機　364

定散の心　375

定散の善　757

定散の専心　378

定散の文　380

定散両門　366

定散両門の益　381

定散六種　487

正士　60

生死　17, 68, 75, 79, 92, 182, 193, 213, 217, 221, 228, 243, 244, 245, 254, 257, 265, 266, 268, 277, 334, 370, 411, 415, 428, 448, 450, 451, 471, 477, 491, 506, 550, 556, 567, 572, 639, 646, 714, 745, 751, 774, 929, 942, 948

摂持　261, 502

上地　310

長時　271, 570

生死・善悪の趣　91

生死園　504

生死海　245, 254, 255, 310, 684, 692

浄持戒　395

青色　53

正直　239, 256, 321, 434

浄食　318

青色には青光　53, 156

正直の心　246

生死勤苦の本　19

生死罪濁の群萌　305, 445

生死三界　368, 428, 476

生死之家　745

生死衆悪の本　94

小慈小悲　654

生死長夜の闇　948

生死大海　585, 640, 748

生死大海のおおきなるふね・いかだ　748

生死大海之大船筏　748

誠実　88

成実宗　758

誠実の言　161, 162, 163, 199, 239, 380

称実の説　313

生死泥洹の道　79

生死のいえ　745

生死の海　647

生死の園　228

生死の苦　96, 946

生死の苦海　549

生死の雲　59

生死の声　354

生死の根本　80

生死の重罪　198

生死の常道　75

生死の長夜　683

生死の園　256, 310, 326, 450

生死の大海　386, 639, 692, 704, 752, 877

生死の稠林　255, 310

生死の罪　121, 127, 129, 133, 136, 146, 148,
150, 391

生死のながきよ　751

生死のながき夜　904

生死の流れ　62, 265, 927

生死の流れを度せん　404

生死の縛　224

生死の彼岸　415

壮士の臂を屈伸する頃　145

上地の菩薩　311

生死の凡夫　197

上地のもろもろの菩薩　311

生死のやみ　743

生死無常　825, 913

生死無常のことわり　931

精舎　46, 361

聖者　189, 214, 233

正邪対　223, 469

聖者の教誨　835

聖者の一の数の名　216

生者必滅　937, 940

承受　74

正受　116

聖衆　198, 502, 551, 683, 743, 863

摂受　197, 226, 234, 237, 415, 580, 648

上首　111, 313, 420

成就　40, 63, 137, 188, 201, 203, 205, 216,
217, 218, 222, 224, 226, 248, 253, 254, 255,
296, 309, 310, 313, 323, 324, 346, 348, 504,
944

定聚　23, 218, 306, 532, 579, 617, 642, 648,
703

諍訟　391

星宿　401, 448

正住　797

長宿　340

常住　254, 279, 297, 338, 351, 937

生住異滅の道理　919

常住勤行　907

語句　71

星宿小大月の法　403
常住の思い　931
正習の二障　237
摂受衆生大乗味　326
聖種性　345
諸有衆生　250, 701, 880
無上殊勝の願　20
誠種真実の心　452
上首たる者　5
勝出　225
定聚の数　273, 813
定聚のくらい　580, 648
成就の文　880
調順　248
消除　276
正・助　373, 375
浄除　133, 150
小聖　353, 751
照摂　371, 376
正性　470
小乗　549, 566, 733, 862
証成　380, 381, 464, 465
証誠　199, 538, 624, 646, 693, 709, 848, 873
正定　189, 213
清浄　8, 19, 48, 53, 61, 62, 70, 111, 116, 142, 180, 182, 186, 205, 210, 247, 249, 250, 253, 280, 296, 306, 314, 317, 318, 323, 354, 378, 379, 493, 551, 559
上生　51
常照　738
長生　91, 225
清浄安穏　49
清浄安楽　307, 704
清浄楽　526, 610
清浄願往生の心　243
清浄歓喜　531, 616
清浄願心　245, 309
小乗教　462
清浄句　317
上上華　270, 705

上上下下対　223, 469
清浄解脱三昧　30
常常見のもの　289
長時永劫　266, 302
清浄香潔　46, 361
清浄広大　331
清浄広大の至心　453
清浄光明　516
清浄国土　118
清浄業処　115, 365
証誠護念　538, 624, 646
清浄衆　396
正定聚　214, 218, 305, 307, 445, 469, 521, 606, 646, 703, 704, 708, 714, 715, 720, 738, 799, 802, 825, 826, 927
小星宿二十八　401
正定聚に入る益　262
正定聚の数　818, 929, 945
正定聚の願　803
正定聚の機　231, 881
正定聚のくらい　684, 702, 703, 705, 708, 714, 719, 720, 726, 727, 731, 749, 751
正定聚の位　548, 578, 584, 642, 757, 779, 798, 799, 804, 807, 817
正定聚の人　799
清浄願心　455
清浄真実　444, 454, 639
清浄真実のこころ　582
清浄真実の心　452
清浄真実の信楽　454
清浄真実の信心　444, 454
清浄真実の欲生心　454
清浄信心　448
生生世世　676
清浄僧　253
証生増上縁　200
清浄大摂受　609
証誠殿　848, 849
清浄土　411, 412
小乗等の教　758

聖浄二門　878
聖浄二門・自他二力の差別　878
清浄人　188
上上人（上々人）　270, 494, 705, 779
上乗人　225
証誠護念　685
正定の因　228, 250, 736, 745
清浄の回向心　254, 454
清浄の願心　256
清浄の願心の荘厳せる所　316
小乗の教　461
正定の行　882
清浄の行　20, 21
小乗の具足衆戒　687
正定の業　213, 226, 239, 369, 456, 485, 710, 745
清浄の業　117, 192
正定の業因　736, 745
清浄の光明　348
清浄の心　582
清浄の色身　48
正定の聚　55, 306, 444, 703
清浄の荘厳　37, 205
清浄の心　405, 452, 653, 725
清浄の身　355
清浄の信楽　453
清浄の真心　247, 453
清浄の信心　446, 453, 482, 916
上上の信心　482
清浄の善　579, 633
清浄の相　192
清浄の手　252
清浄の土　189
清浄の処　60
清浄の名　318
証誠の御舌　901, 935
清浄平等無為法身　346
清浄仏国土　323
清浄仏土　205, 324
清浄法眼　107
清浄報土　333

清浄報土の真因　262
清浄梵行　275
清浄微妙無辺の利　447
清浄無碍の光耀　448
正・助・雑の三行　373
正・助二行　239
正助二行　369
生死輪転の家　229
生死流転　75
生死流転の家　451
生死流転の苦界　903
生死老病の痛苦　79
生死を離るるの道　940
勝心　66
小身　138
星辰　419
正信　209, 382, 406, 859, 921, 948
聖心　61, 217, 222
生身　67, 285, 342
精神　73, 89
精進　17, 18, 19, 20, 62, 69, 71, 74, 77, 80, 95, 181, 234, 423, 695, 748
声塵　858
摂尽　251, 383
相人　427
常身　290
浄信　232, 233, 250, 261, 422, 442, 443, 446
定心　66, 185, 374, 757
定心散心の行者　758
清信士女（清信士・清信女）　430
正信・正行・正発心の人　406
勝真心　323
定心念仏　759
正真の教意　390
正真の道　35
浄心の菩薩　310
性信坊の方人（かたうど、味方）　792
性信坊の咎　792
清晨侭仰の暇　206
精進勇猛　139

語句　73

憔悴　113, 404

浄水　68

常随昵近の緇徒　838

生ずる種　882

照世盲冥故頂礼　594

蕭然　431

上善　316

常然　428

定善　712

少善根　160, 209, 363, 382

定善・散善　712

定専修　375

定専心　375, 377

定善の義　758

定善の義を通摂す　244

生前の大慶　948

定善は観を示す縁　369

小善扶接　88

少善根福徳の因縁　379

生蘇　334

勝相　272

聖僧　834

正・雑　488

正雑　258

定相　339

正雑二行　485, 564, 745

正像の二時　581, 636

正・像・末　392

正・像・末の事　395

正像末の三時　587, 636

正像末之三時　648

正像末の三時の機根　874

正・像・末の時　395

正・像・末法の旨際　390

上足　926

聖尊の重愛　232

勝他　262, 384, 385

誠諦　34

証大涅槃　568, 929

証大涅槃の願　305, 444

証大涅槃の真因　232

称嘆　178

称歎　58, 70

清旦　157

勝地　673

勝智　100

証知　228

正智　171, 217, 238, 264, 481

聖智　217

証知生死即涅槃　927

捷遅対　223, 468

調適　37

上・中・下　370

上・中・下の根　340

生長　193

床帳　101, 362

少長・男女　71

詔勅　293

聖弟子説　389

聖弟子の説　795

正轍　349

聖典　395, 451

上天　83, 89, 92

上天泥洹の道　86, 87

常転　314

浄土　19, 189, 191, 201, 204, 206, 207, 218,
229, 236, 248, 260, 265, 268, 269, 271, 272,
307, 308, 318, 324, 345, 350, 366, 386, 387,
390, 450, 453, 473, 488, 496, 506, 519, 528,
537, 540, 546, 547, 553, 555, 556, 558, 561,
562, 567, 572, 577, 580, 585, 603, 612, 622,
626, 629, 643, 647, 648, 652, 687, 688, 712,
726, 727, 731, 736, 744, 758, 765, 777, 797,
798, 799, 813, 841, 848, 860, 875, 884, 917,
929, 949, 950, 952

浄土易行の道　858

有浄土一門　848

浄土一宗　565

浄土一宗者　747

正等　473

証道　435, 841
正道　54, 69, 224, 346
聖道　229, 406, 450, 488, 496, 506, 562, 761
成道　36, 902
成等覚証大涅槃　749
聖道外道　710
聖道家　696
聖道権教　462
聖道権仮の方便　535, 620
聖道・浄土の教　461
聖道・浄土の真仮　390
聖道・浄土の二門　745, 914
聖道諸宗の師主　574
聖道諸善　797
聖道諸門漸教　747
聖道自力　704
聖道自力の教　747
聖道自力の法門　946
正道大慈悲　346
聖道難行の門　858
聖道の一種　915
聖道の教え　758
聖道の教門　914
聖道の修行　848
聖道の諸機　272
聖道の諸教　388, 435, 841
正道の大慈悲　345
正道の大道　346
正統の法義　950
聖道八万四千の諸善　797
聖道万行　561
昇進無窮極　728
聖道門　213, 374, 463, 476, 477, 548, 648,
745, 747, 758, 760, 838, 841
聖道門の仏法　905
浄土回向発願自力方便の仮門　463
浄土教　797
勝徳　189
証得　901
聖徳　209

摂得往生　738
聖徳太子の御縁起　739
性徳天然　875
性徳天然と易行他力の妙縁　875
聖徳の名　261
浄土宗　747, 758, 761, 767, 769, 776, 796,
825, 899
浄土宗師の解義　356
浄土宗の心　902
浄土宗興行　841
浄土宗の正意　752
浄土宗の祖師　580, 735
浄土真実の人　799
浄土真宗（じょうどしんしゅ）　573, 653,
716, 759, 841
浄土真宗のこころ　696
浄土真宗の心　777
浄土真宗（じょうどしんしゅう）　172,
173, 388, 435, 456, 696, 916, 921, 922
浄土真宗の正意　688
浄土他力の本意　914
浄土に往生　901
浄土の一門　261, 372, 391, 915
浄土の一家　924
浄土の一切諸行　375
浄土の一宗　858
浄土の縁　446
浄土の教え　763
浄土の学生　797
浄土の機縁　537, 573, 622
浄土の教　203, 797
浄土の行　565
浄土の教門　201
浄土の功徳無量　347
浄土の業因　488, 729, 811
浄土の根　346
浄土の三経　917
浄土の正依経論　834
浄土の正機　470
浄土の聖教　814

語句　75

浄土の諸経　207
浄土の真実信心の人　799
浄土の真証　231, 860
浄土の真門　486
浄土の雑行　375, 488
浄土の祖師　777
浄土の大菩提心　583, 641, 643, 875
浄土のならい　748
浄土の念仏者　791
浄土の傍機　470
浄土の方便仮門　488
浄土の方便の善　712
浄土の菩提　647
浄土の無念　758
聖道の無念　758
浄土の文類聚　441
上都の幽棲　869
浄土のゆえ　553
浄土の要　437, 946
浄土の要逢い難し　369
浄土の要門　366, 373, 467, 487, 488
浄土へきたらしむ　683
浄土報化の往生　868
浄土方便の要門　712
浄土無為　570
浄土門　203, 213, 374, 477, 548, 745, 747,
748, 838, 861
浄土門の教　463
浄土門のこころ　914
浄土要門　462
浄土を荘厳　735
浄土を願う心　940
小児　413
床褥　101
浄入願心　256, 316
証人　565, 779
聖人　181, 233, 388, 682, 779, 823, 931
聖道　833
常人　313, 385
聖人遺徳　948

聖人勧化の趣　923
聖人化導　932
聖人化導の賜　930
聖人修習念仏　863
聖人相伝の安心　924
聖人相伝の宗義　852
聖人入滅　851
聖人の一生　926
聖人の仰せごと　777
聖人の訓　848
聖人の御掟　933
聖人の御言葉　928
聖人の御釈　917
聖人の御文　918
聖人の勧化　860, 924, 937
聖人の奇特　926
聖人の御信心　840
聖人の出家　832
聖人の聖道の御師　574
聖人の俗姓　831
聖人の二十五日の御念仏　794
聖人の報恩　922
聖人の報恩講　924
聖人の御所　815
聖人の墓所　852
上人の和讃　900
聖人の和讃　925, 929
焦熱大焦熱　883
小念　404
昭然　79
焼燃　288
称念　197, 198, 199, 210, 239, 378, 380, 726,
743, 777, 875
正念　69, 181, 197, 209, 215, 242, 370, 381,
424, 443, 455, 494, 503, 568, 757, 779, 947
燋燃　93
常念　391
正念歓喜　932
正念結跏　404
称念の功　738

少年の人　937

諸有の一切煩悩悪業邪智の群生海　247

正の観仏　486

所有の行法　414, 415

所有の功徳　178, 205

諸有の群生　254

諸有の群生海　378

聖の解　208

正の散行　487

定の三心　373

所有の重障　371

所有の衆生　181, 233, 250, 261, 360, 379, 414

諸有の衆生　228, 450, 453, 454, 522, 606

生の従来　91

所有の善根　233, 255

正の善知識　493

乗の中の一乗　374

諸有の人民　332

所有の法　10

生の法　276

定の弓　675

上輩　55

上輩生の想　143

上輩の三人　350

上輩の者　57

摂はことにえらびとるこころ　616

浄玻璃の鏡の影　940

障破留難　303

常比丘僧　334

称彼如来名　234

清白　8

清白の法　34, 67, 247, 453

青白分明　130

生平　309, 354

清風　43, 120, 526, 611

摂伏　668

常覆真実信心天　751

証不証対　223, 468

摂不摂対　223

成仏　31, 36, 63, 159, 198, 199, 202, 214, 266, 306, 320, 348, 349, 350, 379, 511, 514, 519, 531, 594, 597, 617

成仏以来歴十劫　594

成仏道　212

成仏の道路　558

成仏の法　259, 260

称仏六字　735

少分　343, 355, 424

勝報　353

正報　522, 607

勝法　619

正法　6, 55, 61, 66, 181, 202, 205, 233, 298, 299, 302, 379, 388, 392, 393, 396, 397, 418, 419, 420, 637, 879

常法　334

浄邦　231, 495

浄邦縁熟　171

正法五百年　391, 392, 393

正法時　396

正法所有の破戒　396

上方世界　163

正法の味　414

正法の王　276, 280

正法の時機　582, 639

正法の精気　411, 415

上方の諸仏　433

正法の時　395

正法の時の制文　400

正法の灯　411

正法の破戒　396

正法の眼　416

正法の世　397

正法輪　411

正法を聞く　180, 379, 406

正法を聞くことを得ること難し　406

正法を誹謗する者　55

小菩薩　104

障菩提心　323

障菩提門　320

語句　77

正発心　406

小凡　351

上品　272, 566

上品下生　142

上品下生の者　143

上品上生　138, 474

上品上生の者　140

上品中生　140

上品中生の者　141

浄飯王の子　281

上品の懺悔　370

盈満　420

浄満の月　656

財色　93

小微　93

麩蜜　112

尚未能尽　40

精微妙躯　308

精微妙躯非人天　605

称名　181, 196, 213, 382, 413, 442, 443, 450,
455, 484, 564, 588, 645, 650, 696, 743, 851,
879, 882, 902, 903, 904, 906, 916, 918, 937,
949, 951

姓名　435, 842

精明　80

声名　313

称名往生　211

称名憶念　234, 899

称名正定業　880

称名信心の行者　882

称名相続　946

称名相続するともがら　949

清明澄潔　47

称名念仏　653, 900, 903, 921, 924, 927, 929,
949

称名の一行　748

浄妙の光明　135

称名の声　932

浄妙の国土　115, 136

称名の悲願　719

称名の遍数　214, 709

称名の偏数のさだまりなきこと　708

称名の本願　685

浄明利　252

性無常　423

生滅　351, 353

生滅の相　352

焼亡　675, 782

生盲　119

生盲闡提　569

常没常流転　946

常没常流転の族　860

常没濁乱の遺弟　862

常没の凡愚　232, 373

常没の凡情　849

常没の凡夫人　457

常没流転　582, 640

証文　789, 878

声聞　23, 39, 40, 41, 49, 52, 58, 61, 65, 70,
98, 183, 184, 222, 306, 308, 330, 337, 342,
343, 347, 395, 470, 521, 605

承問　34

声聞・縁覚所有の菩提　335

声聞・縁覚の地　9, 70

声聞・縁覚・菩薩　273

声聞教　463

声聞衆　40, 47, 63, 346

声聞乗　796

声聞聖衆　362

声聞僧　576

声聞蔵　796

声聞弟子　418, 420

声聞の果　323

声聞の作　352

声聞の衆　100

声聞の聖衆　100

声聞の所行の道　48

声聞の所作　353

声聞の大衆　58, 64, 65, 97, 139

声聞の法　352

声聞は自利にして大慈悲を障う　189
長夜　303, 415
勝益　198
接誘の言　313
称誉　333
照曜　98
照耀　599
称揚　869
正要　389
逍遙　354
清揚哀亮　45
少欲知足　34, 247, 398, 453
将来世　107, 399
称礼念　928
将来の衆生　38
将来末世　399, 400
常楽　257, 305, 445, 451, 690
常楽我浄　343, 385
小利　215
証理　860
小利有上　215
常力　69
定力　69
勝利広大の知識　860
紹隆　267
青竜　664
称量　26, 335
清涼　283
聖霊　860, 863
清涼の風　148
諸有輪　250
浄輪　386
常倫　25, 219, 312, 721
勝劣　427
勝劣対　223, 468, 470
青蓮花　656
生老病死　195, 265, 342
省録　93
丈六の像　137
丈六・八尺　138

正論　67
障惑　240
荘厳仏土功徳成就　256
初会　40, 41
諸縁　934
所応　7
諸王　396
初果　182, 213, 463
諸果　291
女媧　429
初果の聖者　214
所過の処　421
初観　119
所願　19, 21, 189, 225, 234, 332
初歓喜地の菩薩　183
所観の縁　301
諸機　497, 502
諸機各別　497
除疑獲徳の神方　444
諸機の三心　364
諸機の浅信　373
諸経　347, 379, 391, 394, 400, 930
所楽　241, 490
所行　92
諸行　218, 375
諸行往生　534, 619, 757, 879
諸行往生の機　881
諸行往生の義　876, 879, 880, 883
諸教所讃多在弥陀　故以西方而為一准　903
所行所成　205
所楽多聞　385
諸行の機　879
諸経の起説　389
諸経の名を聞く　146
諸経律　394
諸経論　451
所求　240, 490
濁悪邪見　725
濁悪邪見の衆生　539, 624
濁悪世　417

語句　79

濁悪の群萌　388

濁悪の衆生　693

濁悪の処　115

濁悪の世　115

濁悪不善　118

濁世　201, 373, 377, 398, 451, 562, 570

濁世の有情　585, 643

濁世の機　446

濁世の群萌　360

濁世の邪偽　456

濁世の庶類　297

濁世の道俗　364, 377

濁世の得益　913

濁世のともがら　573

濁世の目足　441, 451

所化　25, 380, 473, 483

女形　425

初夏中旬第四日（元久乙丑の歳）　885

所見　13, 174, 190

諸見　8, 370

助業　213, 239, 369, 485, 487, 564, 711

諸国　9

諸国門徒中　906

助護　664

諸根　14, 252

諸根悦予　12, 14, 173

諸根闕陋　30

諸根浄明利　253

諸根の智慧　10

諸根明利　63

所作　10, 287, 315, 324, 415, 428

諸罪消滅　383

所作の功徳　400

所作の事業　401

所讃　484

所思　94

所止　229, 451

諸子　432

初地　147, 182, 183, 184, 185, 311, 482

所資の有無　90

諸地の行　25, 219, 312, 721

諸寺の釈門　435

初地の菩薩　185

書写　437

所著　252

諸邪業繋　565

所修　205, 221, 236

所須　420

諸趣　434

諸宗　858, 922, 925

諸宿　401

所住　9

所住安諦　9

諸宗の偏執　926

諸聖衆　160

所証　484

諸障　562

助正　388, 564

助成　364

助正兼行　375

助正間雑の心　378

所摂所益　205

諸上善人　160

助正・雑行　374

所生の縁　214, 827

初生の相　355

所生の処　410

所生の母　295

諸神　950

除尽　240

助成　905

諸説　392

所説　397, 410, 484

所説・所讃・所証　239

所説の法　267

諸仙　432

初禅　323

諸善　80, 83, 86, 87, 89, 92, 223, 369, 532, 587, 618, 636, 712, 797

諸善兼行　375

諸仙衆　419

初禅乃至四禅　340

諸善の中の王　284

諸善万行　533, 618

初相　355

諸相　421

諸大乗　297

諸大菩薩　186

諸智　99, 361, 378

諸智土　234, 356

諸天　13, 34, 78, 81, 94, 96, 139, 174, 402, 431

諸天仙　419

諸天仙衆　412

諸天善神　542, 630

諸天人　412

諸天・人・魔・梵・沙門・婆羅門等　248

諸天・人民　13, 96, 332

諸天人民　174, 179

諸天王　410, 411, 418

諸天の童子　121

諸天の宝幔　128

諸道　66

諸難　252, 406

諸難の趣　37

諸難を離るることまた難し　406

諸女　403

諸忍　182

処年寿命　86

自余の衆行　379

諸波羅蜜　106, 383

諸仏　9, 12, 15, 18, 25, 30, 54, 60, 61, 70, 97, 98, 102, 123, 127, 130, 131, 140, 141, 164, 174, 177, 179, 184, 185, 188, 197, 211, 234, 253, 285, 287, 288, 289, 290, 312, 314, 315, 333, 336, 337, 349, 380, 420, 464, 506, 518, 519, 521, 524, 528, 532, 538, 558, 562, 575, 602, 608, 612, 624, 711, 712, 750, 774, 779, 804, 874, 930

諸仏および諸仏の大功徳・威儀・尊貴

185

諸仏および諸仏の大法　183

諸仏勧信　464

諸仏現前三昧　150

諸仏護念　464, 473

諸仏護念の益　262

諸仏讃嘆　464, 521

諸仏咨嗟　709

諸仏咨嗟の願　177, 441, 808

諸仏出世の直説　494, 712, 715

諸仏出世の素懐　709

諸仏証讃の誠言　905

諸仏定散の念仏　486

諸仏称讃の法　941

諸仏称讃の益　262

諸仏誠実の証明　861

諸仏所有の正法　420

諸仏称名の願　177, 225, 441, 808

諸仏称名の誓願　709

諸仏称名の悲願　686, 719

諸仏称揚の願　177

諸仏所讃　260

諸仏世界　28, 29, 266, 360

諸仏世尊　184, 187, 268, 280, 284, 344, 352

諸仏大会衆海　310

諸仏大衆　292

諸仏中の王　356

諸仏とひとし　805, 807

諸仏とひとしきひと　692

諸仏・如来　118

諸仏如来　178, 336, 337, 344

諸仏如来有異方便　365

諸仏如来の功徳　315

諸仏如来の種　182

諸仏如来の浄土の行　19

諸仏如来の真説　231

諸仏念仏　485, 486

諸仏の家　151, 181, 271

諸仏の威神　332

諸仏の出す所の音声　137

語句　81

諸仏の会　315
諸仏の御こころにひとし　807
諸仏の果徳　192
諸仏の教意　238, 457
諸仏の境界　351
諸仏の教行　240
諸仏の経道　106, 383, 472, 534, 619
諸仏の教門　913
諸仏の功徳無量深妙　185
諸仏の国　8, 25, 44, 219, 312, 350, 720
諸仏の光明　38, 330, 331, 332
諸仏の国土　81
諸仏の護念　448
諸仏の作　352
諸仏の証誠　646, 949
諸仏の浄土の因　226
諸仏の正遍知海　128
諸仏の浄妙の国土　136
諸仏の所証　196
諸仏の所説　164
諸仏の世界　18, 37
諸仏の刹土　20
諸仏の相好　123
諸仏の大悲　532
諸仏の大法　183, 184
諸仏の智　502
諸仏の通誡　942
諸仏の弟子　290
諸仏の所　141
諸仏の中の王　332
諸仏の不可思議の功徳　164
諸仏の法　32, 352, 420
諸仏の法海　17
諸仏の本意　563
諸仏の前　26, 140, 142, 150
諸仏の名号　207
諸仏の無上の智慧　102
諸仏の無量の功徳　11
諸仏・菩薩　220, 299, 386
諸仏菩薩　316, 941

諸仏菩薩の御勧め　774
諸仏菩薩の御手　934
諸仏菩薩の利益　774
諸仏本願の意　860
諸仏無量の徳　184
諸仏を供養　142
諸仏を念ず　183
諸部の大乗　193
処別　482
諸法　63, 182, 318, 319, 323, 346, 353, 403
諸邦　859
諸法実相　149
諸法清浄　182
諸法の果　352
諸法の性　9, 60, 352
諸法の相　415
諸法の体相　346
諸法は因縁生　191
諸法平等　346, 352
諸法無常　279
諸菩薩　47, 97, 104
諸菩薩衆　25
諸菩薩ら　103
諸魔　245, 418, 421, 423
諸魔の怨　419
庶民　848
消滅　292
除滅　296, 422
所聞　415
所欲　18
諸来の無量菩薩衆　524
諸楽　336
諸竜　402, 403
諸竜・夜叉　401
庶類　10, 231, 428
諸漏　8
自来迎　682, 683
四楽　336
自楽　321
芝蘭の友　919

市里　84

自利　189, 216, 217, 370, 488, 491

自利各別　364

自利各別の心　373

自力　189, 208, 219, 220, 374, 450, 469, 476, 478, 497, 506, 562, 640, 650, 681, 682, 710, 711, 752, 759, 774, 777, 778, 801, 809, 813, 817, 877, 878, 879, 883, 903, 907, 931

自力・他力の相　219

自力かなわず（聖人訂正後）　814

自力疑心　814

自力仮門　374

自力金剛心　469

自力修行　817, 914

自力修行のよう　818

自力小善の路　493

自力聖道　582, 640

自力聖道のこころ　728

自力聖道の法文　760

自力称名　650

自力諸善　653

自力諸善の人　653

自力雑善　922, 924, 951

自力他力対　223, 468

自力他力の意　935

自力難行の法　915

自力難行の道　917, 938

自力に修行するあいだ　606

自力の廻向　583, 641

自力の御はからい　778

自力の行　213, 747

自力の行者　757

自力の行人　757

自力のこころ　688, 725, 801

自力の心　533, 873, 878

自力の金剛心　258

自力の三心　537, 623

自力の修善　654

自力の称念　588, 645

自力の諸教　584, 643

自力の信　687, 778, 840

自力の心　455, 477, 648, 652, 688, 858

自力の心行　566, 804, 949

自力の善　687, 691

自力の善業　712

自力の善根　691

自力の大菩提心　646

自力の智慧　682

自力の念仏　708

自力の念仏者　649

自力の人のはからい　809

自力の菩提　647

自力の菩提心　258, 582, 693

自力の迷執　928

自力の迷心　839

自力を離れ他力に帰する　903

自利真実　236, 248, 367, 475, 476, 477

自利信心　481

自利の一心　376

自利の行　188, 216, 504

自利の三心　497

自利の信心　479

至理の真法　201

自利満足　216

思量　266, 297, 364, 365, 371, 391

思量巧方便　200

自利利他　188, 217, 218, 313, 316, 347, 370, 504, 721, 862

自利利他円満　525, 609

自利利他の行　502

四流　257, 265, 471

知ることを得ること難し　406

銀（しろがね）　395

白き衲の袈裟　834

四論（龍樹『中論』・『十二門論』・『大智度論』、提婆『百論』）　553

信　51, 164, 171, 227, 239, 245, 246, 251, 252, 254, 362, 363, 368, 372, 373, 376, 381, 383, 385, 388, 400, 433, 444, 446, 448, 456, 473, 483, 484, 495, 506, 507, 568, 715, 738,

語句　83

750, 751, 784, 789, 802, 814, 840, 860, 875, 880, 882, 914, 916, 917, 929, 949

心　20, 67, 69, 127, 171, 178, 183, 192, 198, 202, 213, 235, 239, 247, 249, 250, 255, 258, 263, 264, 268, 274, 280, 281, 283, 284, 287, 298, 299, 301, 311, 318, 331, 333, 337, 344, 349, 353, 354, 367, 369, 373, 374, 377, 378, 383, 433, 444, 453, 503, 555, 589

真　67, 220, 236, 266, 354, 356, 360, 372, 428, 433, 434, 475, 496, 758

神　424

臣　113, 274, 275, 276, 278, 280, 425

親　428, 429, 437, 496, 886

身　221, 311, 326, 342

進　496

辰　407, 408, 409

瞋　194, 286

深　185, 373, 497

神　196, 301, 401, 434

仁　428

信・聞　234

親愛　294

侵易　88

神威　849

身意　330

瞋恚　286, 386, 404, 531, 616, 763

心意痛著　76

瞋恚の煩悩　767

瞋恚の病　386

真因　373

親友　233, 648

親友知識　271

真影（しんえい）　437, 836, 920, 923, 948

真影の銘　436, 836, 837, 885

真影を図画　886

真応の身　207

信および不信　290

身・戒・心　342

瞋覚　34, 247, 453

真観　486, 487

心願　20

心歓喜得忍　270

新義　883, 887, 904

真偽　400

神祇　774, 775

心帰依　195

信喜悟の忍　450

信疑対　223, 469

真偽対　223, 469

賑給　90

信敬　437

真教　297, 433

信楽　171, 224, 228, 231, 246, 249, 250, 253, 258, 261, 373, 437, 452, 453, 454, 457, 472, 522, 567, 584, 606, 641, 642, 643, 684, 688, 689, 690, 692, 714, 725, 738, 777, 778, 925

信行　266, 556

心行　19, 446, 555, 556, 883

信楽開発の時剋の極促　261

信行具足の行者　925

信楽決定　738

心行寂滅　322

信楽受持　106, 227, 383, 457

心行自力　878

信楽の心　253

信楽の体　250, 453

信楽の悲願　719

信行不離　880

心行滅　431

信行両坐　837

仁・義・礼・智・信　299

心口　84, 92, 210, 286

心垢　47, 80

身苦　85

身口　878

深宮　113

身口意　187, 558, 903

身口意業　236, 240, 280, 369, 475

身口意三業の過失　941, 949

身口意の三業　945

84

身口意の乱れ心　777

心愚少智　85

真・仮　487

真仮　356

信解　147

心解　65

神解　431

臣下　84

真仮対　223, 467

真解脱　333

信外の軽毛　309

真仮の門戸　435

瞋嫌　295

心眼　116, 128, 130

親原　181, 293

瞋嫌　448

審験宣忠の心　246

瞋嫌の心　243, 453

心堅牢　456

心光　706, 738

親迎　204

身光　186

心業　313, 551

身業　313, 324, 339, 344, 368, 369, 476, 478,
503

深広　62, 222

神光　349, 430, 519, 602

身光一尋　63

心光照護の御手　933

心光摂護の一心　232

心光常護の益　262

真金　395

真言　249, 437, 447, 462, 747, 813

真言〔宗〕　747

親近　253, 369

真言・法華の行　747

真言止観之行　747

真金色　21, 138

真言宗　758

真言は密教　747

心地　903

身色　69

身色紫金　54

真実　48, 228, 236, 248, 249, 287, 288, 317,
367, 369, 373, 376, 377, 449, 452, 475, 476,
488, 506, 616, 702, 725, 939

真実一心　263

真実行　374

真実功徳　452, 502, 712

真実功徳相　188, 191, 443, 471, 732, 733

真実功徳の相　191

真実功徳の大宝海　502

真実決了の義　482

真実証果　719

真実誠種の心　246

真実浄信心　469

真実誠満の心　246, 452

真実之利　712, 750

真実心　236, 239, 248, 249, 256, 367, 368,
453, 454, 475, 476, 478, 488

真実信楽　704, 706, 719, 726

真実信心　247, 263, 522, 532, 559, 567, 579,
580, 606, 617, 632, 642, 645, 646, 648, 683,
684, 688, 692, 693, 702, 706, 719, 726, 746,
750, 751, 779, 802, 804, 806, 813, 918

真実信心海　751

真実信心の行人　757

真実信心の称名　588

真実信心の天　227

真実信心の念仏者　720

真実信心の人　559, 728, 807

真実信心を得たる人　801

真実信心を得る者　918

真実信の業識　214

真実なる誓願　725

真実なる人　613

真実難信の法　376

真実の一心　257

真実の回向心　254, 454

真実の帰依　319

語句　85

真実の教　172, 173
真実の行　177
真実の教行信証　173
真実の行業　719
真実の行信　213, 225
真実の行の願　225
真実の行を顕す明証　216
真実の功徳　192, 453, 458
真実の業　236, 250, 453, 475
真実の心　582
真実の際　10
真実の三信　694
真実の三信心　694
真実の慈悲　319
真実の証　305
真実の証果　719
真実の浄信　171, 444, 446
真実の心　236, 246, 452, 653, 725, 921
真実の信楽　232, 250, 254, 261
真実の信心　215, 244, 257, 453, 455, 456, 494, 584, 681, 683, 719, 757, 778, 804, 808, 938
真実の深信の心　369
真実の信の願　225
真実の善知識　385
真実の智慧　317
真実の智慧無為法身　317
真実の知識　867
真実の報身　420
真実の報土　757, 778, 779, 780
真実の法身　319
真実の楽邦　377
真実の利　13, 173, 174, 441
尽十方　551, 557, 732
真実報土　225, 462, 584, 641, 646, 683, 687, 704, 708, 814, 882
真実報土の因　531, 616
真実報土の正因　646
尽十方の無碍光　557
尽十方の無碍光如来　345

真実・方便の願　372
尽十方無碍光如来　190, 471, 494
尽十方無碍光仏　713
真実門　451
信者　643, 647
信邪　384
塵沙　240, 351
真宗（しんしゅ）　535, 568, 573, 575, 620, 835
真宗（しんしゅう）　202, 214, 229, 264, 309, 374, 450, 506, 880, 923, 926, 946
信受　105, 164, 260, 271, 572, 682, 927
真珠　46, 49, 52, 361
塵数　637
深重　231
真宗遇いがたし　214
真宗興行　920
真宗興行の徳　858
真宗興隆の大祖　435
真宗念仏　377
真宗の安心　929
真宗の簡要　388, 436, 885
真宗の教行証　172, 441
真宗の教証　451
真宗の正意　356
深重の誓願　196
真宗の詮　437
深重の大悲　903
真宗の法体　873
心中閉塞　91
真宗末代の明師　867, 923
真宗遇いがたし　506
真宗興隆太祖　842
信珠在心　743
真宗紹隆の大祖聖人　833
真珠の網　121, 126
真宗の簡要　836
真宗繁昌の奇瑞　834
信順　106, 221, 231, 244, 383, 437, 472, 495
信順の族　844

信正　384

心性　589, 634

真証　18, 860

真性　470

辰星　401

尋常　258, 738

尋常のとき信楽をえたる人　738

身常行悪　90

心清浄　337

身清浄　337

深正念　32

心常念悪　90

真証の証　273

心照迷境　743

深定門　10

真信　860

真心　231, 247, 258, 263, 272, 377, 450, 453, 455, 457

真身（しんしん）　214

身心（しんしん）　72, 89, 210, 235, 236, 242, 266, 274, 275, 277, 283, 453, 457

信心　196, 203, 214, 219, 228, 230, 235, 241, 246, 251, 252, 262, 363, 377, 383, 384, 387, 446, 451, 453, 454, 456, 457, 458, 488, 492, 496, 505, 522, 528, 534, 544, 552, 559, 560, 565, 566, 579, 580, 585, 593, 606, 613, 620, 627, 642, 643, 648, 683, 684, 686, 692, 693, 694, 695, 702, 706, 707, 708, 710, 714, 732, 738, 743, 746, 749, 751, 757, 781, 784, 789, 791, 794, 798, 799, 800, 802, 804, 805, 807, 811, 812, 813, 819, 826, 840, 860, 875, 904, 906, 924, 927, 929, 939, 943, 951

真身（しんじん）　448

身心（しんじん）　913

深信　237, 238, 239, 262, 368, 380, 382, 455, 478, 479, 480, 488, 491

深心　66, 138, 215, 237, 239, 244, 245, 262, 368, 369, 373, 455, 456, 478, 694

信心浅くば往生しがたく　812

信心淳からず　235

信心一ならず　235

深信因果　487

信心回向　100

身心悦予を形すの貌　262

信心海　249

信心開発　450

信心歓喜　55, 233, 235, 250, 261, 271, 442, 454, 813, 818, 880

信心歓喜者　800

真身観の仏　359

至心信楽　726

至心信楽　欲生我国　906

信心決定　825, 900, 952

信心決定して念仏申す者　902

信心決定の凡夫　817

信心成就　916

信心清浄　442

信心清浄なるもの　187

信心諍論　840

深心深信　481

深心すなわちこれ真実の信心　456

信心すなわち仏性　690

心心相続　189

信心存知のよう　818

身心智慧　337

身心適悦　424

真心徹到　371, 566

信心というは智　818

身心柔軟　28, 49

身心柔軟の願　355

甚深の義理　858, 922

信心の業識　214

信心の定まるとき　757

甚深の十二部経　147

信心の正因　646, 931

深信の心　237, 478

深心の深信　479

信心のたま　743

信心の智慧　581, 643, 644

信心の天　751

語句　87

信心のひと　707, 708, 715

信心の人　653, 704, 742, 744, 779, 799, 802, 803, 806, 807

信心の人のこころ　799

甚深の仏法　413

甚深の法　67, 143, 254

甚深の法忍　44

信心の方便　705

信心のよう　818

甚深秘密の蔵　290

信心不淳　560

信心不退転　253

信心まことならば　もし生れずは　仏にならじ　803

信心まことなる人　804

信心まことなる人のこころ　807

信心乱失　568

信心を得ること　779

信心をえたる人　744

信心を歓喜する　818

信心をひとし　818

信心をみがき称名念仏をはげますべきもの　921

信心をみがく　924

信心をよろこぶ人　800

心髄　371

神通　5, 59, 60, 69, 192, 211, 219, 228, 256, 286, 293, 306, 309, 310, 326, 345, 450, 504

無量深妙の境界　192

神通自在　56, 63, 522, 607

神通洞達　49

神通如意　138

神通の功徳　48

神通無碍　63

神通輪　175

信ずる心　580

真説　456, 848

塵刹　226

深浅次第　906

深浅対　223

心想　128

身相　100, 133, 135

瞋想　34, 247, 453

瞋憎　243

信想軽毛　390

身相荘厳　521, 605

身相と光明　130

瞋憎の心　250

心想羸劣　118

親属　84, 87, 248

親族　338

神足　22

真俗二諦　952

親疎対　223, 468

侵損　304

真諦　392

進退の心　240, 256

心多歓喜　184

心多歓喜の益　262

震旦　580

晨旦　732, 734

信知　245, 715

真智　317

瞋痴　194

神智高遠　734

神智洞達　40

深智博覧　840

心中　179

塵点久遠劫　531, 616

塵点劫　209

真土　356

身土　473

塵土　294

信というは本願の名号を聞きて疑わぬをいう　880

神道　858

梓動　281

震動　17, 294

信と行　785

瞋毒　773, 775

身と口と心とに作る　285
心と口とに作る　285
神徳無量　17
甚難　164, 259
甚難・希有の事　164
心柔善　406
瞋恚　84, 393, 915
真に非ず　287
信に一念あり　214
身意柔軟　38
真如　305, 314, 445, 690
真如一実の功徳宝海　177
真如一実の信海　232
真如三昧　355
真如実相　192, 684
真如の門　200, 533, 619
真如法性身　228
信忍　270
真人　91
親友　62, 112, 838
瞋怒　75, 332, 536, 621
信・慧　62
信慧　181, 234, 269, 379, 387
真影（しんねい）　862, 923
心悦清浄　18
心念　235, 457
信の一念　785
真の面　287
真の三昧　424
真の声聞　396
心の所願　179, 333
心の所楽　366
真の善知識　243, 492, 493
真の知識　575
真の中の真　374, 467
真の涅槃　423
真の仏弟子　237, 266, 779
真の報土　355, 497, 691, 694
真の報仏土　329
深遠微妙　67

心は亀　196
信離れたる行なし　785
真筆　436, 836, 885, 886
真筆の製作　886
心怖　276
信奉　253
心府　914
神符　432
親付　287
身不壊　336
信伏　294
信不具足　252, 383, 384
信不具足の金言　258
信不退　839
信不退の座　839
心不断　518, 601
真仏　57, 356
真仏・顕智の御相伝の旨　887
真仏・真土　356
真仏弟子　480, 494
真仏土　329, 356
信仏の因縁　189
甚分明　682
神変不思議の境界　874
身亡　72
真宝　396
深法　57
深法忍　44
信方便の易行　186
身亡命終　72
深法門　59
新発意の菩薩　353
神魔　433
信明　18
身命　237, 371
神明　88, 89, 91
神明記識　82
身命の定めなきこと　913
真妙の弁才　13, 174
深妙の法　234

語句　89

神明も記識す　87
真無量　610
神明　422, 433, 947
尽滅　411, 417
真文　436, 836, 885
真門　372, 382, 565, 862
真門の中の方便　376
真門の方便　377
新訳　732
人用　427
信用　238, 389
迅雷　429
親鸞が教え　788
親鸞聖人御返事　786
親鸞上人の御流れ　887
親鸞の御本意　887
真利　457
真理　171
信力　253, 383
神力　32, 189, 226, 308, 347, 521, 605
神力加勧　312
信力堅固　252
神力自在　521, 605
信力増上　185
信力転増　185
神力本願　525, 610
神力無極の阿弥陀　524, 608
真理の一言　223
津梁　203
身量の大小　134
身量無辺　137
人倫　437, 913
人倫の哢言　231
心労　85, 95
塵労　8, 68, 210
塵労垢習　53
心を至し　195, 299
心を至し信楽して　218
心をいたし発願して我が国に生れんと欲わ
ん　881

心を弘誓の仏地に樹て　437
信をはなれたる行　881
信を離れたる行　785

す

衰　34
随　496
随意自在　10, 324
随意の医薬　273
随縁の雑善　354, 381
水火　71
水火二河　243, 244, 455, 495
水火二河のたとえ　715
水火の難　242, 455
水火の二河　242
随喜　368, 369, 410, 476
推求　383
随自意説　343
随自他意説　343
垂迹　849
垂迹興法の願　834
随従　675
随順　237, 238, 284, 355, 505
随順菩提門の法　322
水晶　559
水精　42
水精樹　42
水精の池　46
水精の沙　46
水想　119, 120, 487
瑞相　283, 284
瑞像　430
随他意説　343
随智　200
水中　123
水道の乗船　186
火能成壊　490
水能生潤　489
水病　386
睡眠（すいめん）　183

水流　129
図画（ずえ）　436, 437
末をも通さぬ者　882
図画（ずが）　885
頭数　216
頭陀　576
頭燃　250, 453
頭北面西　851
頭北面西右脇　577
頭面作礼　116

せ

施　69
世　282, 377
是　366, 367, 496
世・出世の善根　369
清　433
聖　429, 431
斉　430, 734
聖王の臣孝　428
聖牙　430
西岸　455
誓願　225, 228, 360, 402, 494, 537, 619, 622,
640, 647, 682, 683, 685, 690, 709, 711, 725,
733, 737, 804, 810, 834, 879, 899, 901, 914,
916, 930, 951
誓願一仏乗　220
誓願海　207
誓願の業因　690
誓願の尊号　733
誓願の力　206
誓願の不思議　950
誓願の名号　711
誓願の利益　805
誓願不可思議　224, 225
誓願不思議　581, 619, 814, 816, 917
誓願不思議の御法　937
誓願を離れたる名号　810
誓願を不思議と信じ名号を不思議と信ずる
ほかに別の義なし　875

声教　428
西境　874
勢競　429
制許　396
誓言　286, 935
製作　437
西山西谷の法儀　905
勢至の化身　835
勢至のこころ　730
清信　433
正説　425
清台　430
聖代　436
斉朝　553
正道　433
西蕃・月支の聖典　172
正弁極談　429
聖母　424
正本　432
制文　397
制文の法　397
誓約　878
施恵　93
世雄の悲　171
世界　41, 53, 62, 68, 156, 178, 181, 205, 271,
315, 502
世界に満てらん火　62
世界の相　345
是学無学　342
碩才　868
世間　8, 10, 34, 50, 59, 73, 76, 81, 82, 94, 96,
174, 175, 178, 195, 202, 205, 225, 248, 249,
289, 332, 386, 407, 410, 412, 413, 418, 421,
422, 424, 433, 514, 597, 774, 790, 815, 949
世間・出世間の善道　299
世間甚難信　259
世間道　182, 183
世間難信の捷径　232
在家無智の尼入道　886
世間の一切善法　299

語句　91

世間のこと　77
世間の事　73
世間の常法　942
世間の帝王　45, 51
世間の転変　919
世間の道　186
世間の人民　73, 83, 85, 86, 88, 89
世間の人　240
世間の法　352
世間の名利の事　423
世間畢竟　221
世語　67
是故我帰命　732
是故我常念　731
世事　71, 76, 423
世自在王仏の所　346
是此是彼　342
施主　415, 416
世・出世間の功徳　212
是性　470
是心作仏　263
是心是仏　263
世人の心意　91
是栴陀羅　536, 621
施草　7
世俗　337, 406
世俗の君子　553
世俗の五常　946
世俗のひとびと　574
世尊我一心　732
世尊の教　180, 379
世尊の後　142
世諦　342
世諦の法　342
殺　260, 286, 287, 288, 289
説　355
利　233
殺果　288
殺害　113, 279, 303, 393, 412
殺害の罪　279

設我得仏　725, 880
設我得仏　十方衆生　至心信楽　欲生我国　乃
至十念　若不生者　不取正覚　唯除五逆　誹謗
正法　719
設我得仏　十方世界　無量諸仏　不悉咨嗟　称
我名者　不取正覚　719
設我得仏　国中人天　不住定聚　必至滅度者
不取正覚　719, 802
摂機・生因の二つの力　882
摂機の力　882
殺逆のこと　113
説行　105
摂化　196, 209, 214, 350
捷径　206
摂化随縁　528, 612
殺業　288
殺罪　286
殺者　279, 288
説者　267
摂取　19, 20, 21, 104, 130, 197, 227, 229,
245, 259, 302, 322, 437, 455, 507, 538, 585,
623, 640, 643, 684, 692, 702, 707, 731, 738,
744, 779, 798, 804, 805, 818, 914, 918, 928,
933, 935
摂取護念の益　901
摂取して捨てたまわず　209
摂取心光常照護　751, 904
摂取選択の本願　503
摂取の光明　572
摂取の慈悲　873
摂取のひかり　689
摂取の光　778
摂取の利益　707
摂取不捨　373, 469, 494, 588, 642, 683, 742,
757, 802, 803, 806, 814, 915, 918
摂取不捨の心光　726, 744
摂取不捨の真言　172
摂取不捨の真理　447
摂取不捨の得益　915
摂取不捨の益　949

摂取不捨の利益　584, 635, 642, 739, 799, 804, 806

摂取不摂対　468

絶殊無極　332

摂取来迎　報身来迎　平生業成　平生往生
874

殺生　303, 414

摂生　737

摂政関白　574

摂生増上縁　199, 200, 737, 738

捷真　210

雪山　67, 213

舌相　199, 211, 239, 380, 433, 484

接足作礼　125

接足頂礼　405

絶対不二の機　224

絶対不二の教　467

説聴の方軌　267

刹土　18

殺毒　76

刹那　259, 260, 402

刹那時法　402

説人の差別　389

殺法　288

説法　33, 156, 326, 417, 902

説法の者　267

刹利　35

刹利種　113

刹利心　414

殺戮（せつろく）　274

世饒王仏の所　302

世人　74, 92, 97

是人　706, 739

世の真実　395

世の真宝　395

是の善知識　493

世の八法　283

世の盲冥　348, 370, 514, 597

是非対　223, 469

世法　283

施与　320

仙　286

専　378, 496, 692

浅　373, 497

選　691

染　34

善　50, 51, 70, 73, 74, 75, 77, 81, 82, 84, 85, 88, 90, 91, 92, 93, 94, 95, 96, 205, 211, 253, 258, 316, 332, 338, 367, 379, 415, 428, 533, 618, 683, 691, 708, 758, 803, 826

漸　258, 366

禅　202, 272, 903

染・恚・癡　453

専・修　382

善・不善の心　437

善悪　225, 259, 260, 278, 302, 389, 433

善悪雑心　496

善悪対　223, 469

善悪の業　384

善悪の業種　209

善悪のこころの水　645

善悪の凡夫　200, 308, 682, 840

善悪の凡夫人　229

善悪凡夫　688

染・恚・痴　247

善因　340

善友　234, 242, 243, 284, 492

善慧　182

先王　277, 285, 286

善果　286

専が中の専　467

旋火輪　122

専観　375

善機　470

漸機　378

善鬼神　88, 544, 631

仙経　228, 450

専行　375

漸教　223, 273, 371, 374, 461, 462, 467, 476, 747, 796

語句　93

前行　89
善巧句義　290
専行雑心　375
善巧摂化　319
善巧瞻病　280
善行増長　415
善巧方便　503, 506, 566
鮮潔の衣　404
一千言の褒誉　869
先後　74
善語　35
瞻仰　405, 529, 614
善業　202, 223, 367, 411, 476, 707
染香人　546, 628, 730
千劫の極重の悪業　146
山谷　409
山谷の響きの声　287
前後の広略　319
千五百年　393
善根　143, 187, 339, 340, 354, 360, 362, 363,
370, 371, 372, 379, 388, 398, 406, 442, 488,
563, 581, 636, 687, 691, 693, 711, 779
善根功徳　714
善言　248
千斤の銅　213
善根薄少　215, 244
善根力　423
千歳　95, 213, 300, 914
銭財　71, 72
千差万別　240
前三果　395
専讃嘆　375
千三百年　393
宣旨　667
瞻視　74
禅師　666
禅思一心　40
千色　122
善知識　106, 145, 146, 147, 148, 197, 224,
253, 268, 299, 300, 383, 385, 386, 388, 398,

421, 472, 492, 534, 620, 738, 757, 759, 764,
765, 768, 772, 776, 883
善知識のすすめ　738
禅室　845, 867
宣旨の使い　669
千四百年　393
専持名号の説　873
千差　356
選択　463, 464, 640
選択阿難付属　464
選択易行の至極　214
選択回向の直心　232
選択功徳　464
選択護念　464
選択讃嘆　463, 464
選択証果　463
選択証成　463
選択浄土　463, 464
選択浄土の機　464
選択称名の願　177
選択摂取　464, 777
選択摂取の白業　256
選択摂取の本願　216, 443
選択摂取本願　494
選択摂生　463
選択相伝　835
選択大宝海　213
選択の願海　388
選択の願心　231
選択の正因　685
染著の心　66
選択の本願　709
選択悲願　721
選択不思議の本願　684
選択本願　200, 229, 232, 372, 451, 462, 463,
573, 579, 643, 696, 719, 720, 758, 761, 880
選択本願念仏　760
選択本願念仏集内題の字　836
選択本願念仏集の内題の字　885
選択本願の行　749

選択本願の行信　225

選択本願の正因　356

選択本願の名号　692

選択本願の文　695

選択弥勒付属　463

選択を書きき　885

専修　373, 375, 387, 483, 485, 564, 571, 710

専修一流のこころ　927

撰集　886

禅宗（ぜんしゅ）　758

禅宗（ぜんしゅう）　211, 272

千中無一　564

専修雑心　375

専修正行　917

専修正行の繁昌　859

専修寺を建立　926

専修専心　375

専修専念　858

専修専念の信心　748

専修専念の輩　860

専修伝灯の法炬　948

専修念仏　639, 876, 924, 948

専修の人　813

善趣の門　33

専修門流　918

専修門流の安心　944

専修門流の事　899

先生　277

専称　229, 375, 382, 450

専精　562

善性　470, 496

禅定　69, 219, 268, 423

先聖・諸仏の経法　90

禅定堅固　393

千生に一たび誓に遇えり　473

善性の人　493

善浄仏土　406

禅定力不可思議　347

禅定を修する人　208

専心　105, 118, 215, 262, 269, 375, 386

浅深　229, 260, 429

善心　39, 243, 250, 284, 330, 453, 687

善神　544, 631

前心・後心　191

専信御坊御報　803

善信が訓え　849

善信が信心　840

専心専念　214, 262

前世　50, 85, 88, 179, 180

善逝　857

善世界の仏　186

宣説　227, 343, 373, 402

前世の宿命　331

先世のちぎり　819

専雑　451

占相祭祀　710

専雑の執心　229

専雑の得失　571

闡提　240, 303, 446, 448, 471, 489, 751

栴陀羅　113

栴檀　193

栴檀香　35

栴檀樹　46, 289

栴檀の根芽　193

栴檀林　948

善知識　421, 701, 902, 905, 906

善知識の教化　927

専注　368

瞻覩　12, 173

仙童　431

仙道　422

善道　398, 406, 411, 414, 416

善導和尚の化身　685

善導和尚の釈　819

善導大師・法然上人の疏釈　887

善導の御教え　773

善導之再誕　748

善導の別徳　735

善導は阿弥陀仏の化身　735

専読　375

語句　95

漸・頓　373, 374

漸頓　747

漸頓回向の機　469

漸頓のなかの頓　817

漸頓分別　868

善悪　20, 85, 951

善悪自然　74

善悪の業　940

善悪の事　74

善悪の根機　903

善悪の趣　91

善悪の道　73, 75, 83

善悪の二法　914

善悪変化　74

善悪報応　91

善悪凡夫人　451

善悪凡夫の生因　860

善男子　144, 145, 146, 150, 163, 164, 220, 221, 250, 267, 273, 282, 283, 293, 296, 333, 334, 335, 336, 337, 338, 339, 340, 342, 343, 344, 382, 383, 384, 385, 386, 422

善男子・善女人　145, 160, 163, 164

千二百年　393

禅容　862

善女人　145, 150, 151, 163, 164, 267, 333, 337, 382, 422

仙人　402, 403, 425

先人　75

善人　88, 92, 144, 618, 695, 927

善人悪人　927

善友　149

禅・慧　9

専念　215, 238, 239, 262, 269, 270, 325, 368, 379, 380, 381, 443, 456, 483, 485, 502, 710, 880

僉然　64

前念　191, 266

禅念　371

専念正業の徳　437, 836, 886

専念専修　238, 380

専念専修の姿　875

千年の寿　374

専念弥陀の法義　874

前念命終　469

前念命終の業成　862, 950

山王　67

千の化仏　140

千の光明　126

善の三業　237, 249, 475

善の善知識　493

専の中の専　374

善の中の明好　332

善の朋党　418

船筏　585

千一百年　393

戦慄　281

瞻病　273

瞻蔔華　213

千輻輪相　133

専復専　692

選不選対　223, 468

千仏　399

千仏世界　38

千仏の国土　195

善法　415

禅房　851, 867

善法　68, 177, 178, 338, 340, 370, 391, 745

善本　11, 61, 67, 80, 85, 93, 99, 102, 181, 361, 376, 377, 378, 533, 618, 649, 650, 651, 652

善本・徳本の真門　376

善本徳本の真門　388

千万億劫　80

千万仏国　331

鮮明　284

千無一失　571

善門　10

詮要　928

瞻養　277

洗浴　404

専礼　375
善力　69, 502
善竜　431
宣流　158
染汚　243
善をせぬ人　765
善を為す者　95

そ

疎　437, 496, 886
粗　335
麁　290
祖意　868, 952
僧　334, 434, 655, 743
想　119, 120, 124, 126, 127, 128, 129, 491
相　130, 185, 217, 298, 349, 366, 374, 421
総　192
雑　375, 382, 496
象　287, 293
像　128, 398
像・末代の比丘　396
像・末の僧　396
憎愛　69
造悪　645
造悪の地　95
草庵　858, 862
草案註記　887
雑縁　370, 388, 567, 568
憎悪　91
相応　188, 190, 191, 192, 197, 229, 234, 257, 409, 415, 873
荘王の時　425
相応の法　874
繒蓋　35, 52, 64
総官　206
総観想　124
僧儀　435, 842
曹魏　5
像季の後　399
像季・末法　397

像季末法　587, 594, 636
像季末法の衆生　580
僧祇物　147, 277
増劇　281
雑行　213, 239, 368, 369, 374, 375, 436, 484, 488, 564, 707, 745, 796, 836, 947
雑行雑修　565, 694, 708, 739, 759, 814, 931
雑行雑修の心　875
雑行雑心　375
雑行散心念仏　486
雑行定心念仏　486
雑行専心　375
雑行を捨てて本願に帰し　885
相継一劫　730
相好　69, 123, 131, 142, 201, 269, 309, 317, 527, 611
雑業　307, 370, 423
相好円満の御仏　945
相好光明　98
相好金山のごとく　527, 611
相好殊特　54
相好殊妙　35
雑業の行者　270, 371, 376
総迎来　686, 688
荘厳　107
息災延命　542, 629
造罪の重軽　207
造罪の多少　258
雑散の業　381
相師　277, 294
相似　424
総持　10, 28, 266, 732, 733
造寺　393
造寺工　666
造寺堅固　393
宗室　433
憎嫉　73, 90
双樹林下往生　359, 465, 497, 881
双樹林下の往生　373, 388, 524
僧声　47

語句　97

相承　884, 925
増上　185, 314, 688
増上の最勝心　253
増長　275, 278, 384, 398, 411, 412, 414, 416,
417, 420
増上縁　199, 218, 219, 309, 565, 706, 707,
739
相承血脈の義　886
相承直説　902
増長勝解の想　267
増上の勝因　353
増上の誓願　199
雑生の世界　307
爪上の土　875
相承の法義　948
相承の法嗣　932
雑善　222, 270, 691
雑染堪忍の群生　446
雑染堪忍の群萌　326
総相　301
忽忽　76
像想　129, 487
造像　382
相続　191, 196, 235, 269, 270, 301, 370, 390,
560, 930, 934, 945, 949
相続心　263
相続不続対　223, 468
雑中の専行　486
相伝　925, 943
像塔　430
雑毒　452
雑毒虚仮の人　492
雑毒雑修の善　250
雑毒雑心の死骸　222
雑毒の行　236, 248, 475
雑毒の善　236, 453, 475
僧尼　393
僧に非ず俗に非ず　435, 842
僧尼嫁娶　393
僧尼の威儀　391

想念　23, 119, 125
雑の観仏　486
雑の言　375
雑の散行　487
僧の和合縁　303
霜雹　431
曽婆羅頻陀落地獄　541, 627, 877
繪旛　101, 362
僧毘尼　393
像法の末　580, 587, 636
僧宝　796
像法　393, 398, 584, 643, 670, 671
像法一千年　391, 392, 393
像法時　396
像法千年　397
像法のときの智人　643
像法の世　580
像・末　397
像末　388
像末・法滅の時機　388
像末五濁の世　640
像・末の教　397
像末法五濁のよ　580
像末法滅　229, 450
僧名　147
聡明善心　175
忽務　76
恩務　95
草木　195, 320
増益　252
澡浴　111
澡浴清浄　111
総礼　857
蔵吏　425
僧侶　951
叢林棘刺　586, 638
相輪の影　430
雑蓮華の色　133
総猥憒擾　76
僧を念ず　157

僧を念ずる　123

素懐　446, 709, 715, 845, 862

触　34

促　747

即　694, 702

俗　289, 428, 434

賊　112

即往生　373, 497, 881

即横超截五悪趣　751

俗学匠　575

速疾円融の金言　175

即時入必定　214, 703

即生　715

俗姓　858, 925

俗人　849

俗塵　948

即身成仏　462, 476

即身是仏　462, 476

即是帰命　736

則是具足　708

即是其行　200, 736

俗諦　392

即嘆仏　735

俗典　867, 925

即得　200

速得阿耨多羅三藐三菩提　217

即得往生　462, 469, 684, 702, 880, 904, 933

即得往生　住不退転　927, 934

即得往生住不退転の誡説　867

速得成就阿耨多羅三藐三菩提　218

触悩　414

即の時　228

促はときこころ　747

即不得生　694

即便往生　474

息慮凝心　374

粗言　35

麁語　290

麁獷　414, 416

祖師矜哀の引入　861

祖師広大の恩徳　949

祖師上人の御掟　886

祖師聖人の化導　857, 921

祖師聖人の徳　924

祖師相承の義趣　887

祖師の御いましめ　947

祖師の御こころ　879

祖師の徳　859

粗想に極楽世界を見る　129

疎雑の行　239, 369

率化　94

卒都波　303

その国　48, 57, 71, 99, 156, 161, 162, 163,
330, 361, 378, 406

その国に生ずることを得　39

その国土　70

その土　156

その華の周円四百里　64

その人の所　143

その人の前　146

祖父　75

酥蜜　111

蘇油　385

そらごと　787, 789, 791

そらごと申したる者　790

空に浮かべる雲　936

疎略の心　939

尊　18, 71, 681

尊貴　35, 51, 72, 82, 86

尊貴自大　88

尊貴の家　30

尊敬　69

尊顔　845

損減　245

尊語　349

尊号　201, 513, 643, 681, 684, 733, 743, 878

尊師　400

尊者　12

尊重　405, 661

尊善無垢　205

語句　99

尊像　665
尊卑　76, 84, 87
尊法　253
村落　409

た

多　185, 238
体　314, 351
胎　307, 651
退　496
大　185, 367
大悪　83, 86, 87, 89, 92, 294, 411, 412
大悪煩悩濁　412
大阿羅漢　155
大安　17
大医　275, 280, 385
大医王　341
大威神力　208
代々相承の念仏　883
第一義　140, 290, 291, 342
第一義空　192
第一義乗　220
第一義諦　141, 342
第一希有の行　184, 467, 494
第一真実の善知識　385
第一諦　291
第一第二第三法忍　31
第一の五百年　390
第一の仏　103
第一門　325, 503
大威徳のひと　444
大威徳の者　233, 267
大因力　253
大会　315
大会衆　228, 325
大会衆の数　449, 503
大会衆門　324
帝王　51, 208
大王　111, 112, 113, 116, 205, 274, 275, 276, 277, 278, 279, 280, 281, 283, 284, 285, 286,

287, 288, 289, 292, 295, 397
大応供　516
大王の所願　205
帝王の辺　50
大雄猛士　416
大怨　73
大恩　546, 629
大火　225
大河　241
提河　426
大海　20, 37, 41, 67, 195, 347, 584, 656, 942
大海のみず　734
大海の水　41, 183, 291, 641, 713
大覚　430
大覚の境　430
諦観　128, 131, 134
大鹹　412
大願　34, 232, 248, 449, 880
大願業力　199, 309, 347, 502, 704, 729, 738
大願業力の不思議　745, 929
大願清浄の報土　264
大願の船　647
諦観彼国浄業成者　365
大偽　433
大鬼王　548
大喜大捨　251
対機別　482
大義門　322
大慶　62, 751
大行　177, 442
大経往生　881
大慶喜　458
大慶喜心　232, 263, 387, 455
大慶喜の心　444
胎宮　376, 462, 466, 497, 651, 652, 779
胎宮・辺地・懈慢の往生　462
第九観　131
大弘誓　226, 248, 930
大弘誓願　205
大苦悩　276, 278, 296, 541, 627

100

第九の仏　104

大供養　253

大外道　876

太玄の都　432

大炬　446

大悟　150

醍醐　213, 297, 334, 335

大孝　428

頼綱　349

大光　32, 107

大降魔力　208

大光明　7, 97, 122, 139, 146, 283, 315

第五観　124

太虚空　224

底極㽵下　50

醍醐の想　267

第五の功徳相　216, 326

第五の五百年　390, 581, 636

醍醐の精気　414

第五の仏　103

第五門　188, 217, 325

大罪悪業　421

大摧邪力　208

大才諸徳の講敷　867

第三果　463

第三観　120

第三の焔天　37

第三の功徳相　325

第三の五百年　390

第三の仏　103

大三昧力　208

第三門　503

対治　208

大師　9, 276, 280, 580, 648, 874

大士　11, 104, 174

大慈　69, 207, 647, 650

大地　67

大師・両上人の御相承　876

第四果　463

第四観　122

大士観世音　59

大地獄　289

第十八の御本願　944

大師聖人のみこと　803

大慈大悲　250, 251, 520, 558, 604, 650, 684,
709, 742

大慈大悲心　587, 644, 692

大慈大悲誓願　720

大慈大悲の願海　558

大慈大悲の弘誓　446

第七観　126

第七の仏　103

退失　286

退失傾動　368

大事の因縁　457

大師の恩　386

太子の御師　670

太子のおん記文　674

太子の金言　672

第四の功徳相　326

太子の御入滅の後　665

第四の五百年　390

太子の勅命　661

太子のみこと　672

太子の陵　674

太子の利益　661

大慈悲　47, 66, 131, 147, 189, 193, 256, 263,
291, 310, 326, 346, 386, 405, 502

大慈悲心　263

大慈悲身　268

大慈悲の声　47

大慈悲力　208

太子崩御　667

大地微塵劫　569

大事未発明者　可勧弥陀名号　903

第四門　503

大車　224

大寂　336

大寂静　336

大寂定　530, 615

語句　101

帝釈の瓶　122

大寂滅　312

大沙門　422

大衆　24, 33, 34, 39, 56, 57, 65, 125, 151,
155, 177, 178, 189, 203, 204, 284, 293, 294,
313, 315, 330, 360, 401, 413, 414, 417, 881

第十一観　136

大集会　419

第十九（第十九願）　882

第十九（第十九願）　879

第十九（願）　779

第十九の願　881

第十九の誓願　758

第十五観　145

第十三観　138

第十四観　143

第十七の願　685, 800, 806

大集十方所有の仏土　412

第十二観　137

第十八（第十八願）　882

第十八願の機　881, 882

第十八（第十八願）には念仏を正因と願じ
879

第十八の（願）　777

第十八の願　364, 873, 880, 916

第十八の御本願　933

第十八の本願　787, 791

第十八の本願成就　778

第十六観　149

第十観　133

大衆の功徳　313

大衆の中　179

剃除　399, 420, 423

対生　73

胎生　99, 100, 361, 362, 363, 409, 651, 652,
653, 746, 778

太上　424

大・小　374

大小　225, 254, 350, 377, 388, 463

大聖　17, 449

大乗　68, 117, 139, 140, 142, 148, 205, 207,
220, 267, 392, 548, 549, 566, 733, 759

大浄　337

大小・権実・顕密の諸教　463

胎生・辺地　373

大聖一代の教　171

大乗一心金剛法戒　687

胎生疑城の浄土　778

大乗教　461

大乗経論　190

胎生化生　651

大聖矜哀の善巧　231

大聖興世の正意　227

大乗広智　99, 361

大荘厳　34, 248, 453

大乗根　222

大小権実の教　759

大乗権方便の教　264

大乗至極の教　758

大聖慈尊の宝冠　921

大星宿　401

大乗十二部経　146

大乗十二部経の首題の名字　146

大乗修多羅　191, 377, 502, 733

大小星　402

大小星宿　401, 402

大乗正定聚　324

大乗正定聚の数　305

大乗小乗の三輩　862

大乗正定の聚　299, 318, 445

大小聖人　566, 688, 804, 949

大乗真実の教　264

大聖世雄の正意　449

大聖世尊　919

大小対　223, 468

太上大道　432

大乗の方等経典　139

大小の奥蔵　858, 922

大小の戒体　210

大乗の五逆　303

大乗の教　461

大乗の具足戒　687

大聖の自説　389

大聖の旨破　396

大乗の上善　474

大小の聖人　213, 682, 766

大小の諸経　220

大乗の諸経　191

大聖の所説　434

大小の諸山　97

大聖の所立　9

大聖の真言　226, 249, 326

大乗の甚深の経典　148

大聖の真説　297

大乗の法　548

胎生の者　99, 100

大乗のもろもろの菩薩　6

胎生辺地　694

胎生辺地懈慢界　758

大乗無上の法　227, 449, 548

剃除鬚髪　395, 398, 399

退心　296

大信　177, 232, 541, 627

大心　290

大身　138

大臣　268, 274, 276, 277, 278, 282, 295, 396

大信海　258, 388

大心海　563

大信心　232, 251, 377, 541, 627, 813, 875

大信心海　257, 376, 377

大瞋恚　404

大水　225

大誓願　228, 690, 720

大誓願海　467

大誓願力　208

大勢至の色身を観ずる想　136

大勢至法王子 与其同倫　729

大勢至菩薩の像　128

大施主　32

大雪の時　401

大仙　402

大千　17, 33, 197, 211

大善　79, 83, 86, 87, 89

大千世界　195, 523, 608

大祖の解釈　226

代々相承の掟　904

代々相承の師　876

代々の師　885

待対の法　240

大地　224, 225, 294

大智　294

大智慧力　208

大弟子　155

大鉄囲山　412

退転　105, 164, 202, 333

大道　78, 346, 430

大道理　196

逮得　26

大徳の君　424

牴突　90

第二果　463

第二観　120

第二十（第二十願）　879

第二十の願　779, 881

第二十は定散自力の行者　882

第二の功徳の相　325

第二の五百年　390

第二門　503

退弱　69

大人法　184

大涅槃　226, 266, 291, 306, 326, 335, 336, 337, 445, 458, 568, 682, 684, 688, 689, 690, 703, 704, 750, 757, 808

大涅槃道　728

大涅槃の悟り　780

大念　405

太白　401

提婆五邪の法　655

第八観　129

大般涅槃　215, 257, 272, 283, 337, 578, 579,

語句　103

583, 641, 642, 646, 704, 750

大般涅槃のさとり　715

大悲　10, 13, 67, 146, 174, 181, 182, 185, 229, 244, 245, 269, 302, 309, 346, 354, 380, 387, 397, 457, 491, 532, 552, 572, 617, 640, 647, 648, 650, 707, 860

大悲回向の行　443

大悲回向の心　246, 454, 455

大悲往還の回向　327

大悲弘誓の恩　228, 951

大悲広慧の力　232, 443

大悲心　184, 192, 254, 255, 310, 453, 454, 455, 504, 587, 644, 645, 719

大悲誓願力　692

大悲の音声　149

大悲の御誓い　814

大悲の願　177

大悲の願海　356

大悲の観世音菩薩及び大勢至　146

大悲の願船　215, 446

大悲の弘誓　297

大悲の光明　827

大悲の宗致　457

大悲の心　645

大悲の誓願　329, 901

大悲の仏恩　857, 921

大悲の本　640

大悲の欲生心　454

大悲無倦　742

大悲無生の母　182

大風　68, 225

退不退対　468

大弁才　523

大法　184

大宝海　712, 712, 713, 714, 734

大宝華　141

大法の雷　68

大暴風　294

大菩提　322

大菩提心　455, 544, 582, 631, 641, 692, 757,

814, 875

剃髪染衣　884

大煩悩　412

大命　91

大明　332

大夢　430

大益　268

体用　318

大勇猛　418

大楽　336

大羅　432

大利　102, 105, 180, 195, 214, 215, 362, 442

大力　101

大利小利対　468

大利無上　215

大竜　543, 631

大良医　281

台嶺の窓　858

大蓮華　128

第六観　124

第六天　49

第六天王　51

第六天上　45

第六天の宝　37

第六の仏　103

妙なる願　60

たえぬこころ　701

他縁　301, 324, 404

多歓喜　183

他郷　387

倫　16

類　401

託生　432

多功徳　209, 383

宅門　324, 503

多劫　148, 234, 299

多劫衆苦　541, 627, 877

堕獄　876, 937

多罪　211

他事　301

他宗他門の人　873
他宗他門の法義　950
多生　171, 446
多生曠劫　694
多少対　223, 468
他心智　345, 423
他心徹鑑力　208
他心を見る智　22
助からんと思うは これまた我が心より起
る間 自力の心なり　878
助からんと思うは自力　876
他世　121, 131
多善根　382, 383
多善根・多功徳・多福徳因縁　376
他想　301
他想間雑　189
他属　384
多陀阿伽度　128
たゞ念仏をもちて往生の本願とす　880
直也人（ただびと）　862
ただ仏にまかせまいらせ給え　803
ただ名号を称うる者　944
たゞ我が言うところの念仏にて助からんと
思うは自力なり　883
脱苦の神方　271
度脱　14
達多・闍世の悪逆　364
奪命　406
たとい我仏を得たらんに　881
喩　242
掌　402, 412
掌の中　40
種　252
多念　258, 695, 709, 760, 761
多念往生　716
多念の証文　716
多念仏　204, 688
他の有　50
他の教　410
楽しむべきもの　77, 80

他の方便　572
他の利　85
懦夫　429
多福徳　382, 383
他仏　710
他方　220, 298, 308
他方国土　30, 31
他方の五濁悪世　64
他方の浄土　312
他方の諸仏国土　95
他方の仏国　95, 100, 233
他方の仏土　103
他方仏国　250
他方仏国の人民　179
他方仏土　25, 312, 720
珠　127
神（たましい）　85
魂　919
神　47
為　282
多聞　371, 390, 687
多門　382
多聞堅固　393
多聞と浄戒　204
多聞の力　69
陀羅尼　423
陀羅尼門　140
他利　218, 505
他力　189, 214, 216, 219, 220, 228, 258, 469,
477, 478, 494, 497, 505, 506, 552, 626, 641,
648, 683, 686, 710, 721, 728, 729, 751, 752,
757, 761, 770, 777, 798, 801, 802, 803, 807,
809, 812, 817, 826, 840, 863, 878, 879, 903,
914
他力易往の要路　860
他力易行の勧化　942
他力回向の信行　951
他力往生　837
他力横超の金剛心　704
他力広大威徳　555

語句　105

他力金剛心　469

他力至極の金剛心　478

他力信楽　704

他力真実の信心　687

他力真宗の興行　859

他力真宗の正意　225

他力真宗の本意　728

他力信心　840, 918

他力摂生の旨趣　833

他力には義なきを義とす　777, 821, 918

他力には義なきを義とは申し候う　811

他力には義なきをもて義とす　721

他力念仏の旨趣　923

他力の一心　694

他力の回向　804

他力の願　858

他力の行　747, 747, 878, 879

他力の行者　884

他力の光明　818

他力の意　365

他力の心　879

他力の三信心　693

他力の至心信楽　725

他力の正意　882

他力の信　534, 557, 619, 805

他力の信水　584, 641

他力の信心　681, 694, 761, 801, 840, 875, 925, 929, 949

他力のなかには自力　759

他力のなかにまた他力　759

他力の中の自力　477

他力の中の自力の正念　757

他力の中の自力の善　757

他力のなかの自力の人々　759

他力の中の他力　757

他力の念仏　899

他力の報土　878

他力の法文　760

他力の傍益　882

他力の菩提心　583

他力の本願　939

他力の妙益　874

他力のよう　818

他力白道　494

他力本願　688, 812

他利と利他　218

他利利他の深義　327, 446

短　335

断　265

断・常見　406

「但有称名皆得往」というは　682

団円・正等　123

檀越　399

弾指の頃のごとく　139

端正　76

誕生　925

端正の男女等の相　423

端身正意　81

端身正行　80, 83, 86, 87, 89

端身正念　92

耽酔　287

断絶　414

断惑証理（だんなくしょうり）　858

湛然　46, 361

湛然盈満　46

檀波羅蜜　251, 415

断不断対　223, 468

断命　303

断滅　245

嘆誉　330, 349, 518, 601

歎誉　39

檀林宝座　869

ち

血　412

知　715

地　53, 278, 294

智　13, 85, 174, 321, 322, 353, 389, 390, 430, 431, 514, 597, 737, 818

痴　34, 194, 248

痴闇　69, 224

智慧　11, 13, 17, 18, 57, 66, 67, 70, 78, 79, 91, 95, 100, 101, 186, 267, 268, 306, 308, 317, 322, 334, 337, 348, 362, 402, 406, 423, 424, 444, 503, 521, 531, 553, 558, 580, 581, 605, 646, 651, 682, 683, 687, 691, 713, 733, 734, 748, 816, 840

智慧海　62, 207

智慧光　226, 518, 531, 601, 616, 691

智慧高明　49

智慧成満　63

智慧所生の楽　323

智慧心　323, 504

智慧深妙　17

智慧のうしお　558

智慧の功　322

智慧の光明　514, 597

智慧の相　234

智慧の力　69

智慧の念仏　581, 585, 643, 644

智慧の火　320

智慧のひかり　682

智慧の光　135

智慧のまなこ　585, 644

智慧の眼　32

智慧の水　224

智慧の名号　682, 688, 693

智恵の者　878

智慧の門　353

智慧弁才　27

智慧明達　77

智慧無碍　18, 34, 247, 453

智慧門　321

智慧勇猛　56, 104

智慧力　208

知恩報徳　225

知恩報徳の志　863

知恩報徳の益　262

ちかい　737

誓　173, 433

誓い　441, 766, 822

智海　551

ちかいのみな　686

智覚　272

力　62, 69, 205, 206

智願　584

智願海　197, 490, 682

智行　237

智行の至徳　574

値遇　250

畜生　21, 37, 115, 278, 280, 342, 913, 938, 945

畜生の心　414

智功徳　252

智愚の毒　258

竹林精舎　920

智眼　585, 644

智光明朗にして慧眼を開く　448

智業　324

治国の法　276

知根力　340

知識　84, 155, 200, 244, 428, 635, 648, 814, 859, 867

知識恩　863

知識を神道を祈る　858

智者　131, 146, 272, 274, 275, 277, 280, 287, 288, 406, 735, 765, 930, 937

智城　224

地上の人　401

知諸根力　339

智信　415

智身　268

地神　434

智船　225

知足　406

知足第一に難し　406

父　113, 182, 274, 276, 277, 278, 280, 281, 285, 293, 294, 295, 303, 403, 428, 432

父の王　192, 193, 201, 274, 287, 295

父の恩　942

語句　107

池中の蓮華　156
父を殺し　303
父を殺す罪の同類　303
智土　472
八道の船　188
痴貪　194
智人　584, 643
痴人　294
智人の偈説　276
地の神　631
智明　249
痴盲　276
知聞　734
嫡弟　886
適莫　66
忠　428
中夏　227
中華　427
中害　422
中夏日域　449
中夏日域の高僧　449
中夏の容　428
忠義　950
中悔　80
中下（声聞）　10
中外　84, 87
註解　228, 450
中下の屍骸　222
中下の死骸　222
中外の親属　73
中間の白道　243
柱史　432
鍮石・偽宝　395
忠信　80, 428
忠臣　225
中年　284
中輩生の想　145
中輩の者　56, 57
中品　566
中品下生　145

中品下生の者　145
中品上生　143
中品上生の者　144
中品中生　144
中品中生の者　145
中品の懺悔　370
昼夜　244
昼夜一劫　39, 105
昼夜六時　157
忠良　84
籌量　185, 389
中路　241
超　692, 704, 728
長　279, 335
朝晏　432
長安馮翊　851
長安洛陽の栖　847
超往　260
超越　259, 260, 930
超越の理　312
朝家安穏の御のり　673
朝家の御ため国民のため　792
長跪合掌　12
冢卿　427
聴護　397
長斎　404
兆載永劫　930
兆載永劫の修行　878
聴察　21
聴者　267
長者　35, 86, 663
聴受　65
長寿　81, 419
頂受　414
超出　34, 202, 252
超昇　207
超証　266, 272
超渉対　223, 467
超勝独妙　34
頂上の肉髻　133

超世　686
長生不死の神方　232
長生不死の妙術　444
超世希有　49
超世希有の勝行　216
超世希有の正法　172
超絶　71, 270
超截　227
超世の願　32, 264
超世の悲願　915, 928, 939
超世無上　640
超世無上のちかい　686
超世無倫の大弘誓　930
長短黒白　342
朝廷　922
超日月光　226
輒然　257
打縛　420
調伏　69, 294
朝暮　333
聴法の者　267
超発　226, 264, 372, 441, 447
朝暮の恭敬　938
打罵　303, 399
長命　290, 917
聴聞　234, 294, 302, 379, 918, 923, 924, 927, 930, 937
超踰　37
頂礼　235, 308, 348, 349, 413, 418, 545, 627
痴欲　93
勅宣　555
儲君のくらい　672
勅命（ちょくみょう）　254
勅命（ちょくめい）　732
勅免　436, 842
塚間　409
著無上下　206
智力　7, 40, 331
治療　281
池流　27

痴惑　75
朕　433
鎮祭　664
鎮星　401
鎮頭迦樹　398
鎮西長楽の余流　905
珍膳　51
鴆鳥　347
珍妙殊特　64
珍妙の華香　35
珍妙の衣　7
珍妙の華　33
珍妙の宝網　44
沈迷　250
沈淪　204

つ

痛　83, 86, 87, 89, 92
痛苦　82, 89
痛著　76
通別対　223, 468
通・明・慧　66
月の出づる時　288
月の光　284
告げ　867
土壇　659
鼓の声　300
通入　229, 537, 623
通入すべき道　561
つねに居たりというこころ　799
妻　399
坐　286
罪　50, 76, 197, 202, 204, 209, 211, 240, 243, 275, 276, 278, 279, 280, 281, 285, 286, 287, 288, 293, 295, 296, 297, 299, 303, 362, 399, 422, 428, 941
辜（つみ）　274, 277, 286
辜咎（つみとが）　280
罪深き悪人　902
つみふかきひと　695

語句　109

罪を除滅する法　149
罪を造る人　300

て

帝　425
底下の群生　443
底下の凡愚　639
泥木素像　884
弟子　180, 197, 266, 275, 276, 287, 297, 396,
399, 422, 426, 436, 838, 842, 857, 859, 926
弟子衆　179
鉄囲山　412
寺　920
寺の本尊　884
天　7, 33, 40, 49, 55, 174, 234, 278, 280, 331,
398, 400, 401, 403, 412, 420, 421, 429, 432,
448, 470, 521, 605
電　60
天・世人　29
天・人　36
天・人の名　49
天・人民　57
転悪成善の益　262
詔誑　434
天楽異香　208
天下の人君　428
天下の人父　428
天冠　132, 134
天喜二年甲午　673
典拠　425
天宮　6
天下　175, 392, 419
天華　114, 148
天下第一　51
天下和順　96
天眼　22, 26, 66, 118
眼遠見力　874
天眼遠見力　208
電光　9
天祠　409

天地　76, 88, 91, 775
伝持　886
天竺三蔵　5
天竺の音　264
天竺のことば　540, 625, 732
天竺の語　264
天竺の菩薩　873
天竺の論家　777
天地に悪逆し　91
天地の間　83, 91
天地の神　775
天地の鬼神　655
伝持の旨　885
天衆　401
沾取　41
伝受　874
伝授　886
天・修・鬼・獄　434
典証　426
転生　82
天上　51, 65
天上天下　428
殿上人　577
天属　428
天心　84
天身　290
天神　400, 406, 434
天神記識　88
天神剋識　85
天神地祇　544, 631, 655
天仙七宿（虚・危・室・壁・奎・婁・胃）
407, 408
天仙七宿（星・張・翼・軫・角・亢・氐）
408
天仙七宿（房・心・尾・箕・斗・牛・女）
408
天仙七宿（昴・畢・觜・参・井・鬼・柳）
408
天仙説　389
天仙の説　795

110

天像・菩薩像　423

転相嗣立　75

天帝　51

天地の間　86

天中　278

天中の天　283

展転　76, 83, 85, 87, 89, 92

顛倒　160, 192, 198, 232, 323, 342, 372

伝灯　670, 740

天道施張　94

天道自然　89

顛倒上下　75

顛倒墜堕　372

顛倒の因　209

顛倒の善果　189

天耳　22

転入　200, 388, 533

天耳遥聞力　208, 874

天・人　7, 49, 70, 81, 165, 306, 398

天人　222, 293, 402, 411, 551

天・人の師　32, 78

天人の善悪　20

天・人の類　81, 95

天人不動衆・清浄智海生　222

天人不動の聖衆　551

天・人民　29, 56

天然　902

天王　413, 417

天皇　672

天王寺の金堂　665

天の優鉢羅華　46

天の画　125

天の楽　58, 64, 157, 315

天の神たち　630

天の伎楽　124

天の光　33

天の宝幢　124

天の妙華　58

天の瓔珞　122

纏縛　9

田夫野叟の類　868

天法　366

転法輪　7

転法輪所　663

天魔　208, 772, 776

天魔の障碍　884

天魔波旬　706, 739

天網　392

典攬　78

典攬の智慧　79

転輪王の家　185

転輪王の相　185

と

屠　260

都　432

土　329, 346, 356, 359, 376, 466

塔　303

同　367

道　7, 14, 18, 20, 62, 65, 71, 73, 74, 75, 76, 77, 78, 79, 82, 88, 90, 96, 179, 182, 202, 240, 252, 256, 257, 263, 264, 335, 340, 342, 346, 350, 351, 372, 384, 390, 391, 429, 430, 433, 434, 445, 446, 473, 505, 915

道意　8, 181

蕩逸　90

同一に念仏して別の道なきがゆえに　213

同一念仏　939

同一念仏無別道故　356

同縁　204

道家　425

道果　393

東夏・日域の師釈　172

等覚　6, 60, 226, 272, 817

同学　338

東岸　242

同勧　483

東関の堺　846

東関の修行　925

東関の抖藪　858

導御　13
道教　13, 65, 79, 173, 174, 441
道教（仏道の教え）　8
同行　388, 764, 765, 933, 938
洞暁衆経　734
同行達　813
同行同伴　939
同行人　863
同行の者　203
道禁　95
東宮の位　672
道君　432
導華　362
道化　58
倒見　303, 304, 422
灯炬　644
導御　174
道光明朗　349
当今　372, 390, 915
同讃　483
当山代々の教誡　943
塔寺　409
投持　285, 335
同師　338
導師　69, 224, 410, 417
道士　431, 432
童子　121, 429
導師行　175
導師の行　12, 173
道綽の遺誡　858
堂舎仏閣　920
当宗の元由　877
当宗の意　885
道術　7
刀杖　420, 845
闘諍　412, 419
闘諍・飢饉　414
闘諍堅固　393, 581, 636
同証　483
動静　225

道上　425
道場　7, 151, 203, 404, 920
等正覚の位　799
等正覚の弥勒とひとし　809
道場樹　26, 44, 361, 524
道場超絶　18
道場の座　271
道場の諸衆　203
当生の処　333
幢上の宝幔　126
塔寺を造立　390
盗心　85
等心　66
同心　451
同心・同時　239
同心同時　380
盗窃　87
擣染　29
闘戦の時　300
塔像　56
盗賊　71
道俗　382, 391, 446, 554, 555, 568, 639, 654, 655, 743, 773, 775, 844, 858, 860, 861, 921, 949
道俗時衆　230, 451, 471
道俗時衆等　257
道俗男女　577
道俗の戒品　687
同体　483
東岱前後のたましい　940
同体の大悲　238
唐朝　685
唐朝光明寺善導和尚真像銘文　735
東土　834
堂塔　920
道徳　71, 75, 76, 80, 85, 428
唐土の祖師　873
道人　868
洞燃の猛火　914
道の経論　432

道の自然　70
道の性相　335
塔の心のはしら　665
道の中の道　432
幢幡　35, 52, 64, 122
幢幡・無量の宝蓋　122
到彼岸　341
道平等　528, 612
東方　160, 199, 740
道法　94
同朋　768, 769
東方恒沙の仏国　58, 524, 608
東方の恒沙の仏刹　38
東方の諸仏の国　58
当法流　905
当法流の門人　905
僮僕　284
東弗婆提　407, 407, 408
稲麻竹葦　859
当門流　876
当門流の坊主衆の覚悟　904
湯薬　296, 415
盗用　303
動揺無窮の徳　874
当来　402, 730
当来の世　106, 448, 471
闘乱　91
動乱破壊　256
道理　202, 202, 774, 939
忉利天　37, 361
忉利天上　99
当流　875, 887, 942
当流勧化の正義　922
当流弘通　884
当流の安心　899, 930
当流の奥旨　877
当流の規則　950
当流のこころ　879, 903
当流の心　924
当流の上人　881

当流の是非　884
当流の法義　938
棟樑　677
等倫　59, 178
同類　883
同類の業　303
党類の所居　883
道路　74
遠き慮り　75
遠く宿縁を慶ぶ　932
遠く宿縁を慶べ　447
過　302, 303, 413, 417
失　286, 413
時　340, 388, 390, 392, 396
時ところをきらわず　934
時と方便　390
土境　407, 408, 409
頭巾　845
得　702, 820
徳　50, 51, 73, 82, 96, 171, 180, 211, 225, 388, 430, 447, 531, 557, 616, 916
毒　73, 95, 300, 497, 763, 768
徳音　862
徳海　171
独覚　303
独覚無上　417
徳香　53
徳号　235, 450
徳号の慈父　214
得者　252, 384
毒蛇　493
読誦　139, 262, 368, 384, 385, 390, 415, 484, 487, 564
読誦大乗　487
独出人外　734
得生　298, 880
得生の想　239, 256, 488
得定の凡夫　395
得生の益　474
特尊　425

独尊　51

毒虫　242

得度　106, 371, 381, 472

得道の人　252, 285, 384

得入　355

毒熱　281

得涅槃　750

得字　820

禿の字　435, 842

毒の箭　300

徳本　8, 24, 25, 26, 33, 50, 95, 177, 219, 312, 376, 377, 378, 524, 533, 609, 618, 650, 720

徳本は如来の徳号　378

得名　313

得益　903

毒薬　422

毒薬対　496

徳用　814

髑髏　412

覿見　20, 254

十声　878

十声・一声　716

とこえ（十声）までの衆生　696

屠沽の下類　259, 260, 688

徒衆　231, 421, 859

度衆生心　259, 263, 320, 455, 583, 641, 692

度衆生のこころ　552

度世　74, 81, 83, 86, 87, 89, 90, 92, 94

度世の道　10

徒然　348

兜率　410

度脱　14, 18, 25, 63, 78, 83, 86, 87, 89, 92, 97, 202, 219, 311, 312, 332, 403, 550, 720

度脱の想　311

徒然　222

と八十億劫　696

と八十億劫のつみ　696

都鄙の化導　869

度無所度の義　326

とむらい　906

兎馬　429

とめるもののうたえは　677

侶　17

ともしきもののあらそい　677

灯火　644

鳥部山の煙　940

頓　258, 265, 366, 378, 467, 747

貪　80, 194, 274

貪・瞋　248

貪愛・瞋憎　751

貪愛瞋憎之雲霧　751

貪・恚・愚痴　274

頓が中の頓　467

貪狂　286

頓教　223, 223, 461, 467, 639, 676, 747, 796

頓教毀滅　639, 877

頓教の摂　366

貪狂の心　287

頓教の中の頓教　506

頓教菩提蔵　467

貪求　394

貪計　23

頓極　467

鈍根の者　63

貪著　423, 424, 937

貪着　274

貪惜　73

貪濁の心　354

貪瞋　236, 243, 370, 371, 475

貪瞋具足の凡夫の位　372

貪瞋邪偽　653

貪瞋痴の煩悩　929

貪瞋二河の譬喩　565

貪瞋の境　914

貪瞋煩悩　455

貪酔　287

遁世　902

吞噬　82

頓漸対　223, 467

頓速　467

遁天の形　426
貪愛　243, 448
貪愛瞋憎の雲霧　227
貪愛の心　250
貪意守惜　86
頓のなかの頓　817
頓の中の頓　374
貪欲　84, 386, 531, 616, 668, 763, 915
貪欲・瞋恚・愚痴の三毒　763
貪欲の罪　516, 531, 599, 616
貪欲の煩悩　767
貪欲の病　386
曇鸞の御ことば　735
曇鸞法師の正意　308
貪狼　75, 668

な

号（な）　63
名（な）　61, 308
目（な）　432
内因　214, 469
内懐虚仮　695
内懐虚仮の身　849
乃往過去　14
泥洹　18, 78, 79
泥洹の道　80, 81, 83, 86, 87, 89, 92, 94
乃曁一念　528, 613
内官　113
内外　84, 249, 339
内外左右　46
内外対　496
内外の因縁　214
内外の二典　923
内外の両財　209
内外明闇　237, 249
内外・明闇　475
内外映徹　119
乃至　215, 443, 695, 702, 708, 709, 726
乃至一念　55, 57, 105, 214, 233, 250, 261, 271, 442, 443

乃至一念一刹那　452, 453, 475
乃至一念至心回向　880
乃至十声・一声称念　747
乃至十念　24, 57, 218, 232, 233, 709, 719, 725, 880
乃至十念　若不生者　不取正覚　212, 695
内証外用　869
内心　915
内題の字　436
内道の道　335
内の解脱　335
内の人　295
内喩　428
内楽　323
泥梨　332
流れにむすぶ泡　936
名の字　436
南无阿弥陀仏（なむ（ママ）あみだぶつ）696
南無　199, 200, 226, 350, 677, 678, 816, 935
南無阿弥陀　821
南無阿弥陀仏　146, 146, 149, 181, 213, 215, 348, 436, 442, 511, 514, 542, 543, 544, 578, 579, 594, 597, 629, 630, 631, 632, 633, 647, 678, 681, 682, 697, 716, 735, 736, 766, 815, 816, 818, 819, 836, 875, 879, 880, 885, 901, 902, 923, 929, 930, 931, 934, 939, 944, 945, 951, 952
南無阿弥陀仏　往生之業　念仏為本　744, 836, 885
南無阿弥陀仏の一行　931
南無阿弥陀仏の六字　735
南無帰命頂礼　860, 861, 863
南無救世観音大菩薩　677
南無皇太子勝鬘比丘　677
南無称名の機　874
南無不可思議光　513, 596
南無不可思議光如来　819
南無不可思議光仏　713
南无不可思議光仏　528, 531, 613, 616

語句　115

南無仏　212

南無無碍光如来　819

南無無量寿仏　299

難　106, 186, 189, 195, 312, 364, 377, 472, 495, 747

難易　464

難易対　223, 467, 495

難易ふたつのみち　548

南閻浮提　407, 407, 408, 409

南岳天台の玄風　831

難行　747

難行苦行　902

難行聖道の実教　462

難行自力の教門　875

難行道　188, 374, 390, 462, 463, 476, 477, 478, 704, 796, 838

難行道の教　477

難行の険路　449

難行の小路　833, 922

難行の陸路　228

難化の機　297

難化の三機　297

軟語　290

軟語呵責　385

南西北方　38

南・西・北方　58

南・西・北方・四維・上・下　58

難思　221, 272

難思（光）　226

難思往生　359, 376, 377, 465, 497, 882

難思往生の心　388

難思議往生　225, 305, 356, 388, 451, 465, 497, 881

難思の往生　376

難治の機　273

難思の弘誓　171

難治の三病　297

男子の身　293

難思の法海　447

難思無碍の光　448

難信　260

難信金剛の信楽　171

難信の法　165, 693

難値難見　530, 615

難中之難　534, 620

難中の難　106

難度海　188

難度海を度する大船　171

男女　287

男女貴賤　571

男女大小　291

男女老少　258

難の中の難　227, 383, 457, 472, 506

難は疑情　464

難は聖道門・自力の行　747

南浮　857

南方世界　161

南北の碩才　841

南北村里　874

に

尼　392

二悪　83

二異　482

二回向　491

二縁　797

二河　490, 492

二河のたとえ　715

二河の譬喩　256, 819

二岸　241

二機　470

二逆罪　281

二教　366, 461, 462, 796, 868

二経　365

二行　215, 796

二教対　467

二経（『大経』・『観経』）の三心　376, 456

肉髻　132, 135

肉眼　66

憎み　そしる人　779

116

尼拘類樹　68

耳根　44

耳根清徹　44

西　196, 272, 308

西の岸　241, 242, 243, 492

二者深心　478, 906

二住　797

二十願　376, 378, 379

二十九有　183

二十五有　251, 337, 493, 640, 746

二十五有の悪趣　944

二十五有の衆生　531, 616

二十五有の門　225

二十五の菩薩　944

二十五菩薩　198

二十四願　179

二十の願の機　882

二十は結縁往生　882

二十八宿　401, 410, 412

二種功徳相　372

二種勝法　745

二出　462

二種の回向　173

二種の廻向　642, 647

二種の回向の願　808

二種の往生　365, 373

二種の戒　385

二種の機　470

二種の功徳　191

二種の三心　373

二種の性　470

二種の勝法　213

二種の増上　185

二種の涅槃　385

二所愛　489, 491

二聖　397

二乗　62, 220, 222, 234, 257, 312, 355, 374

二乗・三乗迂回の教　264

二乗・人・天の雑善　257

二乗雑善　222

二乗の障り　268

二乗の種　502

二所求　489, 491

二所化　483

二心　215, 262

二親　88

二世の益物　869

二専　483

二禅　323

二善・三福　364

二蔵　366, 796

二尊　212, 646, 703, 736, 808, 814

二尊の御あわれみ　875

二尊の意　244, 495

二尊の御はからい　798

二尊の御方便　814

二尊の大悲　457

二尊の悲懐　861

二大士　125, 150

二大士の重願　835

二諦　192

二智　528, 612

日　401

二智円満　350

日月　16, 67, 88, 288, 349, 751

日月重暉　33

日月珠光　234

日月星宿　284, 448

日月清明　96

日月の光益　448

日月の明　332

日月も照見し　87

日没　119

日夜　330, 371, 402, 403

日夜称説　39

二超　461, 462, 796

日輪　149

日輪の光　224

日光　227

日光明王　278

語句　117

入聖証果　374
入聖得果　374
日想　119, 487
二同　483, 484
二道　796
二忍　63
二念三念　760, 761
二必　489, 491
二百万仏国を照らす　331
二別　481
二宝　42, 46
二報荘厳　211, 368
二菩薩　138, 150
二菩薩の引導　835
二菩薩名　150
日本一州　573
耳目開明　78
二門　489, 490
二門の教相　867
若一日　160
若有合者名為麁想　365
若有重業障　無生浄土因　乗弥陀願力　必
生安楽国　900
若我成仏　737, 880
若我成仏　国中有情　若不決定　成等正覚　証
大涅槃者　不取菩提　720
若五日　160
若三日　160
若七日　160
若四日　160
若存若亡　559
若二日　160
若人願作仏　731
若非本師知識勧　弥陀浄土云何入　905
若不生者　563, 726, 880
若不生者のちかい　522, 606, 683, 757
若不生者　不取正覚　726, 737, 935
若仏滅後諸衆生等　365
若聞斯経　信楽受持　難中之難　無過此難
693

若六日　160
入一法句　316
乳　334
入間　36
入出二門　501, 505
入出の功徳　325
入出の次第の相　324
入出門　504
柔順忍　45, 361
入定　129
入定聚不入対　223, 468
入正定聚之数　214
入真　258
入相　324
入第一門　325
入第三門　325
入第四門　325
入第二門　325
入道行位　390
柔軟　123, 133, 330
柔軟光沢　53
柔軟調伏　66
柔軟心　319
入涅槃時　351
入の功徳　325, 504
入不二の法門　218
入滅　394, 436, 548, 671, 674, 862
乳母　225, 386
女　403
如　67, 314, 322, 366
二余　67
如意　235, 457
如意珠王　123
如意宝珠　559
寧息　95
饒益　13, 174
饒益の心　66
二欲学　489, 491
如実　506
如実修行　314

如実修行相応　235, 254, 258, 264, 455, 505, 560

如実知　319

如実の言　234, 472

如実の修行　315

如実の言　226

如衆水入海一味　751

女身　28, 564

如是　254, 366, 377, 456

如是之義　530, 614

如説修行　19

如是如是　238, 480

如是の義　174, 175

汝是凡夫心想羸劣　365

女像　28

女人　28, 205, 295

女人根欠　502

女人成仏　532, 617

女人の相　372

如彼如来光明智相　234

如彼名義欲如実修行相応故　258

如法にもろもろの衆生を調伏する力　69

如来　10, 13, 14, 19, 25, 58, 97, 113, 117, 118, 127, 174, 182, 189, 191, 200, 201, 207, 220, 222, 225, 226, 227, 231, 232, 235, 236, 246, 247, 249, 250, 251, 252, 254, 281, 283, 284, 289, 291, 293, 296, 297, 302, 309, 313, 325, 333, 334, 335, 337, 338, 339, 340, 343, 344, 347, 354, 367, 371, 372, 374, 377, 381, 382, 385, 390, 391, 396, 400, 403, 405, 413, 452, 453, 454, 474, 530, 531, 537, 540, 541, 546, 559, 565, 566, 583, 588, 589, 616, 623, 626, 628, 633, 638, 642, 644, 647, 648, 650, 654, 662, 663, 666, 674, 681, 690, 692, 705, 709, 711, 712, 714, 715, 726, 732, 733, 746, 750, 770, 778, 800, 806, 808, 813, 825, 875, 878, 914

如来の観知歴歴了然　367

如来回向の信楽　494

如来回向のたまもの　939

如来廻向の法　588

如来願力回向の心　495

如来具足十力　340

如来興世の正説　175

如来興世の真説　441

如来興世の本意　530, 615

如来広大の恩徳　356

如来地　252

如来出世の本意　565

如来所以興出世　750

如来浄華　502, 551

如来浄華衆　307

如来浄華衆正覚華化生　356

如来清浄の願心　446

如来成道の素懐　715

如来浄土の果　205

如来・上人の御恩　901

如来聖人の真影　920

如来所有の功徳　335

如来誓願の薬　258

如来世尊　296, 340, 342

如来像　395, 423

如来大願　494

如来大悲　587

如来大悲の恩　653

如来大悲の恩徳　900, 939

如来大悲の教　189

如来大悲の心　924

如来大悲の善巧　932

如来智願の廻向　583

如来知諸根力　340

如来徳　175

如来とひとし　627, 799, 800, 801, 806, 809, 813, 818, 918

如来とひとしき人　801

如来とひとしという文　800

如来二種の廻向　584, 642, 647

如来入大涅槃　333

如来涅槃の儀　577

如来の家　183, 253

語句　119

如来の異の方便　364

如来の回向　719

如来の廻向　583, 647

如来の御ちかい　689, 702, 714, 725

如来の御誓い　770, 777, 795, 821

如来の恩徳　172

如来の御はからい　825

如来の加威力　443

如来の嘉名　378

如来の願海　355

如来の願船　654

如来の願力　728, 751

如来の教勅　441

如来の教法　666, 667

如来の金言　848

如来の弘願　364

如来の弘誓　686, 804, 949

如来の功徳　233, 448, 734

如来の還相回向　721

如来の子　291

如来の矜哀　437

如来の光顔　530, 615

如来の興世　106, 383, 472, 534, 619

如来の興世、値い難く見たてまつり難し　106, 383

如来の広説　205

如来の光明智相　190, 234, 503

如来の御本願　771

如来の作願　587

如来の直説　457, 711

如来の四十八願　725

如来の至心　247

如来の至心信楽　726

如来の種　421

如来の宿願力　137

如来の出世　234

如来の正覚　13, 174

如来の荘厳八句　316

如来の勝智　234, 472

如来の所説　261, 385

如来の所説の言　366

如来の諸智　649, 650

如来の身　336, 337, 342

如来の心光　814

如来の甚深の法蔵　10

如来の真説　355

如来の心相　344

如来の誓願　373, 477, 802, 806, 807, 811, 918

如来の尊号　681

如来の体　254

如来の大会衆　324

如来の大悲　454

如来の大悲心　250

如来の智慧海　62

如来のちかい　608, 715

如来の誓い　820

如来のちかいの名号　686, 726

如来の勅命　732

如来の弟子　433

如来の導化　9

如来の徳　12, 173, 175

如来の所　16

如来の二種の回向　808

如来の発遣　171, 917

如来の悲願　586, 589, 638

如来の別号　189

如来の弁才の智　10

如来の法　405

如来の法衣　655

如来の法蔵　520, 604

如来の本願　173, 441, 450, 708, 727, 737, 835

如来の本願真実　725

如来の本願力　216, 502, 733

如来の本弘誓　505

如来の本誓　449

如来の言　290

如来の密語　283

如来のみな　743

如来のみ名　951
如来の号　228
如来の名　190, 234, 325
如来の所　293
如来の名義　325
如来の名号　682
如来の遺教　662, 674
如来の遺弟　581, 636
如来の遺弟悲泣せよ　581
如来の容顔　16
如来唄　857
如来般涅槃の時代　391
如来本願顕称名　900, 902
如来利他の真心　868
二了　480, 481
二惑　260
人　40, 49, 306, 362, 521, 605
仁　91, 96
忍　17, 270, 450
仁愛　51
仁愛兼ね済う　51
仁愛兼済　51
仁王　392
人我　387
人界の生　874, 875
人・鬼に著され　87
人間　917, 920, 936
人間の一生　929, 936
人死　434
忍地　395
仁慈博愛　94
仁者　405
人主　288
人寿　412
人寿三万歳の時　411
人趣の身　234
人寿百歳　492
人身　40, 203, 207, 330, 387, 921
人身の性　346
人中の分陀利華　705

人天　266, 302, 361, 371, 406, 429, 445, 521,
605
人・天　27, 28, 45, 218, 238, 266, 278, 306,
308, 488, 703
人天の果報　192, 372
人天の虚仮　222
人・天の大師　313
人天の名　306
人・天の楽　279
人天・菩薩等の解行　375
人道　278
忍辱　69, 93, 95, 213, 423
人雄師子　17
人・非人　402, 420
人・法　400
人法　366
人法　354
人命の日夜に縮まること　936
人命無常　873
人命無常　猶如蜉蝣　悠々寂室　念阿弥陀仏
903
人命無常　猶如蜉蝣　悠々寂室　念阿弥陀仏
念阿弥陀仏　873
人民　55, 78, 79, 81, 86, 88, 89, 94, 96, 98,
99, 159, 333, 361, 417, 667
人民諂偽　96
人理　50
忍力成就　34, 247, 453
人類　50

ぬ

奴　393, 397
奴婢　71, 72
努力　71

ね

侫諂不忠　84
熱の時の炎　287
熱病　386
ねてもさめてもへだてなく　647

語句　121

涅槃　182, 217, 227, 228, 257, 265, 282, 283, 288, 296, 297, 333, 334, 335, 336, 337, 341, 342, 352, 353, 389, 392, 394, 397, 400, 430, 450, 471, 505, 541, 553, 556, 560, 568, 577, 581, 589, 617, 626, 633, 644, 647, 690, 713, 715, 869

涅槃界　220, 690

涅槃之城　746

涅槃寂照　431

涅槃宗　561

涅槃常楽の彼岸　861, 932

涅槃常楽の都　945

涅槃道　284, 384, 403

涅槃の一法　352

涅槃の印　399, 420

涅槃のかど　575

涅槃の広業　561

涅槃のさとり　617

涅槃の時代　390

涅槃の性　336

涅槃の真因　246

涅槃の処　306

涅槃のみやこ　746

涅槃の城　309, 354

涅槃分　308, 345

涅槃無上道　252

涅槃門　450

念　52, 64, 118, 174, 184, 185, 193, 216, 293, 301, 355, 378, 691, 697, 881, 882

念阿弥陀仏　873

年月の徒にうつりゆくこと　936

稔穀　431

念言　241, 274

年歳劫数　649

念持方便　415

年寿　76

念僧　124

念相続　560

念即生　714

念道　494

燃灯等の過去の諸仏　183

蠢動の類　78, 81, 179

念と声　697

念念　279

念念相続　197

念念の中　149

念の意　875

念の多少　301

念の中　195

念必定　184

念必定の菩薩　184

然　820

念仏　124, 149, 181, 201, 202, 204, 209, 215, 218, 223, 267, 268, 269, 307, 371, 379, 382, 442, 455, 485, 502, 544, 545, 547, 548, 551, 562, 568, 581, 585, 627, 639, 643, 671, 704, 710, 711, 729, 760, 761, 766, 767, 769, 773, 775, 776, 780, 782, 783, 788, 793, 794, 795, 814, 815, 835, 849, 859, 861, 863, 875, 876, 877, 879, 880, 881, 883, 899, 900, 901, 902, 906, 907, 918, 920, 922, 923, 925, 926, 927, 941, 943, 944

念仏・念法・念僧の心　158

念仏一門　570

念仏為本　436

念仏往生　578, 580, 593, 640, 716, 808, 812

念仏往生と深く信じ　812

念仏往生の御誓い　761

念仏往生の願　232, 443, 451, 578, 642, 808, 809, 879, 880, 917

念仏往生の悲願　719

念仏往生の本願　760, 777, 939

念仏肝要　902

念仏弘興の表事　834

念仏三昧　129, 130, 192, 193, 194, 201, 202, 208, 210, 211, 267, 268, 270, 365, 366, 380, 545, 550, 628, 730

念仏者　270, 705, 761, 773, 774, 776, 787, 789, 790, 791, 792, 900

念仏宗　576

念仏修行の人　860
念仏修行の要義　859
念仏衆生　705, 918
念仏衆生摂取不捨のこころ　742
念仏証拠門　364
念仏成仏　213, 214, 506, 535, 620, 880, 930
念仏成仏これ真宗　214, 880
念仏成仏自然　568, 929
念仏心　731
念仏すなわちこれ南無阿弥陀仏　181
念仏する者　267, 270
念仏する人　772, 779
念仏する人を謗る者（ひと）　775
念仏せん人々　775
念仏相承の血脈　883
念仏相続　950
念仏謗らん人　794
念仏謗らん人々　793
念仏伝来諸大師　857
念仏にて亡者とぶらうは自力　887
念仏念法念比丘僧　124
念仏の一行　858
念仏の一門　748
念仏の一法　942
念仏の訴え　793
念仏の奥義　436, 836, 885
念仏の元祖　858
念仏の気　851
念仏の行化　926
念仏の行者　272, 946
念仏の血脈　884
念仏の功　193
念仏の功能　379
念仏のこころざし　794
念仏のこころ　730
念仏の衆生　130, 197, 209, 272, 538, 623
念仏の心　193, 253, 546, 547, 628, 731
念仏の真実門　451
念仏の信者　638
念仏のすすめのもの　760

念仏のひと　544, 546, 629, 631, 704
念仏の者　270
念仏の人　208, 209, 547, 705, 731, 776
念仏の人々　772, 775, 777
念仏の人々の障り　776
念仏の遍数　711
念仏の法体　877
念仏の法門　923
念仏誹謗の有情　877
念仏方便　883
念仏法門　203, 259
念仏本願　880
念仏申さん人　792
念仏申さん人々　792
念仏申して助からんと思うは十九の願のこ
ころ　880
念仏門　212, 584, 643
念仏を妨げん人　775
念仏を信じたる身　775
念仏を停め　792
念仏を止めらるること　776
念仏を深く頼み　792
念仏を申し合わせ　792
念法　124
年満　402
年命の日夜に去ることをおぼえず　920,
936
念力　383, 553, 859
念を難思の法海に流す　437

の

悩　423
能　266, 494
悩害　414, 416
能化　373
悩患　45
能生清浄願心　257
能生の因　214, 827
悩濁塵数　586
能所の因縁　214

能信の人　474
能神の者神　347
能説　355
能入　230, 254, 377, 451
能念　355
能念の人　270
能発一念喜愛心　750
悩乱　417, 420
後には応を翻じて報とす　351
後の長岡の丞相の末孫　922
後の末世　399
後の世　929, 943
後の世をおそるる心　938

は

破　278
葉　42, 43, 122
廃壊　181
拝見　574
廃失　238
配所　834, 842, 843
背正帰邪　586, 638
破壊　257, 281, 289, 292, 303, 674
破壊瞋毒　638
破戒　240, 303, 394, 395, 396, 397, 398, 399,
471, 489, 687
破戒・無戒　396
破戒僧　396
破戒と罪根　204
破戒の比丘　398
破戒の者　878
破戒比丘　396
破戒名字　396
破戒・無戒の人　748
はかなき身　937
婆伽婆　408, 409, 413, 416, 524, 609
はからうことば　778
縛　335
白虹　429
百日の懸念　867

薄地の凡夫　443, 473
白石玉出水　664
迫促　89
薄俗　71
白馬　670
百万端の報謝　869
伯父業吏部の学窓　867
破見　240, 471, 489
箱根権現　847
箱根霊告　846
波師迦華　213
破持僧　392
初めの功徳の相　325
初めの五百年　393, 397
初めの三分の五百年　393
破邪顕正　886
波旬の所行　884
芭蕉樹　281
鉢頭摩華　135
破僧罪　303
破僧の罪　787
破賊　675
幢　127
八戒　112, 147
八戒斎　143, 144
八句　313
八功徳の水　156
八解脱　144
八地　310
八地已上の菩薩　314
八十億劫　121, 198
八十億劫の生死の罪　148, 149
八十随形好　127
八重の真宝　396
八重の無価　395
八正道分　352
八大星　401
八大竜王の都　636
八の池水　123
八輩　463

八不浄物　398

八万劫中大苦悩　877

八万四　200, 272

八万四千色　119

八万四千の異種の金色　126

八万四千の仮門　215, 374

八万四千の光明　130

八万四千の随形好　130

八万四千の脈　125

八万四千の相好　131

八万四千の葉　125

八万四千の光　125, 126

八万四千の法門　206, 565, 691, 712

八万聖教　555

八万の金剛　126

八万の法蔵　937

八楞を具足　119

八戒　687

八敬　392

八功徳水　46, 527, 612

八功徳水の想　124

八功徳水　361

抜苦の想　267

発遣　244

八宗九宗十宗　885

八種の術　385

八種の荘厳仏功徳成就　318

八種の清風　120

八聖道　415

八聖道分　157

八音　59

般泥洹　472

八百年　393

撥無　202

八方上下　78

八方上下無央数の仏　331, 333

八方上下無央数の諸仏　331

八方上下無央数の仏国　179

八方上下無窮・無極・無央数の諸仏の国　332

八方上下無数の仏国　179

鉢曇摩華　47

華　42, 43, 120, 123, 142, 145, 293, 651

華・果　42

華合して多劫を経ん　302

華の光明　53

華の開く時　148

華の敷く時　144, 146

葉　125, 127

母　112, 113, 182, 274, 277, 287, 295, 303

陂泊　409

母の恩　942

母の腹　276

母を害し　303

母を殺す罪の同類　303

早く仏に作る（速得阿耨多羅三藐三菩提）　217

波羅蜜　47, 210, 253, 472

波羅蜜の声　47

婆羅門・毘舎・首陀の心　414

玻璃　42, 156

玻璃鏡　115

玻璃色　121

波利質多樹の華　213

玻璃樹　41

範　428

万機普益の法門　945

半劫　145

万国　428

万山　430

万事の妄縁　913, 946

般舟三昧　181, 182

般舟三昧の父　182

班宣　65

万川長流　195

般若　268, 322

般若波羅蜜　182, 251, 335, 415

半満権実の法門　360

万民　425

伴侶賢良　406

語句　125

ひ

火　288, 307
卑　71
悲　321
非　401, 496
婢　393
悲哀　391
非悪　76
非一　221
非一・非非一　221
悲引　229, 378, 388
非因計因　876
非有色生　746
非有・非無　288, 289
疲厭　254
非学非無学　343
ひがごと　701
僻事　638, 760, 761, 772, 773, 774, 775, 776,
783, 789, 792, 801, 810, 816
ひがざま　815
東の岸　241, 242, 243, 492
ひかり　701
光　59, 120, 127, 208, 283, 300, 348, 349
耀（ひかり）　429, 430
ひかりのいたるところ　517, 600
彼岸　6, 11, 67, 234
悲願　224, 360, 378, 556, 587, 606, 638, 685,
709, 720, 802
悲願成就　538, 624
悲願の一乗　535, 620
悲願の真利　457
悲願のふね　549
悲喜　387
悲喜の涙　437, 837, 886
悲泣　581
悲泣雨涙　114
悲泣懊悩　675
比校　379
飛行　141

比丘　19, 20, 21, 24, 34, 53, 104, 105, 107,
302, 318, 393, 396, 398, 399, 430, 548, 666,
672
比丘僧　124, 179, 180, 400
比丘像　397
比丘僧第一　389
比丘尼　277, 396, 399, 430, 666, 672, 743
比丘尼像　397
悲化　353
飛化　61
僻うたる世の人々　794
彼国　702
非権非実　696
ひさしき如来　616
ひさしき仏　531
非作の所作　333
婢使　284
彼此対　495
非此非彼　343
非性　471
非常の言　313
非長非短　343
悲心　353
非制　400
非善　334
非想非非想処　384, 412
悲歎　388
悲智　209
悲・智　353
悲智果円　196
悲智の心　302
畢竟　190, 221, 222, 297, 299, 307, 308, 309,
310, 311, 318, 326, 346, 348, 353, 354, 558,
946
畢竟呵責　385
畢竟空寂　423
畢竟寂滅　305
畢竟住持不虚作味　326
畢竟浄　192
畢竟成仏の道路　320

畢竟常楽　322

畢竟常楽の処　322

畢竟軟語　385

畢竟涅槃　296, 338

畢竟平等　312

畢竟平等心　455

畢竟平等身　445

必至補処の願　309, 445

必至滅度の願　226, 305, 306, 444

必至滅度の願成就　750

必至滅度の誓願　703

必至滅度の大願　719

必至滅度の悲願　719

必定　181, 183, 185, 187, 200, 228, 277, 284, 303, 469, 494, 731

必定応堕地獄の機　876

必定の菩薩　184, 185, 469, 494

筆点　301

筆点に記す　886

必得往生　200, 694, 880

必然の義　346

必然の理　261

逼悩　236

匹婦　428

畢命　309, 371

畢命を期として　266

畢命を期とするもの　197

人　51, 61, 62, 73, 74, 195, 201, 205, 208, 219, 252, 253, 259, 267, 268, 269, 270, 278, 280, 307, 340, 371, 378, 384, 385, 387, 389, 392, 398, 406, 423, 424, 431, 434, 456

非道計道　876

非道計道・非因計因・外道付仏法の大外道 876

一声　785, 873, 878

ひとつ位　799

ひとつこころ　799

人の怨　287

人の命　379

人の情　427

ひとのする法　569

人の前に現ぜずんば正覚を取らじ　881

人々の仰せられて候う十二光仏　824

人々の御こころざし　824

人を障うる　569

人を仏法と号して勧むる輩　883

非内非外　338

譬如日月覆雲霧　751

非人　706

日の出づる時　288

火の河　241

火河　490

日の正道を示す　386

日の所作　815

非の善知識　493

毘婆舎那　255, 319, 325, 415, 503, 504

響　60

非白非黒　343

披諷　394

被服　420

彼仏因中立弘誓　685

彼仏心光　常照是人　738

誹謗　55, 146, 181, 233, 268, 298, 301, 880

非法　85, 86, 420

誹謗正法　24, 218, 232, 233, 255, 297, 298, 301, 880

誹謗正法の罪　298

誹謗正法の人　298

誹謗のおもきとが　726

非梵行　399

東のほうに恒河のいさごのごとく仏国あり 608

非無色生　746

非無相生　746

悲母　225, 693

百一の生滅　301

百億の三千大千世界　130

百億の日月　412

百界千如の花　867

百官　433

語句　127

白業　275

白業の報　275

白玉の池　46

白玉の沙　46

白銀　42, 43

白銀の池　46

百歳　312, 914

白色　53

白色には白光　53, 156

辟支仏道　352

辟支仏の作　352

辟支仏の法　352

百重千重　198

百種の画　122

百姓　774

百丈　312

百千億劫　104, 183

百千億那由他劫　23

百千億那由他の劫　329

百千億那由他の諸劫の事　22

百千億那由他の諸仏の国　22, 23, 329

百千億那由他の諸仏の国中の衆生の心念
22

百千億那由他の諸仏の所説　22

百千億の葉　53

百千倶胝劫　540, 625

百千倶胝那由他劫　501, 511

百千倶胝のした　540, 625

百千劫　23, 245

百千種の楽　158

百千種の香　27

百千の閻浮檀金色　125

百千の音楽　45, 107

百千の華香　65

百千の眷属　914

百千の光明　54

百千の雑宝　52

百千の三昧　10

百千の比丘　139

百千万億　311

百千万億那由他劫　41

百千万億の仏土　205

百千万億不可計倍　50, 52

百千万億無量無数　41

百千万劫　40, 70, 331, 564

百千由旬　98

百即百生　197

白道　241, 243, 256, 455, 493

白道四五寸　493

百人は百人ながら　901

百年　239

百年の形体　917

百年の齢　919, 931

百非　317

百歩　492

百仏世界　38

白法　393, 411, 412, 417

白法隠滞　390, 581, 636

百宝の蓮　201

百味の飲食　49

白蓮花　834

百劫　80

白光　53

白鵠　157

百宝　119

百宝合成　120

百宝色の鳥　123

百宝の色　125

百宝の蓮華　114

百法明門　143, 147

譬喩　40, 241, 488, 492

謬談　425

病　79

兵戈　431

兵戈無用　96

病苦　280

病苦のありさま　932

病患の因縁　415

病根　386

病子　283

平章　238

氷想　119

廟堂　852, 853, 862

平等　196, 212, 283, 350, 353, 406, 423, 429, 528, 558, 612, 864

平等一子の御あわれみ　941

平等心　251, 541, 626

廟堂創立　852

平等の慈悲　878

平等の大道　346

平等の道　346

平等の法　10

平等法身　310

平等法身の菩薩　310

平等無二の心　405

平等力　308

表白　857

漂没　254

病疫　419

屏営　71

表裏相応　80

非理　294

悲寥　945

毘楞伽摩尼宝　132

鄙陋　51

譬類　41

悲憐　250

貧　71

貧窮　72, 82, 86, 178, 686

貧苦　32

貧窮・乞人　50

貧窮困乏　90

貧窮と富貴　204

敏達天皇治天下　666

擯罰　421

貧富　76, 284

鬢髪　831

　　　　　　　ふ

夫　425

富　71

武　7

復　692

怖畏　334, 395, 404

不異不減　307

不印　481

富有　84

諷諫　859

富有慳惜　84

復有三種衆生当得往生　365

風病　385

夫婦　73, 75, 83

風聞　887

風流得意の事　945

不回回向対　468

不回向　254

不廻向　588, 645

不回向の行　213

敷演　19, 234

父王　112

不応依識　389

覆蓋　361

不改の義　346

不可壊の薬　245

深き禅定　66

深き智慧　174

不覚　334

深く信じて　となうる　812

不可計　523, 607

不可思議　11, 14, 28, 29, 30, 31, 34, 37, 55, 58, 178, 249, 272, 283, 307, 312, 347, 442, 531, 606, 616, 768, 769, 781, 807, 859, 918

不可思議功徳の力　208

不可思議功徳の利　272

不可思議光　226

不可思議兆載劫　503

不可思議兆載永劫　247

不可思議の上の不可思議　883

不可思議の願　449, 457

不可思議の願海　376

語句　129

不可思議の教法　797
不可思議の功徳　160, 161, 162, 163, 164
不可思議の信心海　497
不可思議のそらごと　790
不可思議の大誓願　690
不可思議の楽しみ　780
不可思議の徳海　388
不可思議の僻事　766
不可思議の仏恩　928
不可思議の本願　688
不可思議の利益　708, 778
不可思議不可称不可説の信楽　258
不可思議力　347, 505
不可称　249
不可称智　99, 361
不可称・不可説・不可思議　681
不可称・不可説・不可思議の徳　705
不可称不可説不可思議　579, 633, 643
不可称量不可思議　337
不果遂者　533, 618, 882
不果遂者の願　378
不可説　249
不堪　494
普観　487
鵄鵰　129
不匱　428
富貴　93, 687
不宜住此　536, 621
不起・不滅　10
不起滅の声　48
不逆　221
不逆違　728
不急のこと　71
不朽薬　307
不朽薬の力　307
不行　314
父兄　276
部行独覚　463
怖懼　281
福　51, 74, 293, 390, 391, 396, 433

福恵　371
服御　51
福業　382
服乗の白馬　7
伏蔵　178, 224, 398
不具足　385
不具足信　384
福智蔵　225
福智の二厳　205
福田　8, 69, 303, 395, 398, 399
福徳　81, 83, 86, 87, 88, 89, 92, 403, 434
福徳自然　95
福徳蔵　360
福徳の因縁　160
福の因縁　188
不共の法　48
不苦不楽受　336
覆蔽　172, 447
福報　402, 420
不共法　48
不共法の声　48
福祐　422
福楽　51
福禄巍巍　78
不繋・不縛　279
不簡下智与高才　687
不還向　463
普賢大士の徳　6
不簡多聞持浄戒　687
不簡内外明闇　249
普賢の徳　25, 215, 219, 312, 446, 520, 556, 604, 684, 721
普賢の振舞い　556
不簡貧窮将富貴　686
不遑念仏　149
不虚作住持　222, 348
不虚作住持功徳成就　222, 348
不虚作住持の義　222
覆載　67
不散不失　192, 307, 377, 456, 549

130

不思　797

父子（ふし）　428

父子（ぶし）　73, 75, 83

奉事　362

奉持　225

不思議　234, 307, 308, 345, 525, 527, 528,
555, 556, 557, 565, 581, 610, 612, 646, 647,
648, 649, 650, 652, 653, 786, 810, 845

不思議智　99, 361, 362

不思議の弘誓　720

不思議の功徳　211

不思議の御本願　899

不思議の誓願　531, 616, 922, 930

不思議のそらごと　786

不思議の徳　521, 605

不思議の仏智　931

不思議の本願　930

不思議微妙のことわり　913

不思議力　502

奉事師長　487

不次第　906

不実の功徳　192, 372

父子の儀　786

普授　271

不住　797

諷誦持説　27

不取正覚　21, 23, 25, 26, 27, 28, 29, 30, 31,
32, 33, 34, 36, 212, 436, 695, 696, 703, 709,
719, 725, 726, 737, 800, 802, 880, 885, 925

補処　642

不生　191, 282, 283

浮生　838

不浄　337, 346

不定　286, 882

不浄観　393

不定聚　55, 306, 390, 444, 521, 606, 703,
708

不定聚の機　359, 882

不浄所　434

不清浄　337

不浄説法　147, 696, 876

不浄造悪の身　799, 945

不浄の器　318

不浄の色　346

不浄の食　318

不浄の心　346

不請の友　10

不生不滅　70, 333, 352

不生不滅のもの　353

不生滅　335

補処の弥勒　579, 799, 803

補処の弥勒とおなじ　807

補処の弥勒菩薩　720, 807

不信　423, 802

不真実の心　495

不瞋・不喜　279

布施　17382384423

浮生の交衆　867

不善　148, 297, 299, 947

豊膳　8

不善業　148

不善心　303

不善の三業　237, 248, 475

不善の心　276, 293

不善の名　24

不善の人　86

不相応の教　238

普想観　137

付属　293, 411, 413, 414, 416

付属不属対　223

不退　203, 210, 223, 271, 299, 449, 467, 523,
608, 659, 727

不退退対　223

不退転　31, 32, 44, 55, 56, 57, 61, 104, 107,
141, 178, 180, 186, 206, 233, 255, 261, 271,
442, 454, 684, 703, 867

不退転地　186, 442, 458

不退のくらい　532, 617, 704, 727

不退の位　200, 240, 390, 546, 549, 553, 798,
806, 807, 813

語句　131

不逮の属　82
不退の風航　189
ふたごころ　848
ふたごころなき　808
二つの廻向　584
二の河　241
二つの白法　280
不断煩悩　750
不断煩悩得涅槃　750, 932
不断無辺の光益　860
仏　12, 13, 14, 18, 22, 23, 24, 25, 26, 27, 28,
29, 31, 33, 36, 38, 40, 45, 51, 52, 55, 56, 57,
60, 62, 63, 64, 65, 66, 70, 77, 78, 79, 80, 81,
83, 86, 88, 89, 92, 93, 94, 96, 97, 99, 100, 101,
102, 103, 104, 105, 106, 107, 111, 114, 116,
117, 118, 120, 121, 124, 125, 126, 127, 128,
129, 132, 133, 137, 138, 141, 143, 145, 147,
148, 150, 151, 155, 156, 165, 173, 174, 177,
180, 181, 183, 186, 187, 188, 193, 196, 198,
199, 205, 206, 207, 209, 211, 214, 217, 218,
219, 222, 225, 227, 229, 232, 233, 234, 236,
237, 238, 244, 248, 253, 261, 263, 266, 267,
268, 269, 271, 272, 273, 281, 283, 284, 289,
291, 292, 293, 296, 298, 302, 306, 309, 310,
311, 312, 313, 314, 315, 316, 320, 323, 325,
329, 330, 331, 332, 333, 334, 335, 338, 339,
340, 342, 347, 348, 349, 350, 351, 352, 353,
359, 360, 361, 362, 363, 368, 370, 376, 378,
379, 382, 385, 386, 387, 389, 391, 392, 394,
396, 397, 399, 400, 403, 404, 405, 409, 410,
411, 412, 414, 416, 418, 419, 420, 431, 433,
434, 442, 447, 448, 465, 472, 473, 474, 479,
480, 481, 505, 517, 600, 681, 685, 692, 695,
701, 703, 704, 709, 712, 713, 730, 731, 737,
742, 744, 747, 750, 758, 764, 783, 801, 803,
805, 840, 873, 874, 878, 879, 881
仏意　175, 237, 238, 247, 480, 922, 923, 951
仏印可　481
仏会　315
仏恵功徳の音　350

仏果　241, 269, 370, 387, 491, 517, 600, 692
仏閣　852, 869, 923
仏果の号　473
仏願　221, 237, 353, 369, 480
仏願難思の御慈悲　930
仏願の意　381
仏願の生起本末　262
仏願の徳　916
仏願の不思議　928
仏願力　189, 196, 218, 219, 302, 388, 507
仏願力の不思議　952
仏教　188, 191, 192, 229, 237, 382, 443, 471,
480, 496, 654, 655, 670, 732, 733, 740, 747,
834, 845, 875, 920
仏経　195, 351, 428, 675
仏行　27
仏教弘興　588
仏教多門　272
仏教の威儀　655
仏教のともしび　740
仏口　116
仏工　666
仏華厳三昧　10
仏眼　67, 130, 857
仏語　118, 120, 237, 238, 271, 370, 479, 567
仏光　38, 98, 349, 518, 599
仏号　206, 564, 859, 863
仏光円頂　744
仏光照耀　348, 516
仏国　19, 34, 55, 58, 95, 104, 261, 306, 320,
325, 444, 524, 608, 703
仏国土　20, 36, 48, 49, 95, 157, 158, 159,
306, 347
仏語の教誨　78, 94
仏言　202
仏子　199, 668
仏地　447
仏事　126, 135, 192, 307, 311, 314, 413, 704
仏地の功徳　314
仏舎利　665, 671

仏種　209

仏樹　7

仏十力　352

仏所　285, 405

仏証　238

仏性　221, 249, 250, 251, 282, 283, 292, 333, 334, 335, 337, 338, 340, 343, 344, 355, 541, 626, 690, 813

仏聖　693

仏声　47

仏乗　220, 796

仏性すなわち法性　690

仏性不空の義　175

仏心　131, 337, 462, 706, 739, 744

仏心（宗）　747

仏神　947

仏身　130, 150, 281, 343, 399, 527, 611

仏心光　706, 738, 739

仏心宗　758

仏心の光明　376

仏身の高さ六十万億那由他恒河沙由旬　130

仏心の光　269

仏身より血を出し　303

仏身より血を出す　303

仏神力　37

仏身を見る　142

仏世　269

仏説　220, 290, 389, 397, 795

仏利　38

仏説をもちいてかみの四種をたのむべからず　796

仏前　193, 267, 292, 405

仏祖　876

仏像　137, 666, 667, 671, 672

仏像経巻　883

仏足　16, 413, 418, 545, 627

仏祖広大の恩徳　942, 952

仏祖の御慈悲　941

仏第一　389

仏陀の訳名　430

仏智　62, 99, 100, 101, 361, 362, 363, 388, 400, 541, 617, 646, 649, 650, 651, 652, 653, 868, 929, 931

仏智うたがうつみ　652

仏智疑う罪咎　653

仏智疑惑罪過　649

仏智疑惑の罪　649, 652

仏智信疑の得失　868

仏意相応の化導　860

仏智乃至勝智　100

仏地の果徳　192

仏智の不思議　532, 617, 649, 650, 652, 653, 807, 822

仏智不思議　534, 619, 646, 809, 811

仏智無辺　585, 644

仏慧　62

仏恵功徳　528, 613

仏天の御はからい　783

仏土　9, 21, 52, 53, 225, 271, 298, 354, 356, 406, 465

仏道　29, 32, 44, 62, 67, 177, 185, 259, 263, 265, 310, 312, 320, 330, 387, 527, 587, 611, 747, 917, 929

仏道修行の場　920

仏道に向らしめたまう　255

仏道の根芽　347

仏道の正因　346

仏道の智慧　528, 612

仏道の庭　609

仏道を得る時　39

仏道を修するの境界　920

仏徳　65

仏とひとし　804, 807

仏土不可思議　347

仏土不思議　502

仏と仏　12

仏と仏との御はからい　807, 809

仏と菩薩　318

仏恩　226, 231, 269, 387, 388, 437, 441, 447,

語句　133

528, 564, 569, 579, 580, 593, 613, 643, 656,
772, 776, 779, 780, 815, 851, 857, 860, 861,
906, 913, 915, 916, 921, 929

仏恩師恩　901, 918, 927, 931, 939, 948

仏恩師恩の報謝　924

仏恩報謝　925

仏恩報謝の称名　937, 951

仏恩報尽の勤め　860

仏恩報ずる思い　925

仏恩をよろこぶ者　938

仏・如来の名　341

仏に礼をなす　143

仏涅槃　392

仏の威光　266

仏の威神　64

仏の頂　115

仏の一道　273, 433

仏の御恩　794

仏の御誓い　763, 767, 878

仏の御はからい　765

仏の御約束　826

仏の願力　878

仏の経語　94

仏の経典　733

仏の教法　67

仏の吼　7

仏の具足せる身相　138

仏の功徳　188, 252, 253, 323

仏の語　197

仏の光明　98, 234

仏の光明も智　818

仏の御恩　792, 793

仏の在世　77

仏の色身　405

仏の自在神力の不思議　874

仏の慈悲　197

仏の重誨　80, 97

仏の種性　10

仏の出世　406

仏の出世および不出世　343

仏の出世甚だ難し　406

仏の寿命　20, 159

仏の正意　450

仏の勝慧　234

仏の正教　480

仏の常光　355

仏の聖旨　12

仏の浄土　475

仏の正道　54

仏の所讃　29

仏の所住　9, 12, 173

仏の所説　20, 78, 149, 151, 165, 220, 238,
397, 480

仏の所説の義　338

仏の所得の法　217

仏の後　139

仏の心光　818

仏の身相　404

仏の神力　25

仏の世界　36

仏の説法　16, 404

仏の前世　78

仏のちかい　683

仏の誓い　763, 764

仏の智願海　682

仏の頂中の光明　331

仏の所　20, 34

仏の不思議　253

仏の法蔵　6, 448

仏の本意　886

仏の本願　197, 213, 745, 878

仏の本願の意　381

仏の本願の力　873

仏の本願力　61, 187, 188, 348, 443

仏の言　180, 209

仏の密意　309

仏の御な　682

仏の御名　826

仏の名　195, 203, 213, 400

仏の名を聞く　403

仏の所（みもと） 281, 400

仏の世（みよ） 387

仏の名号 189

仏の名号を聞く 105, 442

仏の名号をもって経の体となす 441

仏の無量力功徳 187

仏の滅したまいし後 118

仏の遊履する所 96

仏の遊歩 7

仏の世 62

仏の六時 735

仏は世に在せども甚だ値い難し 379

仏辺 175

仏宝 395, 796

仏法 8, 66, 67, 184, 185, 186, 252, 253, 257,
257, 298, 312, 316, 340, 347, 406, 414, 419,
433, 471, 514, 541, 569, 597, 627, 656, 659,
660, 661, 662, 663, 664, 668, 671, 674, 675,
676, 740, 774, 775, 793, 845, 875, 884, 920,
921, 944, 948

仏・法および衆僧 291

仏法弘興 663

仏法弘興の恩 659

仏法弘通のおおいなる恩 835

仏法弘通の本懐 844

仏法功徳宝 315

仏法興隆 662, 663, 668, 672, 674

仏法最初のところ 661

仏法者 774, 884

仏法守護 664

仏法衆僧 283

仏法衆徳海 212

仏法信ずる心 764

仏法僧 384, 404

仏法増進の姿 884

仏法僧宝 315, 384

仏法第一 389

仏法大海の水 656

仏法の威徳 674

仏法の元起利益 905

仏法の弘通 884

仏法の大恩 884

仏法破滅 676

仏法繁昌 671, 920

仏法繁昌の方軌 904

仏法不思議 502, 556

仏法不思議の力 240

仏法無価 395

仏法滅尽 565

仏法力 565

仏法力不可思議 347

仏法を信じ行ずる男 743

仏法を信じ行ずる女 743

仏・菩薩 137, 208, 273

仏・菩薩の像 128

仏名 147, 149, 150, 197, 207, 210, 211, 212,
271, 375, 503, 745

仏名を称する 146

仏滅度の後 390

仏滅不滅対 223

仏理 429

仏力 118, 118, 125, 208, 218, 272, 366, 377,
505, 937

仏力住持 189

仏力無窮 585

仏流 431

仏を念じ 123, 157

仏を念じ法を念じ比丘僧を念ずる 124

仏をほめたてまつるになる 735

仏を見たてまつること 142

不動 222, 314, 315, 514, 597

不同 272

不道 87

普等三昧 31, 175

不動三昧 514, 597

蒲桃の漿 111

不得生 694

不二の心 319

不如実修行 559

不如是 238, 480

語句　135

夫人　270, 290, 295, 353, 668
扶風馮翊　847
普遍智　362
父母（ふぼ）　428
付法　886
不放逸　283, 284
付法相承の義　886
付法相承の上足　926
不謗大乗　140
不犯威儀　487
文　765
不滅　254
父母（ぶも）　11, 90, 91, 96, 225, 276, 280,
337, 338, 386, 422, 942, 946
父母に孝養　117, 145
父母の恩　90
父母の心　283
普門示現の類　326
不与取　304
不来　874
不来の来益　874
不乱　456
不了義　389
不了教　238, 481
不了仏智　649
無累　431
不贏劣　334
不老不死　333
不汚　283
不破・不壊　279
不破不壊　333
文永九年〈壬申　852
文応元年　826
分極　201
粉骨可報之　摧身可謝之　749
忿恨の心　66
分斉　424
分斉分明　120
分散の意　119
文史　429

分身　135, 309, 354
分陀利　270
分陀利華　47, 151, 227, 267, 507, 693, 705
分衛　8
分部　401
分布　411
分布安置　410
文武の先　427
分別　125, 389, 514, 597
分別解説　124
分別の心　315
分明　79, 122, 127, 201
文明四季壬辰二月二十日（顕正流義鈔 奥
書日付）　887
分了　66

へ

弊　61
蔽　180, 379
弊悪　82, 274, 414, 416
平生　914
平生往生　904, 934
平生往生の安心　937
平生業成　933
平生業成の安心　867, 933
平生摂取往生の機　881
閉目・開目　119, 120, 128
辟茘　332
別　367, 488
別願の中の別願　364
別行　239, 243, 368, 481, 489
別解　239, 243, 368, 481, 489, 492, 710
別解・別行　706
別相　301
別意の弘願　366, 874
別伝　436
別の道　307
別報の体　318
へつらうこころのみ　695
別離　74, 77

変　34

片域の群萌　862

偏有因縁　873

攀縁　404

便往生　373, 497, 881

辺界　363

変化　158, 352

変化説　389

変化の術　432

変化の説　795

変現　126

変現自在　132, 138

偏見の邪執　876

遍虚空　234

偏虚空の所説　472

辺際　62, 186, 345, 356

弁才　67, 69, 254

弁才智慧　27

弁才の智　10

弁才無碍　423

辺地　80, 363, 376, 462, 466, 497, 534, 619, 649, 650, 651, 652, 778, 779, 812, 887

辺地懈慢　534, 619, 650, 653

辺地懈慢胎生　653

辺地の往生　812

辺地の七宝の宮殿　80

遍数　726

片州　229, 441, 451, 573

偏執　859

偏執我慢の心　886

変成男子の願　532, 617

便旋　76

便同　272

便同弥勒　705

免縛形の仙　427

辺鄙の群類　835

遍満　412, 637, 874

変易　279, 297, 336, 338, 343, 428

ほ

報　260, 285, 286, 287, 350, 351, 353, 355, 372

宝　120

法　8, 9, 10, 21, 31, 34, 35, 37, 44, 60, 61, 62, 65, 69, 106, 112, 124, 145, 148, 157, 180, 181, 182, 192, 205, 207, 210, 220, 233, 252, 253, 254, 260, 267, 271, 273, 275, 276, 280, 293, 294, 296, 309, 311, 316, 317, 334, 335, 337, 352, 366, 371, 379, 382, 383, 389, 390, 392, 397, 398, 399, 400, 401, 402, 413, 414, 415, 416, 418, 419, 423, 429, 434, 435, 472, 691, 873

放逸　254, 283

放逸無慚　941

放逸無慚の者ども　769

法印　746

法雨　8, 862

朋友　88

法会　948

法縁これ中悲　346

法王　78, 221, 280, 347, 392, 502

報・応・化種種の身　305

法王子　729

報・応二身　351

報恩　268

法音　8, 45, 52, 158

報恩講　924

報恩講七昼夜　923

報恩謝徳　907, 923, 926, 948

報恩謝徳の称名　904

報恩のいとなみ　933

報恩の行　941

報恩の称名　933

報恩のつとめ　943

報恩の勤め　869

宝海　206, 713

法界　217, 309, 447

宝蓋　122

法楽　323

宝冠　7

法喜　349, 517, 600

法義　943, 945, 951, 952

法義弘通　951

法義相続　946, 947, 949

法儀をかすむるやから　905

法鼓　7, 69

宝華　53, 135

報化対　223

蓬闕　869

蓬闕勅免の恩　869

報化二土　229, 451, 571

報化二土対　469

報化二仏　483

法剣　8

法眼　10, 66, 107, 374

宝香　58

宝行樹　158

宝国　269, 372, 387, 859

宝座　869

法財　250, 453

奉讃　588, 672

法師　575, 655, 927

報地　271

宝地　124, 128

法水　869

宝治第二戊申蔵　578

報謝　388, 656, 815, 852, 869, 922, 927, 929, 942, 952

放捨　278, 295

報謝の称名　930, 938, 945, 948, 949, 952

宝沙映徹　47

宝手　133

宝珠　119, 126, 559, 607

宝樹　30, 42, 43, 52, 65, 121, 122, 124, 128, 129, 526, 611

宝樹想　487

宝樹宝池　522

方所　402, 426

法声　47

法城　8

傍正　470

報生三昧　310

謗聖者　255

報償の心　90

謗正法　235

謗正法の人　299

報身　351, 466, 486, 690, 796

報身果満の体　901

報身の証成　465

報身の土　466, 796

法施　8, 69

昴星　213

法・僧　406

法僧　289

宝像　128

宝蔵　35, 177

法蔵　10, 33, 173, 441, 502

法蔵因位の修行　875

法蔵因位のとき　930

法蔵因位の本誓　857, 921

法蔵因位のむかし　944

法蔵願力　522, 581, 607, 644

法蔵第一の財　252

法蔵比丘の願力　126

法蔵比丘の四十八願　145

法蔵菩薩因位　447

法蔵菩薩の誓願　721

法蔵菩薩の選択本願　736

法・僧もまた難し　406

法則　708

胞胎　136

宝台　135

謗大乗　273

宝池　47, 124, 128, 144, 146, 487

法電　8

報土　200, 228, 250, 373, 388, 466, 494, 534, 551, 566, 568, 584, 619, 694, 708, 796, 804, 814, 929, 949

宝土　126

法度　83

宝塔　666, 673

法灯　912, 952

宝幢　126

法幢　8, 69

方等経　335

方等経典　139, 140, 146

放蕩無頼　947

報土往生　950

報土化生　373

報土真実の因　225

報土得生　915

報土得生の信心　838

報土にうまるる人　728

報土の因　646, 931

報土の業因　710

報土の真因　364

報土の信者　647

報土の真身　214

法爾　250, 390, 400, 821

法爾自然の道理　875

法潤　353

法忍　333, 371

法然上人の御言葉　902

法の要　150

法の精気　418

報の浄土　364, 571

法の大途　886

法の徳　821

法の難　260

法の如如　67

法の不思議　253

宝瓶　135

暴風　429, 431

暴風駃雨　506, 562

法服　7, 398, 666

報復　73, 83

報仏　482

報仏土　356

報仏の如来　884

報仏報土　225, 350

方便　10, 67, 101, 182, 212, 220, 300, 301, 302, 315, 320, 322, 365, 367, 371, 376, 382, 390, 402, 403, 445, 457, 525, 532, 533, 536, 537, 556, 558, 564, 575, 589, 610, 617, 618, 622, 635, 674, 693, 713, 730, 773, 775, 798, 809, 914

方便引入　537, 622

方便応化の身　342

方便巧荘厳　525

方便化身・化土　356

方便化身の浄土　524, 609

方便化土　651, 882

方便仮門　467, 487, 494, 759

方便権仮　373

方便権門　374

方便荘厳真実清浄無量功徳の名号　300

方便心　323, 504

方便・真実の教　372

方便真門の誓願　376

方便蔵　225

方便智業　324

方便なくして法性を観ずる時　323

方便の願　372

方便の教　365, 883

方便の行信　225

方便の仮門　273

方便の御誓願　809

方便の深心と至誠心　694

方便の真門　388

方便の善　372, 712

方便の力　69, 322

方便の門　712

方便法身　316, 466, 713

方便法身ともうす御すがた　690

方便門　321

方便力　255, 863

法宝　796

謗法　240, 297, 302, 303, 448, 471, 489, 751,

語句　139

768

誹法外道の姿　876

報法高妙　353

誹法闡提の罪人　687

誹法闡提の輩　859

誹法の罪　302

誹法の咎　787

誹法の輩　876

誹法の人　764, 883

法本　345

法味の楽　325, 503

法名　147

法滅　388

法滅百歳　797

法滅不滅対　468

法滅利不利対　223

法文　780, 811

法門　8, 259, 324, 382, 691, 712, 762, 783, 920, 946

法門海　207

法文の門　819

法薬　8, 280, 664

朋友　819

法用　402

法螺　7

法雷　8

宝羅網　158

法流　884

宝鈴　52

法輪　314

宝林宝樹　526, 610

法類　947

宝蓮華　138, 146

宝楼　487

宝楼閣　124

法を聞かん人　403

法を念じ　123, 157

穆王壬申の歳　426

僕使　397

牧女　424

卜占祭祀　655

卜問　422

菩薩十地　355

菩薩乗　796

菩薩初地　184

菩薩諸仏の所有の菩提　335

菩薩心　433

菩薩蔵　223, 366, 467, 796

菩薩等　238

菩薩等の説　238

菩薩の一毛孔の光　134

菩薩の往観　524, 608

菩薩の行　25, 29, 63, 79, 206, 219, 236, 247, 248, 250, 254, 312, 452, 453, 454, 475, 720

菩薩の経典　9

菩薩の光明　63

菩薩の自娯楽の地　325

菩薩の修行成就　504

菩薩の荘厳功徳成就　314

菩薩の荘厳四句　316

菩薩の勝法　106, 383, 472, 534, 619

菩薩の相　335

菩薩の大心　258

菩薩の智慧　192

菩薩の天冠　135

菩薩の道　60, 179, 186, 350

菩薩の得道菩提涅槃　335

菩薩の父母　322

菩薩の法　189, 322, 352

菩薩の法蔵　10

菩薩の法式　100

菩薩の身の長　132

菩薩の身の長　八十万億那由他由旬　132

菩薩の無量の徳行　34

菩薩を観ずる者　136

菩提　211, 217, 233, 266, 268, 306, 321, 322, 342, 351, 379, 406, 430, 435, 473, 587, 639, 641, 647, 861, 876

菩提樹　252

菩提樹下　412

140

菩提心　24, 28, 55, 117, 194, 245, 253, 258, 292, 350, 360, 403, 518, 552, 582, 601, 640, 864, 881

菩提心不可壊の法薬　245

菩提心をおこし難しとなり　640

菩提蔵　223, 467, 506

菩提の異号　430

菩提の因　251, 383

菩提の心　149, 245, 292, 403

菩提のたね　746

菩提の地　430

菩提の智断　869

菩提のみず　557

菩提のみち　574

菩提の路　421

菩提の妙果　447

菩提は天竺の語　264

菩提分　386

菩提門　321

菩提を障うる心　323

法界　268, 272, 348, 354, 400, 448, 511, 594

法界衆生　761

法界身　127

発願　159, 160, 164, 200, 360, 465, 488

発願回向　199, 200, 735

発願護念　464

発願の行　488

発起　21, 231, 244, 253, 265, 507, 582, 640

法華　462

法華（宗）　747

法華宗　758

法華宗のおしえ　696

法華の妙談　271

発三種心即便往生　365

法子　140, 142

法照　563

法性　67, 192, 305, 317, 323, 345, 372, 445, 633, 684, 690, 712

法性生身の菩薩　310

法性常楽　566

法性身　204, 317

法性真如の門　619

法性すなわち法身　690

法性のさとり　686

法性の常楽　229, 309, 451, 507, 684

法性のみやこ　686, 757

法性のみやこへかえる　684

法性法身　316, 466

発心　100, 184, 263, 268, 346, 474, 858

法臣　268, 549

法身　201, 216, 217, 220, 268, 314, 315, 316, 317, 318, 326, 342, 343, 348, 431, 466, 486, 511, 516, 539, 540, 541, 594, 599, 625, 626, 684, 690, 796, 808

法身光輪遍法界　594

発心作仏　268

法身の光輪　514, 597

法身のさとりをひらく身　533

法身の証成　465

法身の体　528, 605, 612

法身の土　466, 796

法身はいろもなし　かたちもましまさず　690

法相　217, 462

法相宗　758

法相の祖師　211

北方世界　162

発菩提心　268, 487, 582, 639

慕道　743

慕道化物　743

盆（ほとぎ）　428

仏（ほとけ）　201, 207, 371, 515, 517, 524, 545, 546, 549, 582, 583, 589, 598, 609, 627, 628, 634, 641, 674, 799, 899, 901, 928

仏と仏との御はからい　918

仏になりたまいし時の華　551

仏になる位　580

仏のおん心　520, 604

仏の御こころ　927

仏の方　930

語句　141

仏のかたに成就　916
仏の願　906
仏の願行　928
仏の至極の慈悲　520, 604
仏の慈悲　556, 915
仏の正覚　928
仏の智慧　585
仏の力　903
仏のみな　523
仏の名　363
仏は三世にわたりて無数　915
骨をくだきても謝すべし　587, 900
骨を砕きても謝すべし　648
ほねをこにしても報ずべし　749
犯　287
凡　241, 260, 367, 428, 433, 491
梵　34, 818
本意　711
品位階次　264
本懐　709, 712, 750, 858, 921
本学明了　9
本願　24, 63, 180, 197, 219, 228, 312, 370,
436, 446, 450, 465, 469, 503, 548, 555, 559,
568, 584, 587, 588, 613, 641, 643, 650, 651,
684, 686, 688, 694, 695, 696, 701, 709, 710,
712, 715, 733, 771, 778, 803, 826, 836, 849,
873, 875, 878, 899, 902, 903, 928, 930, 931,
933, 934, 939, 941, 944, 949
本願（第十八願）　246
本願一実の直道　257
本願一実の大道　560
本願一乗　467, 712
本願一乗　円融無碍　真実功徳　大宝海
712
本願一乗海　223, 374, 467
本願円頓一乗　555
本願円満清浄真実の信楽　454
本願海　226, 750
本願毀滅　569
本願疑惑の行者　650

本願弘誓　520, 604
本願業力　707
本願三心の願　232
本願招喚の勅命　200
本願荘厳　525, 609
本願成就　365
本願成就の報土　365
本願成就の文　233, 454
本願真実　530
本願真実の三信　694
本願真実の報土　882
本願真宗（しんしゅ）　565
本願真宗（しんしゅう）　923
本願信心の願（第十八願）成就の文　250
本願信ずるひと　803
本願信ずる人　635
本願選択摂取　531, 616
本願相応　568
本願相応の徳　858, 860
本願醍醐の妙薬　297
本願大悲智慧真実　221
本願他力　553, 561, 681, 812, 950
本願他力の念仏　876
本願念仏　227
本願念仏の衆生　779
本願のいわれ　931
本願の因　224
本願の廻向　584
本願の御約束　949, 951
本願の嘉号　388
本願の行者　707, 739
本願の業因　728
本願の三信心　692
本願の自在の所化　25, 720
本願の実報土　728, 737, 746, 750
本願の正意　927
本願の大智海　229
本願の力　261
本願の念仏　778
本願の不可思議の神力　347

本願の報土　702

本願の外なる身　928

本願のみのり　927

本願の名号　226, 702, 707, 785, 827, 860, 880, 899

本願の名号不思議　914

本願の名号をきく　701

本願の文　880

本願の欲生心成就の文　255

本願最も強し　269

本願名号　572, 927

本願名号正定業　749

本願力　45, 61, 188, 216, 218, 222, 259, 320, 326, 346, 348, 361, 378, 551, 566, 713, 714, 728, 734

本願力回向　310

本願力回向の信心　262

本願力故　206

本願力の回向　228, 256, 257, 326, 355, 442, 449, 504, 719, 720

本願力を信ずる　713

本願を疑うこころなしとなり　568

本願を憶念して自力の心を離るる　374

稟教　852

梵行　29, 32, 189, 383, 398, 409

本空　62

凡愚　224, 225, 446, 448, 453, 502, 582, 640, 688, 834, 929

本弘誓　447, 449

本弘誓願　197, 215, 245, 506, 565, 681

本弘誓願の信楽　757

凡愚底下のつみびと　537, 622

本家　387

梵語　271, 430, 434, 501, 818

本業縁狂　286

本国　65, 140, 157, 199, 353, 387

本罪　102

本山崇敬　947, 950

本師　228, 229, 349, 505, 547, 548, 561, 570, 573, 574, 575, 576, 577, 857, 906

本寺　900, 902, 905, 906

本地　546, 574, 629, 848, 849

凡地　541, 626

梵士　655

梵志　422

飯食　157, 847

本寺教授　900

本師金口説　861

本師金口の説　203

本師釈迦のちから　570

本寺崇敬の心　899

本師知識の勧め　269, 387

本地の誓願　849

本地の誓約　849

本地の尊容　834

凡衆　553

凡数の摂　236, 507

本処　314

焚焼　228, 303

凡小　171, 173, 206, 250, 441

凡聖　213, 221, 224, 225, 227, 238, 240, 254, 367, 378

梵声　59, 306

凡聖逆謗斉回入　751

本所本座　874

本師力　859

本寺を崇敬　901, 906

本寺を崇敬し念仏する　903

本心　287

本誓　227, 272, 447, 449, 450, 606, 857, 861, 921

本誓重願　198, 880

五劫思惟の昔　913

本誓悲願　719

本則三三の品　559

本尊　867, 884

梵筵　869

本土　570

凡人の臨終　209

煩悩　66, 67, 194, 215, 227, 229, 243, 244,

語句　143

245, 252, 276, 283, 308, 314, 318, 337, 342, 343, 345, 355, 370, 371, 384, 435, 455, 458, 505, 531, 550, 551, 572, 586, 616, 637, 641, 688, 695, 707, 742, 750, 770, 802, 915, 929, 930, 938

煩悩悪　637

煩悩悪業　712

煩悩悪業の衆生　715

煩悩海　254

梵王宮　121

煩悩具したる身　764

煩悩具足　566, 778

煩悩具足の悪機　928

煩悩具足の衆生　725, 914

煩悩具足のともがら　916

煩悩具足の人　776

煩悩具足の凡夫　553, 809, 944, 952

煩悩具足の身　763, 776, 941

煩悩具足のわれら　582, 913

煩悩結縛　93

煩悩虚妄の果報の衆生　300

煩悩成就　345, 450, 505, 550, 557

煩悩成就の凡夫　305, 445, 818

煩悩濁　165, 412

煩悩深重のもの　916

煩悩断　352

煩悩の怨　282

煩悩の王　539, 625

煩悩のこおり　557

煩悩の氷　221

煩悩の心　778

煩悩の習　352

煩悩の衆流　558

煩悩の濁水　551

煩悩の身　336

煩悩の賊　117

煩悩の稠林　446

煩悩の林　228, 256, 310, 326, 450

煩悩の法　352

煩悩のまなこ　742

煩悩の病　224

煩悩菩提　555

煩悩菩提一味　584, 641

煩悩菩提体無二　555

煩悩門　490

煩悩林　504

煩悩を具足せる凡夫人　507

梵音声　148

凡夫　118, 190, 191, 192, 201, 202, 215, 224, 244, 265, 287, 314, 318, 336, 337, 353, 377, 382, 390, 454, 455, 482, 505, 565, 626, 682, 714, 715, 725, 751, 765, 769, 773, 778, 817, 903, 923, 930, 934, 938, 941, 944, 952

凡夫・人・天の諸善　372

凡夫有漏の諸善　868

凡夫回向の行　443

凡夫直入の真心　833

凡夫直入の信心　923

凡夫生　199, 204

凡夫所行の道　182

凡夫人　457

凡夫善悪の心水　645

本仏　835

凡夫道　182

凡 夫 人　184, 308, 345, 450, 451, 474, 505, 507

凡夫人天の諸善　192

凡夫の往生　928

凡夫の願行　928

凡夫の心力　137

凡夫の即生　457

凡夫の肉眼　884

凡夫のはからい　770, 806, 807, 918

凡夫の病　386

凡夫の楽　336

本末　295

梵摩尼宝　126

凡慮　867

ま

魔　7, 8, 34, 68, 207, 208, 398, 404, 435
舞々　905
舞々のたより　905
魔界　8
摩訶衍　253
魔境　209
魔郷　309, 354
魔行　397
摸呼羅の時　401
魔軍　224, 403
真（まこと）　887
誠（まこと）　429
まことなるこころなきみ　695
真に仏恩を報ずるに成る　387
まことのこころ　654
まことの心　764
まことの浄土のたね　695
まことの信心　580, 641, 642, 798, 809
まことの信心を得たる人　801
まことの心をえたる人　738
まことの善知識　887
魔事　203, 208
魔種　208
魔障　208, 208, 209
魔説　220, 398, 878
末世　645
末世苦海の群類　862
末世相応の法　903
末世相応の要法　858, 926
末世凡夫の行状　868
末俗　399
末代　570
末代悪世　903
末代五濁のともがら　914
末代罪濁の凡夫　374
末代濁世　563
末代の機　858
末代の教行　441

末代の旨際　391
末代の衆生　925
末代の衆生に有縁の仏　915
末代の道俗　231, 390, 437
末代の凡夫　913
末弟等　904
末弟等直参のこと　905
末弟等本寺群集のこと　904
末徒　950
末法　372, 391, 392, 393, 394, 400, 421, 505, 506, 636, 638, 648, 915
末法一万年　391
末法五濁　562, 593
末法五濁の根機　873
末法時　396, 848
末法濁世　646
末法世　400
末法の今の時　848
末法の時　372, 391, 915
末法の名字　395
末法の世　580, 671
末法のわれら　928
末法万年　565
祭りて咲う　428
末流　852
惑い　238
眼（まなこ）　421
眼なき人　195
摩尼　126
魔尼　16
摩尼珠王　125
摩尼水　123
摩尼の光　122
魔の宮殿　8
魔の軍衆　184
魔の所説　220, 397
魔の発相　435
幻　60, 847, 914
継母　787
継母の尼　787

語句　145

磨滅　294

魔網　9

迷いと悟りと娑婆と浄土と　932

万行　203, 351, 375, 493, 861

万行円備の嘉号　441

万行の少善　538, 623

万行諸善　535, 620, 873

万行諸善の仮門　388

万行諸善の小路　560

万行の円修　209

万行の元首　211

万行の宗致　903

万行万善　559

万行万善自力の往生　606

満月の容　430

万劫　207, 273, 371, 467, 473, 858, 921

万劫功　223, 371

万国　677

万国たすけの棟梁　677

慢恣　9

万種温雅の徳香　53

万種の楽音　45

万種の伎楽　65

万善円修の勝行　443

万善円備　378

万善諸行　549, 708, 880

万善諸行これ仮門　880

万善諸行の小路　257

万善の自力　229

満足　21, 178, 222, 252, 322, 348, 525, 610

満足願　45

満足願故　206

満足大悲　249

満足大悲の人　237

満足の願　361

曼陀羅華　157, 293

曼陀羅樹　293

慢恨鬼　435

万徳　708

万徳　209, 210

万年　197

万不一生　564, 571

万物　97, 914

み

実　42, 43

身　9, 19, 73, 74, 75, 90, 187, 217, 275, 277,
281, 303, 311, 346, 425, 763

味　34

容（みかお）　59

未覚　68

右に遶ること三币し　405

眉間の毫相　132

眉間の光　115

眉間の白毫　130, 131

獼猴情難学　747

糜散　72

舌を舒べて証したまう　269

味著　49

微笑　116

未証浄心　311

未証浄心の菩薩　310, 311

微塵　569

糜尽　85

微塵界　254

微塵劫　211, 388

微塵世界　690, 691

微塵刹土　857

微塵の故業　200

水　287, 307

自ら信じ人を教えて信ぜしむること難き中
に転更難し　387

自ら信じ人を教えて信ぜしむる（自信教人
信）　269

自らも努め他をも勧めて称名をこととす
877

水鳥・樹林　137

水の河　241

水河　490

水の激清なる　119

未曾有　150
未曽見　529, 614
未造業　302
未曽有の勝利　874
弥陀一仏　564
弥陀廻向の法　645
弥陀界　471
弥陀果位の利生　875
弥陀覚王浄土の秘局　867
弥陀経　809
弥陀経往生　882
弥陀弘願の一法　946
弥陀・皇太子の絵像木像　876
弥陀・釈迦・諸仏の御本懐　874
弥陀・釈迦・善導・源空・親鸞の御本意　887
弥陀定散の念仏　486
弥陀浄土　859
弥陀成仏　531, 597
弥陀初会の聖衆　519, 603
弥陀大悲の誓願　647, 901
弥陀大悲の本願　364
弥陀智願の廻向　641
弥陀智願の広海　645
弥陀超世の悲願　937
阿弥陀等の諸仏　187
弥陀難思の本誓　861
弥陀如来の応現　862
弥陀如来の御誓い　777
弥陀如来の化身　669
弥陀如来の四十八願　879
弥陀如来の心光　901
弥陀如来の悲願　583
弥陀如来の御本願の力　901
弥陀念仏　485, 486
弥陀の廻向の御名　654
弥陀の絵像木像　884
弥陀の意　235, 457
弥陀のおん誓い　644
弥陀の御ちかい　750

弥陀の御誓い　774, 776, 779, 785, 794
弥陀のかたち　519
弥陀の形　602
弥陀の願　568, 644
弥陀の願力　712, 748
弥陀の教　565
弥陀の弘誓　203, 382, 550, 873
弥陀の弘誓力　269
弥陀の功徳　518, 602
弥陀の国　354
弥陀の化土　466
弥陀の化仏　743
弥陀の洪願　261
弥陀の御本願　900
弥陀の直説　923, 924
弥陀の四十八願　917
弥陀の招喚　455
弥陀の浄国　350
弥陀の浄土　204, 265, 269, 387, 445
弥陀の摂と不摂　269, 386
弥陀の心光　567
弥陀の身色　269
弥陀の誓願　712, 733, 748
弥陀の尊号　643, 925
弥陀の大恩　538, 624
弥陀の第十七の願　800
弥陀の大悲　617
阿弥陀の智慧　518
弥陀のちかい　580, 633
弥陀の誓い　763, 765
弥陀の智願　614
弥陀の智願海　197
弥陀の智願海水　641
弥陀の二種の廻向　646
弥陀の悲願　580, 583, 593, 640, 749
弥陀の悲心　244, 495
弥陀の悲母　683
弥陀の報土　572, 927
弥陀の本願　201, 583, 615, 635, 636, 641, 696, 715, 732, 747, 789, 790, 809, 812, 826,

語句　147

885, 920, 941, 949
弥陀の本願信ずべし 803
弥陀の本願他力 541, 627
弥陀の本願力 726
弥陀の本願を釈しあらわしたまえる御こと
を「論」という 732
弥陀の本誓 913
弥陀の本誓悲願の土 552
弥陀の本尊 884
弥陀の御名（みだのみな） 775
弥陀の号（みだのみな） 200, 204
弥陀の名 270
弥陀の御法 900
弥陀の妙果 354
弥陀の名願 387, 564
弥陀の名号 238, 368, 379, 380, 381, 456,
485, 539, 624, 903
弥陀悲願 749
弥陀仏の御誓い 808, 821
弥陀仏の法 875
弥陀仏の本願 951
弥陀仏の名 270, 381
弥陀仏の名号 245
弥陀法王の願意 905
弥陀名 861
弥陀名号 880
弥陀与此世界 873
弥陀与此世界 極悪衆生 偏有因縁 偏有
因縁 873
みだりがわしく法意をかすむる条 904
弥陀をたのみ 923
道 241, 242, 265, 332
道に昇るに窮極なし、往き易くして人なし
265
道に昇るにこれ極まりなし、往き易くして
人あることなし 265
道の作法 849
路を行くの人の心 284
蜜義 282
密教 747, 862

三つの義 902
三つの徳 858
見て敬い得て大きに慶ばば 233
御弟子 922
御堂 834, 920
み名 874
御名 808, 815
名（みな） 181, 186, 187, 197, 201, 202,
204, 209, 211, 261, 381
名を聞く 186
名を称する 181
身に常に悪を行いて 90
身にも口にも 776
身の瘡 281
罪のさわり 585
身のもろもろの毛孔 35
御のり 696, 757
御法 930, 941, 942
微薄 290
弥覆 52, 121, 128
微風 44
微風吹動 158
弥満 97, 133
耳 429
耳なき人 195
微妙 8, 43, 98, 123, 290, 306
微妙安楽 70
微妙音 526, 610
微妙奇麗 37
微妙快楽 49
微妙香潔 156
微妙にして思議しがたき 59
微妙の音 64
微妙の音声 52
微妙の音 158
微妙の弁才 174
微妙の法 7, 54
微妙の宝珠 126
微妙和解 45
みもと 819

御所に候わばや　815

宮　292

都　925

冥　92, 430

名　681, 820

命　200, 279, 338

明　92, 249, 384

明闇　249

明闇対　223, 470

冥意　869

名一義異　334

妙衣　51

妙果　229, 437, 930

妙覚　355, 704

妙覚　817

明月摩尼衆宝　361

名願　564, 858, 921

名義　190, 234, 258, 259, 325, 503, 505

名義倶異　334

名義摂対　322

明鏡　27, 30, 118

妙行　211

妙功徳広無辺　224

妙華　33, 107, 122, 126, 157

明月　49

明月摩尼　46

妙華の宮殿　121

名号　55, 105, 160, 173, 186, 187, 196, 197,
198, 201, 207, 214, 215, 233, 234, 239, 245,
250, 257, 261, 269, 301, 351, 378, 379, 380,
382, 391, 442, 449, 450, 452, 454, 456, 533,
549, 557, 559, 563, 571, 579, 593, 615, 618,
682, 688, 691, 693, 707, 709, 711, 712, 714,
715, 716, 726, 736, 743, 806, 810, 812, 826,
860, 861, 873, 875, 878, 881, 882, 901, 903,
904, 913, 914, 916, 949

弥陀の名号　380

名号ありがたきと信じ称うる　875

妙好華　270, 705

名号定散対　223

妙好上上人　507

名号所成の報土　882

妙好人　270, 494, 705, 779

名号の真門　533, 618

名号不思議の海水　557

名号不思議の信心　538, 623

名号を称念し、さらに余行をまじえざれと
勧めん人　887

名号を称う　915

名号をとなう　812

名号を称うるもの　949

名号をとなえんずる　812

名号を離れたる誓願　810

名号を不思議　875

命根　435

冥権　315

名言　234

冥眦　849

名字　195, 196, 199, 205, 266, 704, 737, 836

名字の僧　399, 400

名字の僧衆　399

名字の比丘　395, 399, 400

名籍　85, 89

名数　26

名主　774, 775

命終　576

命終　72, 266, 269, 284, 406

命終のきざみ　914

命終の時　299, 350

冥衆護持の益　262

寧処　392

名声　32, 177, 226, 264, 448

明証　231, 351

明浄　67

明浄なる鏡の影　12

妙丈夫　414

命濁　165, 586, 638

妙荘厳　325

妙真珠網　126

妙粗対　469

語句　149

明達　82

妙智　59

妙土　20, 34

明灯　204

冥道　774

冥道の罰　789

妙徳　292

妙土広大超数限　609

明能破闇　489

名の字　836

名字　820

妙宝　20

妙法　48, 65, 129, 136, 137, 139, 142, 149, 234, 269, 527, 611

妙法の音声　44

名無眼人　773, 775

名無耳人　773, 775

名目　789

名聞　313, 882

名聞に狂う者　886

妙薬　280, 297

明曜顕赫　98

命欲終時　737

妙楽勝真心　323, 323, 504

名利　387, 921, 937

名利恭敬　424

名利の太山　273

明了　119, 134, 525, 610

明了願　45, 361

明了願故　206

妙蓮華　224

未来　115, 117, 194, 338, 342, 355

未来苦楽の果報　940

未来際　268, 370

未来世　117, 120

未来世の一切衆生　118

未来世の一切凡夫　117

未来の有情　585, 643, 659

未来の事　423

未来の衆生　125, 365, 928

未来の身　338

未来永劫の苦悩　946

微瀾　47

弥勒等の将来の諸仏　183

弥勒とおなじ　799

弥勒とひとし　817

弥勒におなじ　799

弥勒におなじきひと　705

弥勒のくらいとひとし　750

弥勒の妙覚のさとり　817

弥勒付属の一念　215

弥勒仏とひとしき人　779

弥勒菩薩とおなじ　720

弥勒菩薩とおなじ位　804

身をくだきても恩徳をむくうべし　749

身を粉にしても報ずべし　587, 648, 900

身を端し行いを正しくして　83, 86, 87, 89

身を端し念いを正しくし　92

愍傷　9

む

無　288, 338, 481

無愛無疑　333, 540, 626

無闇　341

無安衆生心　321

無為　282, 317, 334, 385, 430, 690

無畏　48, 221, 341

無畏の網　9

無為自然　80, 95

無為泥洹の道　49, 306

無為涅槃　385

無為涅槃の界　354, 381

無為涅槃の岸　404

無為の境　257

無為の衆生　282

無為の法　343

無為の法楽　266

無為の楽　451

無為の安き　96

無為法性身　354

150

無為法身　305, 317, 445, 684

無因　291

無因無果　423

無有見のもの　289

無有等等　178

無縁　797

無縁これ大悲　346

無縁の慈しみ　131

無縁の慈　427

無央数劫　14, 35, 179

無怨無親　423

無果　291

無我　60, 123, 143, 279

無戒　303, 394, 396, 751

無蓋の大悲　13, 174

無戒の名字　395

無学　303

無学の尼　303

無過此難　534, 620

無過念仏往西方三念五念仏来迎　376

無我の音　120

無願　9, 34, 70, 423

無記　433, 480, 481

無疑　806

無疑者　541

無記・無利・無益の語　238

無行不成の願海　860, 928

無行無信の勧化　879

無窮　437

無窮の八相　351

無窮極　728

無垢荘厳の光　315

無垢の輪　314

無窮無極　78

無苦無楽　336

無垢輪　314

無価　395, 396

無碍　13, 184, 217, 224, 334, 337, 348, 376, 446, 448, 531, 598, 616, 691, 712, 733

無碍（光）　226

無碍広大の浄信　250

無碍光如来の名　177, 234, 442

無碍光の智慧　733

無碍光仏の御こころ　706, 738

無碍光仏の心光　751, 904

無碍光仏のひかり　544, 616, 632

無碍大悲の光明　935

無碍智　33

無碍道　217

無碍難思の光耀　441

無碍の光明　171, 502, 742

無価の衣　58

無碍の信海　467

無碍の心光　802, 811

無碍の相　218

無価の宝　395

無碍の智　67

無碍の智慧光　691

無碍のちかい　713

無碍の光　448

無碍の仏智　541, 627, 877

無間　369, 428, 497

夢幻　207

無間悪業　233

無間有間対　468

無間間対　223

無間業　303, 883

無間罪　421

無間地獄　303, 541, 627, 645, 875

無間心　300

無見頂の相　133

無間の苦　303

無極体　521, 605

無極の体　49, 306, 308, 445

無後心　300

無顧の悪人　189

無根　289

無根の信　289, 296

無際　388

無際の土　32

語句　151

無慚愧のもの　288

無慚無愧　654

無慚無愧のこのみ　654

無始　247, 250, 268, 349

無始以来　946

無色生　746

無始薫習の酒　948

無始曠劫（聖人訂正後）　814

無始生死の苦　183

無著・無碍　97

無数　523, 607

無数劫　79, 133, 386

無数天下の幽冥の処　332

無数の阿弥陀　544, 632

無数の化仏　139

無数の化菩薩　132

無数の衆生　35

無数の諸天　139

無数の諸仏　102, 271

無数の刹土　18

無数の光　59

無数の仏　180

無数の仏土　9

無数の法　221

無数の菩薩　524, 608

無数の菩薩と行者　139

無数無量　14

無数無量那由他の諸仏の国　25

無数無量の供養の具　64

墓所　674

無所畏　48, 280

無障　323

無生　190, 201, 210, 273, 291, 313, 444, 559

無上　215, 217, 280, 395, 473

無常　120, 123, 143, 202, 207, 279, 296, 334, 335, 337, 338, 385, 919, 937

無上有上対　223, 468

無上覚　239, 579, 588, 635, 642, 646, 799, 804, 806

無上覚位　272

無上覚のさとり　809

無上功徳　250, 708

無上功徳田　212

無障碍　254

無上解脱道　252

無常見のもの　289

無称光　226

無上殊勝の願　226, 264

無上殊勝の法門　920

無上上　333

無上正覚　33, 465

無上正覚の心　19, 107

無上上心　263

無上浄信　448

無上正真道　264

無上正真道の意　16

無上正真の道　25, 35, 219, 312, 720

無上正等菩提　233, 255

無上正遍道　217

無障心　323, 504

無上心　59, 455

無上信心　798

無上甚深の法体　883

無上甚深の宝典　436, 836, 885

無常迅速　950, 952

無常迅速の世　936, 943

無上深妙の門　201

無常遷流の界　948

無上大恩徳　212

無上大功徳田　212

無上大涅槃　688, 703, 712, 715, 729, 751, 752

無上大般涅槃　682

無上大悲の願　447

無上大利の勝徳　868

無上智慧の尊号　684

無上超世の弘誓　443

無常転変　929

無常転変の境界　913

無常転変の界　917

無常転変の世　937

無上道　32, 32, 105, 252, 264, 291, 421, 504,
743, 806

無上道心　184, 347

無生忍　48, 131, 141, 150, 546, 547, 628,
731

無生忍の声　48

無上涅槃　305, 354, 552, 647, 692, 693, 705,
708, 728, 745, 757, 822, 923

無上涅槃の願成就の文　444

無上涅槃の極果　305

無上涅槃のさとり　690

無上涅槃の道　275

無上涅槃をさとるたね　746

無常のありさま　940

無常の風　862, 938

無上の功徳　105, 214

無上の功徳を具足する　442

無常の偈　936

無常のことわり　574

無常の根本　75

無生の生　559

無上の正法　396

無上の勝利　884

無上の心　257, 471

無常の身　336

無上の真実の信　507

無上の信心　244, 300, 457, 458, 494, 566,
575, 635, 693, 932

無常の姿　948

無常の殺鬼　937

無上の大道　257

無上の大利　861

無上の宝　395

無上の道心　142, 142, 147, 148, 150

無生の忍　270

無上の仏道　929

無上の方便　320, 558

無常の身　290

無上の妙果　949

無常敗壊　336

無上仏果　778

無上仏道の名　268

無上法王　268, 549

無上宝珠の名号　559

無生法忍　28, 45, 63, 118, 139, 182, 266,
361

無上法輪　386

無上菩提　209, 306, 541, 627, 748

無上菩提心　56, 57, 259, 263, 277, 319, 320

無上菩提の因　178

無上菩提の種子　307

無上菩提の心　259, 319

無上妙果　232, 444

無生無滅　352

無上力　135

無所作の声　48

無始よりこのかた　928

無始流転の苦　647

無信　239, 380

無尽　333

無瞋の善根　354

無尽の宝　35

無説　355

無説の説　211

無染清浄心　321, 323

無染清浄の処　321

無前無後　315

夢想　834, 850

無相　9, 34, 70, 317, 423

無相生　746

無相大願　211

夢想の告げ　834, 886

無相離念　374, 487

無足・二足および多足　212

無対（光）　226

無知　317, 322

無智・無才　748

無痴の善根の心　354

無智の者　878

語句　153

無道　113, 536, 621

無等界　266

無等智　362

無等無倫最上勝智　99, 361

むなしくすぐるひとなし　713

無難　252

無二　341, 377

無人　728

無人空迴の沢　243, 492

無念　258, 355, 758

無念の位　355

無念の義　760

無能遏絶　175

無病　203

無仏　298, 352

無仏世の衆生　389

無仏の国土　311

無仏の時　188

無仏法　298

無別道故　559

無辺　58, 178, 224, 230

無辺際　71

無辺難思の光　448

無辺の極濁悪　451

無辺の重罪　193

無辺の生死海　437

無辺の法　254

無辺不断　220

無菩薩　298

無菩薩法　298

無明　17, 200, 210, 221, 234, 249, 428, 442,
446, 448, 539, 625, 633, 751, 802

無明海　250

無明果業の苦因　861

無明長夜　585, 644, 748

無明長夜の闇　559

無明長夜之大灯炬　748

無明長夜の灯炬　644

無明の闇　215, 227, 349, 448, 518, 601

無明の闇夜　446

無明の闇を破する恵日　171

無明の酔い　763, 768

無明の黒闇　234, 683

無明の酒　763, 768

無明の大夜　539, 625

無明のまどい　690

無明のやみ　557, 691, 751, 904

無明のやみをてらしつつ　557

無明暴　265

無明法性　589

無明煩悩　637, 715, 778

無明煩悩の黒業　256

無無義の語　291

無滅　291

無目　430

無問自説　709

無問自説経　377, 709

無益　480, 481

無余　309, 315, 412

無余涅槃　400

無余の境界　318

無楽　336

無利　480, 481

無量　12, 30, 31, 47, 48, 58, 65, 94, 177, 251,
383, 397, 420, 434, 448, 523, 607

無量（光）　226

無量阿僧祇億那由他　411

無量阿僧祇劫　278, 289

無量慧　528, 612

無量億劫　13, 174, 283

無量億劫の極重悪業　124

無量億劫の生死の罪　129

無量億劫の自他の快楽　913

無量億那由他百千の仏の所　271

無量義　342

無量劫　32, 150, 188, 245, 268, 289, 402,
534, 549, 619

無量劫阿僧祇　136

無量光明慧　187, 263

無量光明土　180, 215, 228, 250, 329, 331,

356, 450, 472
無量寿国　45, 52, 70, 95, 100, 233, 255
無量寿如来の名号　233
無量種の色　53
『無量寿仏観経』の意　462
無量寿仏観経の意　359
無量寿仏国　52, 195
無量寿仏に八万四千の相　130
無量寿仏の威神　178
無量寿仏の威神功徳　442
無量寿仏の威神功徳不可思議　178
無量寿仏の威神光明　38, 330
無量寿仏の威神力　45
無量寿仏の国　80
無量寿仏の極楽世界　137
無量寿仏の光明　39, 330
無量寿仏の声　78
無量寿仏の荘厳功徳　189
無量寿仏の身相と光明　130
無量寿仏の大音　98
無量寿仏の所　58, 102
無量寿仏の名　151, 379
無量寿仏の身　130
無量寿仏を観ずる者　131
無量寿仏を聞く　79
無量寿傍経　348
無量種門　184
無量清浄　205
無量塵数　135
無量塵数の分身の無量寿仏　135
無量世　296, 340, 403
無量世界　6, 310
無量の悪　292
無量の楽器　120
無量の果報　292
無量の義　341
無量の行願　6, 268
無量の苦　289, 299
無量の功徳　8, 66, 70, 184, 211, 296, 313, 396, 524, 608, 731

無量の国　379
無量の苦悩　87, 89, 92
無量の光焔　44
無量の光色　26
無量のこえ　540, 625
無量の声　501, 511
無量の心　932
無量の財宝　914
無量の雑宝　27
無量の衆生　14, 40, 54, 106
無量の衆宝　52
無量の荘厳仏道の味　326
無量の諸天　124, 132, 150, 151, 155
無量の諸仏　9, 10, 24, 70, 104, 131, 524, 709
無量の諸仏の国土　116
無量の世界　35
無量の総持　10
無量の大願　21
無量の大衆　140
無量の罪　211
無量の徳　188
無量の徳行　34
無量の名　341, 342
無量の人民　289, 290
無量の念　405
無量の悲嘆　932
無量の福　133, 137, 399
無量の仏国　104
無量の仏土　6, 8
無量の法　343
無量の宝蔵　35
無量の宝網　52
無量の煩悩　335
無量の妙華　65, 107
無量の妙土　19
無量の妙法の音声　44
無量の門　186
無量百千倶胝那由他の舌　501
無量百千倶胝那由多の舌　511

語句　155

無量微妙の法音　52

無量無限　66

無量無数　178

無量無数の諸余の仏の所　102

無量無数不可思議の諸仏世界　27

無量無数不可思議無有等等億那他百千劫
248

無量無辺　405

無量無辺阿僧祇　181, 360

無量無辺阿僧祇劫　159, 283

無量無辺阿僧祇の罪　274

無量無辺阿僧祇の土　337

無量無辺不可称計　335

無漏　337

無漏の依果　527, 612

無漏の体　257

無漏無生　354

無漏無生の国　240

め

妻　428

馬　287, 293

目　429

明師　858, 922

冥途　940

明辟　428

迷没　75

銘文　886

明朗　300

迷惑　422

恵み　95

盲（めしい）　61, 222, 430

滅後の年代　394

滅後利益の徳　858, 862

滅除　275, 300

滅除薬　300

滅尽　371, 392, 393

滅尽三昧　53

滅度　8, 10, 14, 23, 36, 41, 218, 305, 306,
312, 326, 421, 445, 532, 557, 617, 646, 684,

690, 703, 715, 808, 813, 817, 819

滅度の後　106, 393, 471

滅破　676

滅亡　675

罵辱　294, 420

碼碯　36, 42, 43, 49, 156

碼碯色　121

碼碯樹　41, 42

碼碯の池　46

碼碯の沙　46

目もみえず　797

面像　27, 30, 118, 127, 287

眠睞　86

も

喪　428

盲　82

遇いて空しく過ぐるものなし　348

毛孔　130, 347, 370

毛芥の力　347

妄語誹謗　947

妄言　88

耗散　421

盲者　430

妄執　421

妄説　398

妄想　129

妄想心　300

妄想顛倒　589, 634

妄念の有無　941

毛髪の悪　95

妄不妄　878

曚冥抵突　75

朦朧　202

魍魎　422

もし念仏せんひと（若念仏音）　705

もしは一日　160

もしは一日もしは二日もしは三日乃至七日
424

もしは五日　160

もしは三日　160

もしは七日　160

もしは四日　160

もしは二日　160

もしは六日　160

物　743

没　384

物欲熟時　401

本　42, 43

物のための身　235

ももはし（百端）　653

もろもろの音の中　124

もろもろの音声　142

もろもろの果　122

もろもろの戒　143

もろもろの戒行　139

もろもろの疑網　79

もろもろの苦　156, 302

もろもろの薬　335

もろもろの苦痛　302

もろもろの功徳　291, 362, 881

もろもろの功徳の味わい　185

もろもろの国　180

もろもろの声　141

もろもろの上願　178

もろもろの世間　68, 417

もろもろの善　239

もろもろの善根　271, 285, 363

もろもろの相好　142

もろもろの妙なる音声　48

もろもろの妙なる華香　48

もろもろの譬え　117

もろもろの通慧の声　48

もろもろの通明力　69

もろもろの罪　146

衆の徳本　403

もろもろの徳本　882

もろもろの鉢　49

もろもろの波羅蜜　70, 123, 345

もろもろの白法　248

もろもろの仏種　183

もろもろの宝樹　43

もろもろの菩薩の色相　139

もろもろの菩薩摩訶薩の作　352

もろもろの煩悩　292

もろもろの煩悩溺　412

もろもろの妙華　122

もろもろの妙法の声　48

もろもろの厄　80

もろもろの曜宿　417

もろもろの楽　156, 321

文　878

聞　17, 251, 262, 383, 686, 702

門　293, 374

文芸　7

聞見　181, 185, 344, 379

聞光力　349, 518, 601

聞其名号　701, 880

聞思　172, 447

問斯慧義　530, 615

文字のこころ　697, 716

文殊の法　221

文書　879

聞信　227

悶絶躃地　281

聞治　273

聞知　332

門弟　839, 851

門弟参詣の儀　924

門徒（もんと）　435, 839, 842, 848, 860

門徒（もんど）　576

問答　488, 489, 923

門葉（もんによう）　862

文の意　936

門八万四千　373

聞不具足　261, 262, 385

聞不具足の邪心　258

聞法　112, 413

聞法歓喜　145

門末　947, 952

門末の道俗　952
聞名　737
聞名にいたるまで（聖人訂正後）　814
聞名欲往生　726
門門不同　200, 273, 371
門余　374
門葉　839, 852
門侶　838
文類　441

や

箭（や）　300
益　50, 91, 210, 236, 240, 241, 270, 271, 366, 367, 371, 382, 474, 491
厄　651
薬　497
薬狂　286
亦是発願　回向之義　736
厄難　32
耶嬢の家　858
野人　84
病　283, 385
やまうのくるしみ　696
夜摩天　130
夜摩天宮　126
山伏済度　844
闇　300

ゆ

唯有浄土一門　561
唯有浄土の真説　848
唯有浄土の門　946
遺誡　858
遺教　662
遺教興滅　666
遺訓　852, 862
遺骨　851, 852, 853
唯除五逆　誹謗正法　719, 726
唯除五逆　880
唯除造無間悪業誹謗正法及諸聖人　297

唯信　681, 726
唯心の境界　423
唯信仏語　479
唯説弥陀本願海　750
遺弟　862
遺弟の念力　859
唯仏一道　587, 639
唯仏与仏　550
唯仏与仏の知見　550
用　318, 335, 398
憂懐の悲しみ　919
遊禽　68
用功　372
祐護　333
勇将幢　224
猶如蜉蝣　873
幽閉　111, 113, 116
夕べには白骨となって郊原に朽つる　936
幽冥　82
勇猛　248, 497
勇猛精進　34, 247
勇猛専精　270
右命　427
悠々寂室　873
瑜伽瑜祇の観念　858
遊行　194, 286, 399
ゆくべきかた　944
遊戯　256, 310, 326
勇健聡慧　409
由旬　38, 46, 63, 121, 122, 123, 132
涌生　122
涌泉　224
遊入　59
愈病の想　267
遊歩　6, 79
勇猛精進　453
夢　57, 60, 288, 430, 834, 835, 846, 847, 849
ゆめの境界　929
夢の告　588
夢の告げ　436, 836, 885

夢告　635
夢幻　919
踊躍　59, 61, 179, 180, 270
由来の縁　437, 886
遊猟　286

よ

世　14, 174, 181, 226, 227, 273, 275, 282,
283, 294, 393, 403, 406, 411, 412, 425, 428,
434
余　374
善いかな　174
善いかな善いかな　174, 292
影　60
羊　293
葉　121
要　691
養育　225, 395, 408, 409, 410, 411, 412, 417,
418, 419
要行　240, 382
栄華　77, 93
妖充の師の妄説　422
営護　88
影護　271
永劫　79, 204
永劫の修行　928
永劫不壊の資　206
永劫無為の快楽　932
映飾　121, 126
容色端正　35
栄色（ようしき）の光耀　43
容色微妙　49, 306, 445
妖邪　421
要術　743, 876
容恕　413
永晴　744
容状　50
様なきを様　876
要法　354, 381
盈満　46, 115, 361

要妙　9, 63
営務　71
要門　373, 535, 564, 712
要門・仮門　712
雍門の外　430
要益　381
窈窈冥冥　74
瓔珞　7, 44, 52, 111, 112, 114, 122, 132, 245,
277, 287
よからんひと　697
善き親友　267
善き人々　766
余行　194, 710, 880, 887
欲　95
欲往生　727
欲往生の意　206
欲・害・恚の想　248
欲覚　34, 247, 453
欲願愛悦の心　246
欲願審験の心　452
欲楽往生　192
欲求　26
欲繋　87
欲刺　69
よく修すること第一に難し　406
欲生　246, 254, 255, 452, 454
欲生我国　725, 880
欲生心　454
欲生の体　454
欲塹　8
欲想　34, 247, 453
浴池　46
欲暴　265
よく見る者　74
余業　277, 404
よこさま　751
横（よこさま）　71, 71, 274, 280, 286, 422,
433
横（よこざま）　257
よこさまなるこころ　638

余才　398
吉水入室　832
余乗　355, 422
与諸如来等　541, 800
余善　382, 710
余雑業行者　738
余天　422
余道　400
余念　235
余念間故　560
世の祈り　792
世の所有　64
余の善　572, 710
余の善根　777
余の楽　309
余の楽しみ　354
余の罪　298
世の導師　405
世の灯明　69
世の中安穏なれ仏法ひろまれ　793
世の仁慈　145
世の非常　7
余の仏号　777
余の仏菩薩の方便　572
余の楽　102
与仏教相応　733
余仏菩薩の御手　933
余仏余善　564
余方　49, 306, 445
帰　200
預流向　463
喜びはまた嘆きのはじめ　917
喜ぶこころ　804
よろずの経　795
よろずの経典　734
よろずの善　774
よろずの念仏者の咎　776
よろずの法　692

ら

来　494, 809, 874
礼　405, 503
来果　351
礼観　197
礼敬　368, 399
礼敬の頭　868
来迎　351, 382, 683, 757, 758, 805
来迎引接の願　360, 532, 617
来迎往生　758
来迎の儀則　757
来迎　142, 142, 144, 146
礼紙書　810, 812
礼紙書追伸　768
礼誦　369, 382, 485
礼・誦　239
来集　412, 413
来生　179, 180, 206, 207, 360, 406
礼譲　96
来世　286, 906
来到　180
礼念　196, 198
礼拝　190, 324, 325, 422, 487, 503, 564
礼拝門　189
礼仏　484
来不来の争い　874
礼文　924
来問の貴賎　860
羅漢無上　395
羅漢を殺す　303
楽　92, 210, 259, 320, 321, 323, 336, 353,
367, 389, 406, 420, 441, 495, 497
酪　334
楽受　336
楽処　85
楽清浄心　322, 323
楽増長　415
洛都の儒林　435, 841
楽に三種　323

楽の無為　257

楽はまた苦しみとなり　917

楽邦　209, 228, 450, 868

洛陽遷化　851

楽を与うる　321

懶堕　183

驟等の懐妊　276

羅覆　44

羅網　52, 94

卵　307

乱意　195

爛壊　245

卵生　409, 746

鸞上人の御流れ　877

乱心　404

蘭台の書　426

攬入　209

り

利　198, 210, 390

理　217, 225, 247, 299, 394, 434

離暗　403

利害　84

離蓋清浄　66

力　48, 222, 348

力・願　222

力願　348

力精　18

利行満足　324

利剣　112, 200, 224

利鋸　224

利根の者　63

利事　185

利生の縁　831, 922

理尽非理尽対　223, 468

離相　519, 602

利他　216, 217, 218, 370, 505

利他回向の至心　250

利他円満の大行　441

利他円満の妙位　305

利他円満の妙果　444

利他教化地　374

利他教化地の果　445

利他教化地の益　309, 445

利他教化の果　556

利他深広の信　875

利他深広の信楽　232

利他深広の信心　443

利他真実　237, 248, 367, 475, 477, 552

利他真実の心　373

利他真実の信心　250

利他真実の欲生心　255

利他信心　479

利他他力の回向　491

利他通入の一心　364

利他の一心　364

利他の回向　720

利他の行　504

利他の三信　497

利他の正意　326

利他の信海　297, 479

利他の信楽　567

利他の信心　537, 623

利他の真心　247

律　202, 429

律師　666, 742

律宗　210, 260, 271, 272

立相住心　487

利鈍　260, 747

利鈍対　223, 469

利鈍の差別　340

離念　201

利斧　224

略　342

利益　174, 178, 201, 212, 248, 262, 309, 315, 384, 385, 415, 420, 446, 521, 531, 542, 557, 588, 605, 616, 630, 635, 641, 642, 647, 651, 654, 662, 665, 675, 684, 743, 774, 797, 863

利益有情　583

歴劫迂回の菩提心　258

語句　161

歴劫周章　302
歴劫修行　476
歴劫修行の教　462
歴劫修行の証　462
歴事供養　271, 302
利益別　482
竜　183, 234, 331, 398, 402, 403, 409, 410,
412, 420, 421
龍　151
竜王のみやこ　580
流義　880, 924
流儀の安心　906
流義の心　903
流義の上人　884
流義の祖師　880
流儀の法度　905
竜宮　393, 580, 587, 594, 636, 797
竜華三会の暁　272
流沙　426
立寺　382
竜衆　407, 409
隆周の宗師　425
龍樹菩薩の所讃　346
立相住心　374
流祖上人の掟　904
流祖上人の和讃　901
流祖上人の和し給う讃　876
流祖の御内証　905
流の義　883
竜力　403
竜力不可思議　347
慮　237
料　928
梁　430, 734
利養　262, 345, 385, 882
良医　274, 275, 278, 280, 283, 385, 386
涼燠　869
良医の救療　276
楞迦山の主　548
了義　210

了義経　389
了教　238, 480, 481
両経（『大経』・『観経』）一義　300
利養狂惑の見　904
霊禽翼従　7
領家　774, 775
楞厳横川の余流　831
猟師　393
療治　275, 283
令旨　659, 664
良時吉日　655
領主　849
了心　355
領説　294
遼絶　862
両舌　88
霊山会上　576
霊山聴衆　571
了知　411
両典　868
梁の王　735
利養の酒　886
両判　396
両判の失　396
了不了教対　223, 468
憯頼　76
了了　142
了了分明　120, 120, 125, 128, 132
離欲　32, 48
旅宿の草庵　887
慮知　264
利楽　175
臨終（りんじゅ）　701, 738, 757, 758, 805
臨終（りんじゅう）　208, 209, 210, 258,
360, 928, 944
臨終悪相　259
臨終一念の夕べ　272
臨終（りんじゅう）現前の願　360, 372
臨終捨命の日　936
臨終の感相　209

臨終の時　208
臨終来迎　208, 881
臨終（りんじゅ）現前の願　532, 532, 617, 618
臨終の一念　715
臨終の称念　726
臨終の善悪　825
臨終のとき　738
臨終の来迎　738
輪転　218, 411
輪回　197, 243, 381, 387, 411, 428
輪廻　646
輪回の果　266
輪廻の群生　457
倫匹　81
麟喩独覚　462

る

類事起行願取仏土味　326
類生　746
累世　76
羸陋醜悪　50
流行　201, 682
流刑　834
流罪　842
流通　381, 670
流通分　885
流転　215, 237, 244, 250, 254, 302, 309, 354, 451, 473, 478, 535, 582, 620, 640, 646, 647, 764
流転生死　586, 646, 727
流転輪回　388, 542, 548, 630
流転輪廻　575, 646, 931
流転輪廻の門　913
瑠璃　36, 42, 43, 49, 156
瑠璃地　119
瑠璃色　121
瑠璃樹　41, 42
瑠璃想　119
瑠璃の池　46

瑠璃の沙　46

れ

礼　428
麗水　664
黎庶　11
霊瑞　555
霊瑞華　13, 530, 615
霊瑞華の時　174
霊台　903
霊地　849
霊廟　555
黎民の類　837
霊夢　926
冷薬　281
歴代相承の綱格　943
劣夫の驢　219
蓮華　53, 68, 115, 123, 125, 129, 136, 142, 144, 146, 148, 149, 224, 314, 333, 363, 505
蓮華座　136
蓮華蔵界　869
蓮華蔵世界　228, 325, 449, 503, 690
蓮華の台（うてな）　126, 143
蓮華の合（ごう）する想　136
蓮華の想　125
蓮華の開く想　136
蓮華の開く時　137
連劫累劫　656
憐愍（れんびん）　297
恋慕渇仰　665
憐愍　229, 276, 402, 411

ろ

路　257
老　79, 425
聾　82
楼閣　52, 120, 124, 156
楼観　27, 46, 361
老君　424, 425, 426, 428
牢獄　649, 651, 652, 942

語句　163

老少　284
老少不定　917, 919, 937, 940
隴道（ろうとう）　862
蘿洞の霞（ろうとうのかすみ）　858
楼都の鼓（つづみ）　432
老病　202
老・病・死　7
漏戒　395
六悪　483
六一心　484
戮害（ろくがい）　286
六決定　478, 479
六劫　148
六時　401
六識　243
六種（礼拝　読誦　観察　称名　讃嘆　供養）564
六趣　265, 428, 493
六十七億　271
六十二見　273
六十の利那　301
六種震動　6, 8, 33, 107
六宗の教法　667
六種の功徳　212
六正　480, 481
六親　91, 422
六塵　243, 492
六親・眷属　90
六親眷属　943
緑（ろく）真珠の光　121
六神通　202
六専修　484
六即　480, 481
六畜　71, 72
六通　235, 457, 863
六度　209
六道　197
六道四生　559
六道の因　266
六道の故郷　944

六道の生　559
陸道の歩行（ろくどうのぶぎょう）　186
六度波羅蜜　534, 619
六念　139
六波羅蜜　35, 182, 221, 406, 415
六波羅蜜の果報　183
六部　261, 385
六部の経　261, 262, 385
六万の斎行　687
六和敬　69
魯扈（ろこ）　90
漏尽意　107
六角のつち壇　659
六角夢想　834
六根　243, 492
六根清徹　44
六譬（ろっぴ）　489
六百年　393
六辺　53
六方　199
論　505, 732
論議　262, 385
論家　449
論家・釈家の宗義　231
論家の正説　356
論事　313
論主の一心　557
論主の解義　388
論主の意（こころ）　247
論説　441, 443, 451

わ

わが一宗　947
わが界　181, 360
わが機　944, 949
わが機のはからい　949
わが功徳　179
わが国　18, 24, 25, 59, 64, 103, 179, 180,
199, 218, 219, 232, 233, 312, 350, 360, 378
わが語　164

わが意　343
わが心　321, 764, 770
わが所説　343
わが心　173
わがする法　569
我が朝　920
わが弟子　645
わが党の道俗　933
わが所　293, 294
わが友　427
わが名　24, 177, 181, 233, 379, 710
我が名　878
わが名を称えられん　803
わがはからいの心　777, 939
わが法文　788
わが身の上　919
わが身の往生　792
わが身の往生一定　792
我が身の善悪　903
わが名号　24, 350
わが名字　28, 29, 30, 31, 179
わが身を障（さ）うる　569
惑　220, 429
惑染　448

或堕宮胎（わくだくたい）　650
惑乱　240, 243
和雅の音（こえ）　157
和雅の音（ね）　58
和顔愛語　34, 247, 453
和合　214, 324, 334, 947
和光の垂迹　849
禍（わざわい）　422
和讃　588, 901, 905, 921, 929, 931, 949, 951
和順　675, 951
汚染（わぜん）　452
和朝　749
和朝の人師　873
汚坌（わふん）　294
和鳴哀雅　123
悪き身　776
悪きもの　778
われも信じ人をも教えて信ぜしむる　924
われらが往生　925, 928
我等が往生　930
われら衆生の信は弥陀の願よりおこるなり　568
悪（わろ）き者のため　776

語句　165

仏・菩薩・尊者・天神・鬼神等名索引

（凡例）
仏典に現れる仏・菩薩・尊者等の索引語は普通名詞・固有名詞の別なく採択した。

あ

愛光　331

阿逸多（弥勒菩薩）　362

阿逸多菩薩　155

阿耆多翅金欽婆羅　278, 282

阿闍　282, 283

阿闍世　111, 112, 113, 282, 283

阿闍世王　282, 290

阿閦鞞仏　160

阿修羅　165, 331, 402, 403, 431

阿修羅王　413

阿難　5, 12, 13, 14, 19, 20, 32, 33, 34, 36, 37, 38, 40, 41, 45, 48, 50, 51, 52, 55, 56, 57, 63, 64, 65, 66, 70, 97, 98, 114, 117, 120, 121, 124, 126, 127, 129, 130, 132, 133, 137, 138, 143, 145, 147, 148, 150, 151, 174, 175, 178, 248, 296, 330, 331, 340, 361, 379, 381, 399, 474, 530, 536, 614, 615, 622, 885

阿難（尊者）　5

阿難尊者　529, 613

阿難陀　155

阿腟楼駄　155

阿弥陀　156, 158, 159, 187, 195, 197, 201, 235, 349, 350, 457, 473, 502, 519, 520, 522, 524, 528, 538, 544, 551, 602, 604, 606, 608, 612, 615, 623, 632, 731, 736, 818, 875

阿弥陀等の仏　186

阿弥陀如来　139, 192, 199, 213, 218, 245, 247, 255, 259, 260, 300, 307, 312, 320, 333, 348, 360, 378, 452, 463, 494, 517, 529, 542, 577, 600, 610, 612, 613, 618, 629, 702, 730, 732, 760, 778, 903, 906, 915, 916, 924, 930, 934, 935, 944

阿弥陀仏　116, 138, 139, 140, 142, 143, 144, 145, 147, 158, 159, 160, 195, 197, 198, 199, 208, 214, 236, 237, 248, 269, 299, 301, 309, 311, 312, 325, 333, 350, 351, 363, 367, 368, 379, 382, 391, 475, 476, 478, 494, 503, 519, 523, 540, 596, 603, 605, 609, 625, 678, 685,

689, 691, 692, 706, 713, 733, 739, 763, 764, 816, 935, 944

阿羅訶　128, 341

阿羅漢　145, 159, 303, 333, 352

掩奪日月光　331

安処　341

安明頂　14

安養仏　60

い

異乗（尊者）　5

威神　15

韋提　272, 372

韋提希　111, 113, 114, 116, 117, 118, 121, 125, 127, 132, 137, 138, 143, 145, 147, 148, 149, 151, 274

一行　341

一光三尊の如来　926

う

有　342

雨行　295

雨行大臣　296

優陀邪王　278

優楼頻贏迦葉（尊者）　5

え

暎蔽月光　331

慧上菩薩　6

炎王光仏　330

燄肩仏　162

燄光　15

燄根　15

焔王光仏　38

炎魔法王　543, 631

お

応（応供）　174

応供　16

応声菩薩　429

陰　342
応声無量寿仏　696
遠照　103

か

海覚神通　15
海徳　186
可観光　331
餓鬼王　413
過現の諸仏　351
過去の諸仏　413
過去の天仙　409
過去・未来・現在の三世諸仏　117
迦葉　273, 334, 342, 397, 418, 422, 423, 426, 429
迦葉仏　180, 412, 414, 417
迦葉菩薩　267, 334, 338, 339, 340, 397
迦葉如来　412
火神　423
迦吒富単那　409, 420
迦吒富単那王　413
月光　14
月光明王　278
月色　14
月像　15
月蔵菩薩　411
月天子　419, 638
月明　15
迦帝迦王　278
伽耶迦葉（尊者）　5
嘉楽（尊者）　5
加羅鳩駄迦旃延　280, 282
佉羅坁山聖人　403
伽力伽仙　403
迦陵頻伽　157
佉盧虱吒　401, 403
佉盧虱吒仙人　402
迦留陀夷　155
迦楼羅王　413
歓喜光　349, 512, 595

歓喜光仏　38, 330, 354
観極楽国土無量寿仏観世音菩薩大勢至菩薩　150
観世音　63, 134, 135, 137, 139, 140, 142, 145, 149
観世音・大勢至　125, 135, 142, 148
観世音菩薩　132, 133, 134, 138, 139, 146, 150, 529, 613
観世音菩薩・大勢至菩薩　151
観世音菩薩及び大勢至　146
願慧菩薩　6
観音　198, 201, 270, 487, 520, 604, 647, 660, 683, 857
観音・勢至　743
観音勢至　543, 631, 682
観音大士　857, 921
甘露　341
甘露味　103, 284

き

帰依　341
喜光　331
救世観音　665, 740
救世観世音　669
救世大慈観音菩薩　670, 739, 740
吉祥菩薩　429
吉徳　278, 282
憍尸迦　413
憍尸迦帝釈　412
教主世尊　648, 732
憍梵波提　155
行雨大臣　622

く

空無菩薩　6
瞿伽離比丘　285
救世観世音　661
救世観音大菩薩　660, 677, 740
救世菩薩　740, 834, 925
具足（尊者）　5

仏・菩薩・尊者・天神・鬼神等名　169

具足八智　342
具知根力　340
窟宅　341
功徳持慧　15
功徳蔵　513, 527, 596, 612
瞿曇　294, 426
瞿曇沙門　295
拘那含牟尼　416, 418
拘那含牟尼仏　411, 414
鳩槃荼　402, 412
鳩槃荼王　413
鳩槃荼衆　407, 409
拘楼孫如来　418
鳩留孫仏　411, 414
鳩留仏　416

け

罽賓の教主（釈迦）　425
希有最勝人　568
希有人　270, 457, 494, 705, 779
希有大法王　212
化観世音　146
化観音　683
下下品の人　299
下根劣機の凡夫　941
華色王　15
化大勢至　146, 683
解脱　341
解脱華　15
解脱菩薩　6
化仏　683
化楽天王　407, 411, 412, 413
化楽等四天　417
見一切義仏　163
賢護　6
賢劫　6
賢護らの十六正士　6
乾陀訶提菩薩　155
乾闥婆　183, 402, 412
乾闥婆王　413

乾闥婆衆　407, 409
堅伏（尊者）　5

こ

光炎王　226, 349, 512, 595
光炎王仏　354, 516, 599
光遠　14
香光仏　163
光浄　429
恒沙塵数の如来　538, 623
恒沙塵数の菩薩　543, 631
恒沙の諸仏　377, 624, 814
恒沙無量の衆生　25, 219, 312, 720
光照王　331
香上仏　163
香象菩薩　6
広大　341
広大会　512, 519, 595, 603
講堂　512, 595
光如来　733
劫賓那（尊者）　5
光味仙人　403
光味菩薩　404
光明　341
光明中の王　356
光明中の極尊　356
光明の中の快善　332
光明の中の極雄傑　332
光明の中の極好　332
光明の中の極尊　332
光明の中の極明　332
光明の中の最明無極　332
光英菩薩　6
牛王（尊者）　5
五逆の罪人　298, 696, 883
五逆のつみびと　726
五逆の人　764
極悪衆生　873
極悪深重の衆生　232, 572
極重悪人　364

極重の悪人　212, 229
国中の声聞　23
国中の人・天　21, 22, 23, 24, 25, 26, 29
国中の菩薩　25, 26, 27, 29, 31
極楽の仏菩薩　874
五十五重無極大羅天　431
五十二菩薩　545
護世王　419
護世四天　668
護世の諸天　114
後世の人　94
後世をおそるる人　937
後世をおそれざる人　937
五道の衆生　132
五百の化仏　132, 142
五百の化菩薩　132
五百の侍女　149, 150
五百の長者子　179
虚無之身　521, 605
虚無の身　308
去・来・現の仏　12
金蔵　15
金銅の救世観音　665

さ

罪悪生死の凡夫　237, 478, 899, 918, 922
罪悪深重の悪人女人　933
罪悪深重の者　901
罪悪の我等　814
罪悪凡愚のいたずらもの　929
在家愚痴のともがら　900
在家無智の尼入道　875
最後の如来　545, 628
最勝音仏　162
最勝希有人　507
最上首　15
最勝尊　33, 58
最勝人　270, 457, 494, 705, 779
西方天王　402
三天童女（鳩槃・弥那・迷沙）　407, 408

三天童女（毘利沙・弥愉那・羯迦吒迦）
408
三天童女（毘利支迦・檀莬婆・摩伽羅）
408
三天童女（葐訶・迦若・兜羅）　408
三藐三仏陀　128, 341
西方不可思議尊　447
雑色宝華厳身仏　163
刪闍邪毘羅胅子　277
三修　342
三世のもろもろの如来　457
三十六部の神王　421
三十六百千億の仏　54

し

時　342
四王　410
二皇（伏羲・女媧）　429
自在人　513, 596
師子　103
慈氏　99, 100, 361, 652
獅子王　69
師子音　15
四食　342
四識住処　342
師子吼菩薩摩訶薩　344
師子仏　162
慈氏菩薩　98, 99, 361, 651
持多人王　278
悉達多　281
悉達太子　902
四天大王　402, 543, 630
四天王　37, 412, 416
実得　276
地動　15
四念処　342
持法仏　162
時媚鬼　435
捨厭意　15
閻王　446, 622

釈迦　171, 173, 197, 201, 238, 239, 243, 244, 308, 309, 380, 425, 426, 427, 441, 446, 455, 464, 466, 495, 506, 519, 523, 532, 533, 536, 537, 542, 548, 550, 564, 566, 570, 580, 603, 607, 618, 622, 629, 636, 640, 643, 648, 683, 693, 736, 737, 761, 779, 789, 808, 859, 874, 887, 901, 921, 941

釈迦諸仏の弟子　266

釈迦善逝　373

釈迦尊　382

釈迦如来　227, 244, 308, 312, 313, 449, 457, 463, 464, 535, 545, 548, 621, 635, 662, 691, 703, 709, 732, 748, 750, 759, 773, 775, 778, 779, 796, 798, 857, 946

釈迦如来・弥陀如来　798

釈迦仏　237, 349, 368, 495, 704

釈迦牟尼　424

釈迦牟尼如来　524, 608, 663, 668, 693

釈迦牟尼仏　114, 132, 164, 189, 360, 378, 391, 521, 529, 540, 543, 605, 613, 625, 631

寂静　341

釈尊　581, 636, 645, 707, 709, 800, 804.862, 873, 878, 885, 920, 941

釈提桓因　155

釈・梵　7, 114

釈・梵・護世の諸天　114

釈・梵王　417

沙門　341

沙門瞿曇　403

娑羅樹王仏　163

舎利弗　156, 157, 159, 160, 161, 163, 164, 165, 198, 399, 885

舎利弗（尊者）　5

舎利弗等　293, 294

十住の菩薩　343, 344, 355

住定の菩薩　303

十二天童女　410, 412

十二の如来　545, 628

十六正士　6

修伽陀　413

衆生　342

十方無量の諸仏　806

須菩提　351, 352, 353

須弥光仏　160

須弥山王　97, 98

須弥相仏　160

須弥天冠　14

須弥灯仏　161

須弥等曜　14

守門者　112

守門人　112

須夜摩天王　407, 411, 412, 413

修羅　431

正覚　341

正願（尊者）　5

正語（尊者）　5

調御（釈迦仏）　426

荘厳光明　15

生死の凡夫　197

上地の菩薩　311

上地のもろもろの菩薩　311

聖衆　198, 502, 551, 683, 743, 863

清浄（光）　226

清浄楽　513, 596

清浄勲　513, 526, 596, 611

清浄光　349, 512, 595

清浄光仏　38, 330, 354, 517, 600

清浄光明　599

清浄大摂受　512, 525, 595

清浄人　513, 596

上上人（上々人）　270, 494, 705, 779

清浄平等無為法身　346

調御丈夫　16

商主　341

調達（提婆達多）　171

正等覚　174

聖人（提婆達多）　294

正念　14

正遍知　503

正遍知海　128

聖法王（世自在王）　17

浄飯王の子　281

声聞　342

清涼　341

女媧　429

神（釈迦仏）　429

真解脱　540, 626

尽十方不可思議光如来　502

尽十方無碍光如来　189, 365, 690, 713, 732, 778

尽十方無碍光仏　558, 691

真実明　260, 348, 512, 514, 595, 597

神通華菩薩　6

信慧菩薩　6

真無量　513, 525, 596

す

水月光　15

水光　15

せ

世　342

聖（釈迦仏）　429

制行菩薩　6

勢志（ママ）　520, 545, 575, 604, 627, 683

勢至　201, 271, 487, 585, 643, 683, 729, 730, 857

勢至菩薩　198, 729, 730, 731

聖人　430

清信の仏弟子　433

世雄　12, 173, 175, 449

世眼　12, 173, 175

施眼　341

世間解　16

世間自在王如来　248

世自在王　16

世自在王仏　19, 20, 187, 226, 616

施主　341

世尊　12, 13, 16, 17, 18, 19, 21, 37, 58, 61, 64, 97, 99, 102, 106, 111, 112, 113, 114, 115, 116, 118, 125, 133, 141, 142, 145, 150, 151, 173, 174, 175, 181, 233, 236, 265, 268, 334, 338, 339, 340, 342, 344, 345, 351, 352, 361, 385, 396, 397, 405, 406, 407, 410, 413, 414, 416, 418, 424, 457, 471, 474, 529, 545, 548, 549, 562, 614, 627, 648, 732, 861

世尊（釈迦牟尼世尊）　651

世尊大悲導師　283

世饒王仏　19, 350, 463, 465

世英　12, 173, 175

善見　294, 295, 296

善見王　296

善見太子　293, 294, 295, 296

善見薬王　224

善光寺の如来　926

染香人　546, 628, 730

船師　341

善思議菩薩　6

善実（尊者）　5

善星　339, 340

善星比丘　340

善宿　15

前世　180

善逝　16

善山王　14

栴檀香　14

善来（尊者）　5

そ

象王　69

鼠王　278

尊者阿難　114, 529, 614

尊音王如来　205

た

諦　342

大阿羅漢　155

大安慰　260, 349, 512, 517, 595, 600

大医王　341

第一義　342

仏・菩薩・尊者・天神・鬼神等名　　173

第一義天　175
大儼肩仏　161, 163
大応供　260, 349, 512, 516, 595, 599
大覚　430, 431
大迦葉　392
第九の仏　104
大香　15
大号（尊者）　5
大光仏　161
第五の仏　103
第三の仏　103
太子（阿闍世）　111, 295, 661, 662, 663
太子（釈迦牟尼）　425
太子（善見太子）　293
大師子王　341
大師聖人（提婆達多）　293
第七の仏　103
第四の仏　103
大住（尊者）　5
帝釈　341, 413, 417, 542, 630
帝釈・護世王　417
帝釈天王　413
帝釈　418
大須弥仏　160
第十一の仏　104
第十三の仏　104
第十二の仏　104
第十の仏　104
大聖　12, 173, 196, 249, 457, 537, 540, 622, 626
大浄志（尊者）　5
大聖世尊　919
大丈夫　341
大小の聖人　213, 682, 766
大心海　512, 520, 595, 604
大心力　512, 522, 595, 607
大頭頼吒天王　407, 409, 419
大勢至　63, 135, 138, 139, 140, 142, 145, 146, 149
大勢至法王子　729

大勢至菩薩　134, 136, 139, 150, 151, 529, 546, 585, 613, 629, 643, 729
大象王　341
大智海　342
大徳　175, 402, 407, 408, 409, 413, 416, 419
第二の仏　103
第八の仏　103
提婆　655, 873, 919
提婆尊者　529, 613
提婆達　294, 295
大比丘衆　5, 111, 115
提婆達多　115, 276, 281, 293, 294, 295, 340
大福田　342
大分陀利　341
大菩薩　115, 216, 326, 520, 604
大菩薩衆　104, 392
大梵　410, 411, 412
大梵天　417
大梵天王　407, 411, 412, 413, 414, 415
大明仏　161
大無畏　341
大目犍連　41, 111, 112, 114, 529, 613
大目連　399
大目犍連（尊者）　5
大力士　341
大竜王　341
第六天王　51
第六の仏　103
他化・化楽天　416
他化自在天王　407, 411, 412, 413
多陀阿伽度　128
達多　446, 536, 622
達摩仏　162
端厳光　331

ち

智慧光　349, 512, 595
智慧光仏　38, 330, 354, 518, 601, 706
智幢菩薩　6
中住菩薩　6

超日月光　349, 512, 519, 545, 595, 603, 628

超日月光仏　38, 330, 355, 730

長老阿難　107

長老舎利弗　155, 156

つ

通慧菩薩　48

て

天師梵　410

天尊　12, 173, 175

顛倒　342

天人師　16, 341

転輪王　101, 205, 219, 318

転輪皇　649

転輪皇の王子　649

転輪聖王　45, 51, 101, 362

転輪聖子　185

転輪聖帝　35

と

道　342

等覚の薩埵　874

導師　341

等正覚　8, 16, 306, 578, 584, 642, 703, 720, 799, 800, 807, 809

道場樹　512, 595

到彼岸　341

東方天王　402

灯明　341

忉利天王　51

度蓋行　15

得解脱　341

徳首　104

独無等侶　342

兜率陀天王　407, 411, 412, 413

兜率天　6

な

那睺沙王　278

那提迦葉（尊者）　5

南無不可思議光　513, 596

難思議　260, 348, 512, 515, 595, 598

難思光　349, 512, 595

難思光仏　38, 330, 355, 518, 602

難沮仏　162

難陀　155, 340, 543, 631

南方天王　402

に

尼乾陀若提子　280

尼揵陀若提子　282

日月灯仏　161

日月瑠璃光　15

日天子　419, 683

日光　15

日生仏　162

日音　15

饒王仏　531, 616

如須弥山仏　163

如来　16, 174, 175, 178, 226, 386, 433, 577, 771

如来（世尊）　652

仁賢（尊者）　5

仁性（尊者）　5

人・天　342

人王　104

は

梅怛梨耶（弥勒）　869

婆伽婆　407, 419, 512, 595

薄拘羅　155

波旬　398, 403, 404

婆蘇仙　282

婆蘇仙人　279

跋提大王　278

跋難　543, 631

婆羅罐枝（阿闍世）　295

婆羅門　341

波利　412

仏・菩薩・尊者・天神・鬼神等名　175

槃特　873

ひ

彼岸　341
毘舎佉王　278
毘舎遮　409
毘舎遮王　413
毘沙門　402
毘沙門天王　407, 409, 419
畢竟依　260, 348, 512, 516, 595, 599
毘婆尸仏　292
辟支　183, 470
辟支仏　184, 333, 342, 352, 482
百千億万の無量の大聖　17
百八十億の菩薩　103
百万億那由他恒河沙の化仏　130
平等覚　515, 598
平等覚　260, 348, 512, 595
平等力　512, 521, 595, 605
毘楼真王　278
毘留茶　402
毘留博叉　402
毘楼博叉天王　407, 409, 419
瑠璃王　278
毘楼勒叉天王　409, 419
毘楼勒天王　407
賓頭盧頗羅堕　155
頻婆娑羅　111, 116

ふ

不可思議光　260, 331, 350
不可思議光如来　329
不可思議光仏　494, 682, 713, 733
不可思議尊　512, 525, 595, 609
伏羲　429
普賢　6, 234, 520, 604
普賢大士　6
不退の菩薩　102
ふたりの菩薩　63
不断（光）　226

不断光　349, 512, 595
不断光仏　38, 330, 355, 518, 601, 706
富単那　409, 421
富単那王　413
仏　5, 16, 17, 19, 20, 21, 30, 32, 36, 37, 39, 41, 50, 55, 98, 127, 175, 179, 192, 195, 430, 725, 730
仏および弟子　276
仏及び菩薩　141
仏世尊　281
仏陀　272, 430, 858
仏日　115
仏の名　180
仏・菩薩　137, 208, 273
仏菩薩　758, 774
不動地　14
富蘭那　275, 282, 384
富楼那　112, 536, 622
富楼那尊者　529, 613
分身の観世音・大勢至　135

へ

蔽日月光　15

ほ

法慧　15
宝䗍　15
宝応声菩薩　683
宝吉祥菩薩　683
宝華徳仏　163
宝聚　341
法処比丘　248
報身如来　690, 713, 796
宝蔵　103
法蔵　16, 502, 875, 921, 930, 944
宝蔵如来　205
法蔵比丘　19, 20, 32, 33, 145, 350, 686, 690, 878
宝相仏　161
法蔵菩薩　36, 222, 226, 345, 346, 347, 348,

447, 463, 685, 696, 703, 713, 720, 736, 737,
808, 915

法幢仏　162

方便法身　690

宝英菩薩　6

菩薩　8, 9, 11, 21, 27, 28, 34, 40, 41, 49, 52,
58, 60, 61, 63, 64, 65, 70, 98, 100, 102, 103,
104, 105, 107, 111, 132, 133, 134, 135, 141,
148, 182, 183, 184, 185, 186, 188, 210, 216,
217, 218, 220, 221, 222, 225, 228, 238, 251,
266, 268, 271, 296, 297, 306, 311, 312, 314,
316, 319, 320, 321, 326, 333, 337, 344, 362,
367, 370, 385, 386, 437, 446, 447, 450, 470,
481, 488, 502, 504, 505, 521, 524, 549, 605,
608, 619, 631, 729, 735, 774, 863

菩薩・諸仏　385

菩薩衆　28, 308

菩薩摩訶薩　155, 245, 251, 283, 300, 324,
352, 412, 416

菩提華　15

北方の天王　402

本願功徳聚　513, 526, 596, 611

本師の弥陀　921

梵・釈　418, 419

梵釈四王竜神等　669

梵天王　68, 413, 415, 417, 418

梵等四天下　416

煩悩　342

梵王　35, 410, 542, 630

梵音仏　163

ま

魔王　403, 404

摩訶迦葉　155

摩訶迦旃延　155

末伽梨拘舎梨子　276

摩訶倶絺羅　155

摩訶劫賓那　155

摩訶周那（尊者）　5

摩訶目犍連　155

摩睺羅伽　402

摩睺羅伽王　413

摩天王　413

魔女　403, 404

魔波旬　397, 405

摩訶迦葉（尊者）　5

魔民　421

摩耶夫人　424

魔羅鬼　435

満願子（尊者）　5

み

未生怨　294, 295

弥陀　173, 197, 200, 202, 204, 209, 211, 212,
215, 226, 236, 243, 245, 269, 302, 309, 351,
353, 354, 433, 446, 514, 519, 524, 528, 531,
532, 536, 540, 548, 549, 550, 556, 564, 565,
566, 569, 571, 572, 575, 579, 580, 581, 584,
587, 588, 593, 597, 608, 612, 617, 622, 625,
641, 643, 645, 647, 651, 654, 683, 693, 696,
709, 736, 750, 761, 779, 789, 800, 804, 808,
857, 863, 873, 874, 875, 876, 885, 887, 900,
901, 917, 921, 922, 923, 937, 941, 944

弥陀覚王　867, 878

弥陀世尊　196

弥陀尊　212

弥陀如来　246, 305, 583, 584, 587, 669, 715,
720, 749, 761, 796, 862, 878, 879, 880, 899,
907, 917, 918, 923, 939

弥陀仏　227, 228, 448, 495, 706, 738, 798,
808, 822

弥陀法王　201

妙音仏　160

明行足　16, 341

名光仏　162

妙頂　15

妙徳山　104

名聞（尊者）　5

名聞光仏　161

名聞仏　162

仏・菩薩・尊者・天神・鬼神等名　177

弥勒　79, 80, 93, 94, 96, 100, 101, 102, 103, 104, 105, 106, 214, 271, 362, 363, 399, 442, 472, 578, 642, 704, 705, 750, 799, 801, 804, 809, 817, 848, 930

弥勒大士　272

弥勒仏　799, 801, 805

弥勒菩薩　70, 77, 78, 96, 102, 107, 271, 469, 578, 642, 807

む

無畏　104

無為　341

無碍　341

無碍光　331, 348, 512, 557, 595, 691, 818

無碍光如来　189, 228, 234, 503, 559, 567, 603, 681, 732, 806, 814, 815, 818

無碍光仏　38, 330, 354, 356, 504, 539, 544, 551, 585, 616, 625, 632, 643, 682, 688, 702, 706, 715, 733, 744, 816, 824

無碍人　528, 612

無眼人　540, 626

無極尊　513, 527, 596

無作　941

無著　14

無生　341

無出　341

無諍　341

無諍王　206

無上華　104

無称光　349, 512, 595

無称光仏　38, 330, 355, 519, 602

無上士　16

無上上　540, 626

無上尊　6, 59, 447, 512, 521, 595, 605

無称仏　512, 595

無上仏　822

無上瑠璃光　15

無上両足尊　212

無相　341, 342

無濁　341

無退　341

無対光　348, 512, 595

無対光仏　38, 330, 354

無著光　331

無等等　260, 349, 512, 519, 595, 603

無等不可称量光　331

牟尼　425

無二　341, 377

無耳人　540, 626

無辺光　135, 226, 331, 348, 512, 595

無辺光仏　38, 330, 354, 356, 713

無量音　103

無量覚　58, 59, 180

無量光　331, 348, 512, 545, 595, 627, 730

無量光仏　38, 330, 354

無量寿　189, 818

無量寿如来　226, 250, 261, 596

無量寿仏　38, 39, 40, 44, 45, 56, 57, 65, 79, 80, 97, 98, 100, 105, 125, 130, 131, 132, 135, 137, 149, 150, 161, 178, 187, 211, 299, 330, 331, 361, 362, 542, 696, 873

無量寿仏及び二菩薩　125

無量清浄仏　179

無量精進仏　161

無量相仏　161

無量尊　59, 60

無量幢仏　161

無量徳　513, 596

無量不可思議の一切の諸仏　31

無量不可思議の諸仏　30

無量仏　254

無量仏子衆　857

無量無数のもろもろの菩薩衆　58

無量無辺の衆生　275

無量無辺の声聞の弟子　159

無量明　186

め

面王（尊者）　5

も

網明仏　162
目犍連　112, 151
目連　41, 112, 114, 195, 536, 622
もろもろの菩薩衆　30, 31, 39, 58, 104, 107, 159, 219, 312, 330
もろもろの有情　234, 248
もろもろの有情類　233
もろもろの王子　101
もろもろの鬼神　410
もろもろの眷属　142, 411
もろもろの声　141
もろもろの衆生　26, 131, 165, 174, 248, 251, 283, 284, 288, 289, 290, 291, 292, 314, 335, 339, 378, 405, 411, 415, 421
もろもろの聖衆　160, 302
もろもの上善人　160
もろもろの聖尊　234
もろもろの声聞　413
もろもろの声聞の衆　100
もろもろの大声聞　107
もろもろの大菩薩　100, 314
もろもろの弟子　107, 296, 342, 343, 390, 422
もろもろの天・人民　55
もろもろの天仙　417
もろもろの天・人　52, 77
もろもろの天人　420
もろもろの比丘　143, 389, 397
もろもろの仏　58
もろもろの仏・菩薩・声聞の大衆　64
もろもろの菩薩　6, 9, 39, 58, 64, 65, 66, 70, 100, 139, 268, 311, 314, 330, 354, 417
もろもろの菩薩衆　30, 31, 104, 107, 159, 219, 312, 330
諸の菩薩衆　720
もろもろの菩薩摩訶薩　413
文殊師利法王子　111, 155

や

薬師　542, 629
夜光　14
夜叉　151, 183, 234, 331, 398, 402, 403, 409, 412
夜叉王　413
夜叉衆　407, 409

ゆ

勇立　15

よ

世の人　71
余の仏　710
余の菩薩　363
余仏　181, 197, 710
余仏・余菩薩　186
よろずの衆生　583
よろずの念仏者　773
よろずの人　701
よろずの仏菩薩　774
余仏菩薩　935, 947

ら

羅云（尊者）　5
羅閲祇（王舎城）の王　293
羅漢　303, 313, 395, 482
羅漢の尼　303
螺髻梵志　422
羅拘羅　155
羅睺羅　340
羅利　409, 410
羅利王　413
羅摩　278
鷺音　15

り

離垢　14
離垢（尊者）　5

離垢光　103
離障（尊者）　5
離塵垢　15
離婆多　155
立化仏　132
龍王　413, 547
龍音　15
龍天　14
龍勝　103
龍神　543, 631
龍神八部　34
楞迦山の主　548
了本際（尊者）　5

る

流漼（尊者）　5
盧至如来　399
流転の愚夫　457
流転の群生　232
流転輪廻の凡夫　454
瑠璃金色　14
瑠璃妙華　14

れ

蓮華王　278

蓮華比丘尼　281

ろ

六欲天主　35
漏尽比丘　29
漏戒の比丘　395
六師　281
六十二見の外道　587
六住の菩薩　284
六趣四生の群萌　869
六道の有情　665
六角堂の観音　661

わ

我が名を称えん者　878
我が身の上を顧みる人　937
惑染の衆生　355
惑染の凡夫　228
和合僧　303
和合僧衆　304
和国の有情　589
和国の道俗　655

人名・地名・国名索引

（凡例）
索引語には主に歴史的に実在した人名・地名・国名を採択した。

あ

哀愍坊　786, 790
阿佐太子　665, 669, 670, 740
阿闍世王　274, 283, 284, 292, 529, 536, 613, 621
阿闍世王太子　179, 180
阿湿婆国　409
阿難　174, 656, 848
阿槃多国　409
天児屋根命　831
天児屋根命二十一世の苗裔　922
有国卿　831
有範　831, 858
安居院　839

い

緯　427
韋処玄　424
韋提（韋提希夫人）　171, 229, 446, 536, 537, 622
韋提希　118, 124, 129
韋提夫人　464, 529, 535, 613, 621
板敷山　845
いなかのひとびと　697, 716
田舎の人々　780
印度　449, 661

う

友謙（支謙）　331
友謙（支謙）三蔵　265
内麿　831
優婆斯那　422
厩屋門の皇子　677
温水の陰　427

え

懐感禅師　571
懐感法師　571
恵思禅師　661, 662, 670

恵慈法師　670
恵心院の僧都（源信）　572
恵心院の和尚（源信）　778
越後国　844
越後国国府　842
越後国府　843, 925
越の王勾践　432
恵日三蔵　689
恵文禅師　670
円禧上人（専修寺第二十世）　947
円宗　867
円遵上人（専修寺第十八世）　936, 938, 943
円照（九条兼実）　436, 574, 836
円祥（専修寺第十九世）　947
円祥上人（専修寺第十九世）　944, 945
延仁寺　851, 852
円仏坊　782
円猷上人（専修寺第十七世）　929, 930, 931

お

鳩伽摩伽陀国　409
奥郡　762, 769, 784
奥郡の人々　784
王舎城　5, 111, 189, 259, 275, 293, 319
王舎大城　111, 274, 276
奥州　862
応真上人（専修寺第十一世）　913
王日休　271, 705
大谷　436, 851
岡崎中納言範光卿　842
おたぎ（愛宕）のそまやま（杣山）　659

か

開山聖人　939, 941, 943
戒度（元照の弟子）　210
槐里　426
郭（郭象）　425, 430
覚信御房　785

覚信坊　818, 819

覚如　853

覚念坊　823

迦才　735

笠間　844

笠間稲田　884

笠間郡稲田郷　844

笠間の念仏者　777

迦戸国　409

鹿島　762, 765, 770, 771

和尚（聖覚）　749

嘉祥　211

柏原天皇末孫 鎮守府将軍大丞 国香 後胤
926

月光　112, 536, 621, 622

月光大臣　529, 613

迦毘羅城　281

鎌倉　783, 787, 791

鎌子　831

迦耶城　540, 625

漢（前漢）　432

元照律師　220

閑院大臣　831

桓王　426

顔回　429

感師（懐感）　375

元照　207, 272

元照律師　259, 382, 473

感禅師（懐感）　363, 375

元祖（法然聖人）　880

元祖聖人　880, 941

関東　874

漢土　670

漢の明帝　670

観法師（諦観法師）　434

甘満闍国　409

桓武天皇　661

漢明（後漢の明帝）　430

き

基（慈恩大師窺基）　392, 393

魏　427, 554

祇園精舎　926

耆闍崛山　5, 111, 113, 114, 151

祇樹給孤独園　155

姫昌（文王）　426

北の郡　768, 769

魏の主　554

魏の天子　554

耆婆　113, 280, 283, 284, 285, 290, 295, 536,
621, 622

耆婆大臣　529, 536, 613, 622

京　815

行雨　536, 622

行雨大臣　529, 537, 613, 914

堯慧上人（専修寺第十二世）　915

堯円上人（専修寺第十六世）　927, 928

京邑　210

匡王班　394

堯熙（専修寺第二十一世）　951, 952

堯熙上人（専修寺第二十一世）　950

憬興師　175, 205, 354, 363

堯秀上人（専修寺第十四世）　919, 920,
921, 922, 923, 924, 925, 932

堯・舜　424

慶信　813, 815

慶信御坊　820

堯真上人（専修寺第十二世）　916, 917, 918

敬田院　663, 659, 669

教忍御坊　762

教念御坊　760

堯猷（専修寺第二十二世）　951, 952

教養の御房　810

置良耶舎　111, 111, 210

玉光州　431

季路　435

金真の郡　431

欽明天皇　666, 671

く

空（法然）　436, 836, 885

空師（法然）　436, 841, 842

空聖人（法然）　375, 841, 842, 869, 885, 925

瞿伽離比丘　285

拘睒弥国　393

愚禿（親鸞）　273, 441, 447, 653, 654, 655, 848

愚禿釈親鸞　173, 305, 329, 359, 441, 501, 528

愚禿釈の親鸞　172, 749

愚禿釈の鸞　231, 388, 436

愚禿釈鸞　836

愚禿親鸞　232, 473, 514, 529, 547, 588, 597, 613, 614, 659, 678, 697, 716, 752, 757, 780, 823

瞿曇　294, 426

熊野　848, 849

鳩摩羅什　155

鳩羅婆国　409

黒谷（法然聖人）　928, 946

黒谷の聖人　858, 867

黒谷の先徳（法然聖人）　836

け

景王　426

嵆康　427

慶文法師　207, 208

華漢　662

源空　213, 229, 451, 573, 574, 575, 576, 577, 743, 839, 887, 902

源空聖人　546, 573, 577, 629, 742, 744, 748, 832, 833, 837, 874

源空ひじり　575

源空法師　435, 842

涓子　427

兼実博陸（九條兼実）　574

犬戎　432

玄奘三蔵　501, 511

源信　229, 435, 451, 570, 573

源信和尚　742

源信和尚　570, 572, 707, 728

源信僧都　571

源信大師　570

顕智（下野国高田住僧）　304, 357

顕智（専修寺第三世）　176, 823, 887, 906

顕智上人（専修寺第三世）　886

玄忠寺　505, 554

玄忠寺の綽和尚　390

源藤四郎殿　793, 794

玄妙王女（老子の母）　424

元明の郷　431

こ

黄（黄帝）　429

孔（孔子）　429

国府　844

孔丘　425, 426, 431

衡山　674

衡山般若台　662

孔子　426, 428, 429, 433

孝子　225, 433

衡州衡山　662

康僧鎧　5, 55, 471

皇太后宮大進有範　831

皇太子　835, 876, 883, 884

皇太子勝鬘比丘　677

皇太子仏子勝鬘　677

こうちのくに（河内国）いしかわ（石川）　673

皇帝（佐渡院諱守成）　436

弘法大師　873, 903

皇甫謐　427

光明（善導）　263, 946

光明師（善導）　223, 265, 269, 272, 273

光明寺（善導）　235, 308, 363, 506, 685

光明寺和尚（善導）　471

光明寺の和尚（善導）　195, 214, 248, 256,

184

262, 301, 350, 366, 379, 386, 433, 474, 692, 705, 789, 799
光明大師（善導）　874
高麗　668
荒陵寺　663
荒陵池　664
荒陵の郷　662
後漢の明帝　920
国分寺　843
孤山（智円）　383
五条西洞院　847, 850
五条西洞院御房　850
後白河上皇の近臣（日野範綱）　831
後善導　685
後鳥羽の院　435
後鳥羽院　842
護念坊　760
五百の長者子　179
金剛心院殿（堯熙・専修寺第二十一世）　952
近衛大将右大臣　831
崑崙山　948

さ

犀首相　427
最澄　392
西天　449, 834
前皇太后大進有範の息男　922, 925
前大僧正　円祥（専修寺第十九世）　945
前大僧正　堯円（専修寺第十六世）　927, 929
前大僧正　堯秀（専修寺第十四世）　920, 921, 922, 923, 924, 925, 926
前大僧正（慈円）　831
前大僧正慈鎮和尚の御弟子　922
璨（瑨）仁　428
佐渡の院　436
佐渡院　842
真楯　831
山陰　207, 208

三条富小路の御坊　823
三聖（孔子・老子・顔回）　429
三蔵法師　155
三蔵流支　450
三朝　580

し

子　434, 435
師（善導）　455
慈雲（遵式）　210
慈雲大師　434
慈雲法師（遵式）　210
慈恩　78, 269, 387, 570, 859
慈覚大師　685
竺法蘭　670
支謙　472
子貢　428
淄州（唐代法相宗の僧）　303
時称（置艮耶舎）　210
慈信　786, 789, 790
慈信御坊　781
慈信が法文　788
慈信坊　774, 780, 783, 784, 786
子桑　428
支提国　409
日域　674
慈鎮和尚　831, 832, 858, 925
悉知義　277, 282
実徳　282
四天王寺　659, 663
支那　434
しながのさと（磯長の郷）　673
慈愍和尚　203
慈愍三蔵　689
しむしの入道殿　794
下野　786, 787, 788, 789
下野国　843
下野国高田　176
下野国芳賀郡高田　926
下野国司大内の息男真仏上人　926

人名・地名・国名　185

浄信の御房　811

舎衛　902

舎衛国　155, 189

闍王　428, 446, 536, 537, 621, 622

釈円禧（専修寺第二十世）　950

釈円遵（専修寺第十八世）　937, 939, 943, 944

釈円超　936

釈円猷（専修寺第十七世）　930, 931, 933

釈覚然　578

綽和尚（道綽）　375, 390, 562, 574

綽空（親鸞聖人）　436, 836

釈顕智　593

釈信空（法蓮上人）　838

釈真慧（専修寺第十世）　887

釈親鸞　544, 578, 759

釈迦才　735

釈綽空（親鸞）　436, 836

釈法照　201

釈蓮位　924

闍世（阿闍世）　171, 446

綽空の字　885

闍那崛多　422

舎婆提　284

沙弥法力（熊谷直実入道）　839

周　426

周（周公）　429

子游（孔子の弟子）　430

宗家大師　868

周公　433

周弘政　424

宗師　327, 388

宗師（曇鸞）　446

宗師（善導）　214, 249, 262, 387, 456, 457, 478

宗釈禅師（宗暁）　223

守成（佐渡の院）　436

修静（陸修静）　432

周文　425

受提　412

須那利多　285

鷲峯　902

守門者　529, 613

首楞厳院（源信）　363, 707

昭王　425, 426, 429

承久の太上法王　575

上宮皇　588

上宮太子　589, 677, 740, 834

肇公　315

浄業和尚　685

常州　858

常従子　427

浄信　806

性信御房　800

浄信御坊　806

性信御坊　793, 794, 795

承信の御房　801

乗信の御房　826

聖信房　840

性信坊　774, 780, 781, 790, 792

承信坊　801

乗信坊　826

浄信房　801

定禅法橋　886

調達（提婆達多）　111, 428, 446

聖徳太子　659, 661, 667, 669, 671, 677, 739, 740, 884, 920, 924

上人（親鸞聖人）　839

聖人（親鸞聖人）　777, 802, 833, 834, 835, 838, 840, 843, 844, 845, 846, 847, 849, 850, 851, 852, 853, 869, 917, 923, 924, 926, 927, 928, 929, 933, 937

聖人（迦才）　735

聖人（法然）　743, 748, 767, 779

正念坊　794

浄飯大王　540, 625

勝鬘　667, 668

勝鬘比丘　670

勝鬘夫人　661

浄楽居士張掄　207

186

秦　427

秦佚　426

信和尚（源信）　212, 375

信願坊　772, 773

信空上人　839

信見房　763

信証　501

真浄御坊　785

真浄坊　774

震旦　661, 662, 670, 689, 920

震旦の聖人　735

神智法師　434

真慧法印（専修寺第十世）　904, 906

真仏（専修寺第二世）　887, 906

真仏御坊（専修寺第二世）　759, 782

真仏御房（専修寺第二世）　801

真仏上人（専修寺第二世）　886, 926

真仏坊（専修寺第二世）　781

神明君最（老子）　432

新羅　668

新羅国　740

新羅国聖人　739

神鸞　554

親鸞　176, 304, 357, 655, 759, 761, 765, 768,
771, 772, 773, 777, 780, 781, 785, 786, 787,
789, 790, 791, 793, 794, 798, 800, 801, 803,
805, 806, 807, 808, 809, 810, 811, 813, 823,
824, 826, 863, 874, 884, 887, 906

親鸞上人　840, 841, 874, 875, 884, 886, 887,
902, 905

親鸞聖人　786, 835, 867, 916, 923, 924, 925

す

随信房　805

隋の煬帝　920

せ

斉　432

聖覚　838, 839

聖覚和尚　746, 747, 748

斉桓　429

勢観房　840

聖明王　740

聖明王の太子　739, 740

世親　501, 816

世親菩薩　502, 690, 713, 732, 733, 816

摂州難波の皇都　660

雪嶺　429

施薬院　659

善見太子　293

禅宗の智覚　272

禅定博陸（九条兼実）　436, 836

禅定博陸（月輪殿兼実、法名円照）　885

善証坊　768, 769

専信　802

専信（遠江国池田住僧）　176, 304, 357

善信（親鸞聖人）　768, 825, 826, 834, 840

専信御坊　803

善信上人　833

善信聖人　839

専信坊　759, 786

善信房（親鸞聖人）　840

善導　229, 244, 450, 563, 573, 574, 693, 735,
736, 770, 773, 858, 874, 887, 906, 920

善導・法然・親鸞三師　874

善導和尚　199, 364, 494, 506, 563, 570, 685,
736, 748, 775, 779, 819, 905, 936

善導禅師　506, 563

善導大師　565, 860, 887, 920, 924

善法坊僧都　823

善法坊僧都御坊　823

善法房の僧都　926

そ

楚　427

荘王　426

蕭王　561, 734, 735

葱河　429

宋皇（宋の太祖）　430

蕭后（斉の高帝）　430

人名・地名・国名　187

荘子　428

荘周（荘子）　430

僧正 応真（専修寺第十一世）　913, 914

蔵徳　275, 282

粟散王　588, 669, 740

粟散片州　576

祖師　207

祖師（親鸞聖人）　858, 860, 861, 863, 880, 881, 884, 887

祖師聖人　860, 860, 862, 886, 920, 921, 922, 945, 946, 948

疎那国　409

麁頗　427

楚穆　429

蘇摩国　409

蘇羅吒国　409

尊成（後鳥羽院）　435, 842

た

大巌寺　505, 554

台教の祖師山陰　207

大玄都　431

太史（司馬遷）　427

太子（聖徳太子）　295, 659, 660, 661, 672, 673, 835, 884

大師（善導大師）　879, 880

太子阿佐　665, 739, 740

大師聖人（法然聖人）　721, 748, 749, 803, 807, 809, 834, 835, 838, 839, 840

大霄　431

太政大臣房前公　831

太上天皇（後鳥羽院）　842

大織冠鎌子大臣の玄孫　831

戴詵　424

大僧正　堯慧（専修寺第十二世）　915

大智（元照律師）　210

大智律師（元照）　434, 473

大唐西崇福寺　244

大道天尊（老子）　431

大唐の高祖　920

大納言式部卿 真楯の息　831

大日本国粟散王　588

大日本国　671

第六天　49

第六天上　45

高倉院　925

高田　920

高田開山真仏上人　886

高田伝灯第十七世（円猷上人）　933

太上天皇　435

橘のみやこ　660

たまつくりのきしのうえ　664

為仁　435, 842

ち

智昇　215, 244

智昇法師　199, 387

父の王（浄飯王）　192, 193

択瑛法師　868

中夏　431, 661

忠禅　673

中太郎入道　780

智永　735

張儀　427

智栄禅師　736

張陵　427

張揄　206, 207

鎮和尚（慈鎮和尚）　867

つ

沙弥法力（直実入道）　839

月輪殿（九條兼実）　574, 831

月輪殿兼実（九条兼実）　436, 836

つくば　845

筑波山の北辺　858

土御門の院　435

土御門院　842

津のくに難波　660

て

定志の里　431
伝教大師　542, 629
天竺　434, 524, 580, 609, 670, 920
天親　190, 501, 551, 732
天親菩薩　189, 189, 190, 191, 228, 443, 449, 450, 550, 552, 555, 557, 732, 778
天親論主　551, 733
天台（智顗）　434
天王寺　920
天王寺の金堂　740
天保の県　431

と

東域　884
東夏・日域　172
導和尚（善導）　375
道綽　229, 450, 554, 561, 574, 858, 920
道綽和尚　505, 563
道綽禅師　505, 561
道綽大師　561
陶朱（范蠡）　432
東方朔　432
遠江の尼御前　772
遠江国池田　176
言ひめ（専修寺第十八世、円遵上人息女）944
土佐国幡多　842
都薩羅国　409
杜順　272
度律師（戒度）　435
鳥部野　851
鳥部野の北　852
鳥部野の北の辺　436
鳥部野の南の辺　851
曇無讖　181
曇鸞　228, 554, 555, 735, 817, 863, 920
曇鸞和尚　235, 348, 505, 511, 553, 594, 690, 734, 750, 863, 874, 923
曇鸞和尚の後身（親鸞）　863, 923
曇鸞大師　214, 450, 557, 561
曇鸞の化現（親鸞）　863
曇鸞菩薩　447, 494, 561
曇鸞法師　308, 734

な

長岡　660
長岡大臣　831
長岡の丞相内麿公の末孫（親鸞）　858
那闍邪毘羅肱子　282
行方　762, 765, 770, 771
奈良　660
奈良のみやこ　660
南岳大師　662
南天竺　227, 449, 547, 548
南平（南平王）　430

に

尼乾子　655
日月称　274, 282
日本　742
日羅　739, 740
日蓮法師　883
日本国　659, 661, 670, 739, 740
入西御坊　794
入信坊　774, 781, 783
入道殿　824
任那　668

ね

念仏房　840

の

範綱　831
範綱卿　925

は

帛延　472
百済　668, 670

百済国　665, 666, 671, 739, 740

百済国の王の子　669

百済国の聖明王　665

白馬寺　670, 920

伯父業吏部（日野宗業・親鸞聖人伯父）867

伯楊（老子）　425

白楽天（白居易）　272

箱根　846, 847

婆蹉国　409

婆薮槃頭菩薩　189, 311

婆薮盤豆菩薩　501

婆薮般豆菩薩　732

八耳皇子　669, 677

母の尼　786

波利　412

範宴少納言公　831, 833, 922

槃遮羅国　409

坂東常陸の国　884

范蠡　432

范蠡の子　432

ひ

比叡の山　542

東山西の麓　852

東山の西の麓　436

比丘善導　244

毘時国　409

飛錫（唐代天台系の僧）　211

毘提夫人　295

常陸　761, 786, 787, 788, 789

常陸国　765, 844

常陸国　那荷西郡　大部郷　848

常陸の念仏者　788

常陸の念仏申す人々　788

費長房　394

弼宰相　有国　831

悲田院　659

毘富羅仙　286

平塚　762

平塚の入道殿　762

毘瑠璃王　284

敏達天皇　666

頻婆沙羅　281, 285, 286, 293, 536, 622

頻婆娑羅　111, 116

頻婆沙羅王　535, 621

頻婆娑羅王　529, 613

ふ

夫子（孔子）　430, 431

夫子（老子）　426

房前公　831

藤井元彦　842

藤井善信　842

藤原氏　831, 925

夫人　354

富蘭那　282

文王　425, 426

汾州　554

汾州汾西秦陵　555

文宣（斉の文宣帝）　430

文帝（劉宋）　210

へ

并州　554

并州汶水県の人　734

平太郎　848, 849, 850

ほ

法位（新羅の僧）　211

傍伽摩伽陀国　409

法上師　394

法信坊　774

法道和尚　685

法然　874, 884, 906

法然聖人　762, 766, 825, 875, 887, 902

法力　839

法力房　839

法隆寺　660

法隆寺の住僧　673

190

法琳　424
穆王　391, 394, 426, 429
穆后　429
北陸の遠境　869
菩提流支　472, 553
菩提留支　501
法照　202, 204
法性寺殿　831
法照禅師　685
本師聖人（法然）　436, 752, 836, 885

ま

摩伽陀国　289
摩伽陀国の人民　292
末伽梨拘舍離子　282
摩騰迦　670
摩羅国　409

み

南庄　765
壬生の女房　786
明教坊　762, 768
明法の御坊　768
明法御坊　762
明法坊　766
明法房　845
明法の御坊　765
妙楽大師　873, 903

む

武蔵　794
無上大道君（老子）　431
むろのやしま　843

め

馬鳴（大士）　393
馬鳴大士　355

も

物部の弓削の守屋　675, 676

守成　842
守屋　674, 675, 676
守屋の逆臣　675
守屋の大臣　883

や

射山　831
山城　659
山城の国　660
大和のくに　660

ゆ

唯信御坊　825
幽王の子　432
幽王　432
幽王の皇后　432
幽王の臣　432
弓削の守屋　674, 675
用欽（元照の弟子）　210, 260, 271
遥山寺　554
用明天皇　667
吉水　832, 867, 925
吉水の北の辺　852
吉水の禅室　867, 923, 925
吉水の禅房　832

ら

雷（雷次宗）　272
頼郷　426
羅閲祇（王舎城）の王　293
洛陽　436
洛陽東山　851
鸞（曇鸞）　228, 450
鸞公巌　554
替師　554
鸞師（親鸞聖人）　553, 554, 555, 559, 562, 925
鸞上人　842, 877
鸞上人（親鸞聖人）　879, 881, 884, 886, 887
鸞聖人　843

鸞聖人（親鸞聖人）　869
鸞上人の直弟　886
鸞菩薩　561, 734

り

陸修静　432
李耳（老子）　427
律宗の祖師（元照）　207
李道士　424
李母　425
劉（劉程之）　272
劉官　742
劉向　431
柳子厚（宋玄）　272
龍樹　227, 393, 547, 548
龍樹大士　214, 494, 548
龍樹菩薩　188, 190, 311, 346, 442, 449, 547,
548, 550, 731, 732, 749
龍樹摩訶薩　349
流祖上人　876, 901
流祖聖人　951
楞伽山　227, 449
梁元帝　424
梁国の天子　734, 735
楞厳院　572
楞厳和尚（源信）　364
霊山　571

梁の蕭王　450
梁の天子　228, 561
梁の世の王　735
療病院　659
慮景裕　424
藺相如　427
堯熙上人　952

れ

蓮位　816, 819, 820
蓮位御房　815

ろ

魯　394
老聃　426
老（老子）　429
老子　425, 426, 427, 429, 431, 432, 433
六波羅の辺　787
廬山の弥陀和尚　685
六角堂　659, 834, 835
論家（天親）　456
論主（天親）　235, 246, 247, 254, 258, 326,
338, 446, 451, 456, 551, 557, 848

わ

和国　740

和讃初句索引

あ

愛憎違順することは　586
悪性さらにやめがたし　654
阿佐太子を勅使にて　669
阿闍世王は瞋怒して　536, 621
阿弥陀如来化してこそ　577
阿弥陀如来化して　542, 629
阿弥陀仏のみなをきき　523, 607
安養浄土の荘厳は　550
安楽国土の荘厳は　523, 607
安楽国をねがうひと　521, 606
安楽浄土にいたるひと　521, 605
安楽浄土をねがいつつ　534
安楽浄土を願いつつ　619
安楽声聞菩薩衆　521, 605
安楽仏国にいたるには　559
安楽仏国に生ずるは　558
安楽仏土の依正は　522, 607
安楽無量の大菩薩　604
安楽無量の大菩薩は　520

い

已今当の往生は　523, 607
いずれの世いずれのひとか帰せざらん　677
一一のはなのなかよりは　526, 527, 611
一形悪をつくれども　562
一代諸教の信よりも　534, 620
一切道俗もろともに　554
一切の功徳にすぐれたる　542, 630
一切菩薩ののたまわく　549
いつつの不思議をとくなかに　556

う

有情教化のためにとて　675
有情の邪見熾盛にて　638
有情を済度せんために　662

お

往昔に夫人とありしとき　668
往相廻向の大慈より　647
往相還相の廻向に　646
往相の回向ととくことは　556
恩愛はなはだたちがたく　550
恩徳広大釈迦如来　535, 621

か

果遂の願によりてこそ　533, 618
かなしきかなやこのごろの　655
かなしきかなや道俗の　655
かれらのくにを摂伏し　668
歓喜信心無疑者をば　541
願作仏の心はこれ　552
願土にいたればすみやかに　552
願力成就の報土には　566, 804, 949
願力不思議の信心は　544, 631
願力無窮にましませば　644

き

魏の主勅して并州の　554
魏の天子はとうとみて　554
耆婆月光ねんごろに　536, 621
耆婆大臣おさえてぞ　536, 622
教主世尊にもうさしむ　545, 627
敬田院に安置せる　665
経道滅尽ときいたり　565
欽明天皇治天下　666

く

久遠実成阿弥陀仏　540, 625
九十五種よをけがす　587
九十五種世をけがす　639
弘誓のちからをかぶらずは　569
君子ひとえにとうとみて　555

け

外儀のすがたはひとごとに　653
解脱の光輪きわもなし　515, 598
決定の信なきゆえに　560
決定の信をえざるゆえ　560
外道梵士尼乾子に　655
源空光明はなたしめ　576
源空在世のそのときに　574
源空三五のよわいにて　574
源空勢志と示現し　575
源空智行の至徳には　574
源空みずからのたまわく　576
憲章の第二にのたまわく　677
源信和尚のたまわく　570
還相の回向ととくことは　556
顔容端政たぐいなし　521, 605

こ

光雲無碍如虚空　515, 598
曠劫多生のあいだにも　573
恒沙塵数の如来は　538, 623
劫濁うつるしるしには　586
劫濁のときうつるには　637
光明月日に勝過して　519, 603
光明てらしてたえざれば　518, 601
極悪深重の衆生は　572
こころはひとつにあらねども　565
五十六億七千万　578, 642
五濁悪時悪世界　539, 624
五濁悪世の有情の　643
五濁悪世の衆生の　579, 633
五濁悪世のわれらこそ　567, 929
五濁増のしるしには　654
五濁増のときいたり　568
五濁の時機いたりては　639
この経典を講説し　668
この像つねに帰命せよ　669
この地に七宝をしくゆえに　664
この地のうちに麗水あり　664

このとき仏法滅せしに　675
このところにはそのむかし　663
子の母をおもうごとくにて　546
子の母をおもうがごとくにて　628
これは他身にあらずして　672
金剛堅固の信心の　567

さ

罪業もとより所有なし　589, 634
罪障功徳の体となる　557
罪福信ずる行者は　649
罪福ふかく信じつつ　651
西路を指授せしかども　569
山家の伝教大師　542, 629
三恒河沙の諸仏の　582, 640
三信展転相成す　560
三塗苦難ながくとじ　527, 612
三朝浄土の大師等　580, 648

し

慈光はるかにかぶらしめ　517, 600
至心回向欲生と　533
至心廻向欲生と　618
至心信楽欲生と　531, 616
至心発願欲生と　532, 617
四大天王造置して　663
十方恒沙の諸仏は　538, 624
七宝講堂道場樹　524, 609
十方三世の無量慧　528, 612
十方衆生のためにとて　520, 604
七宝樹林くににみつ　526, 611
十方諸有の衆生は　522, 606
七宝の宮殿にうまれては　651
七宝の宝池いさぎよく　527, 612
十方の無量菩薩衆　609
十方微塵世界の　538, 623
十方無量の諸仏の　646
四天王寺の四箇の院　659
四天王寺の法号を　663
寺塔仏法を滅破し　676

和讃初句　195

慈悲心にてのむひとは　664
四百八十余年へて　670
釈迦韋提方便して　537
蛇蝎奸詐のこころにて　654
釈迦の教法おおけれど　550
釈迦の遺法ましませど　648
釈迦は要門ひらきつつ　564
釈迦弥陀の慈悲よりぞ　580
釈迦弥陀は慈悲の父母　566
釈尊かくれましまして　581,636
娑婆永劫の苦をすてて　570
十七の憲章つくりては　673
十二の如来あいつぎて　545,628
数十の年歳へたまいて　660
衆生有碍のさとりにて　541,627
数万歳の有情も　637
縦令一生造悪の　563
承久の太上法王は　575
上宮太子方便し　589
浄業さかりにすすめつつ　554
定散諸機各別の　537,623
定散自力の称名は　533,619
小慈小悲もなきみにて　654
生死の苦海ほとりなし　549
清浄光明ならびなし　516,599
正像末の三時には　587,636
聖道権仮の方便に　535,620
聖道門の人はみな　648
聖徳太子印度にては　661
聖徳太子の御名をば　677
浄土真宗に帰すれども　653,921
浄土の大菩提心は　583,641
定の弓と慧の矢とを　675
清風宝樹をふくときは　526,611
正法の時機とおもえども　582,639
生を王家にうけしめて　667
濁世の有情をあわれみて　585,643
濁世の起悪造罪は　562
助正ならべて修するをば　564
諸善万行ことごとく　533,618

自余の九方の仏国も　524,608
諸仏三業荘厳して　558
諸仏の護念証誠は　538,624
諸仏の大悲ふかければ　532
諸仏方便ときいたり　575
諸来の無量菩薩衆　524
自力聖道の菩提心　582,640
自力称名の人はみな　650
自力諸善の人はみな　653
自力の心をむねとして　652
自利利他円満して　525,609
四論の講説さしおきて　553
神光の離相をとかざれば　519,602
真実信心うることは　646
真実信心うるひとは　532,617
真実信心うる人は　813
真実信心えざるをば　567
真実信心の称名は　588,645
真実信心をうるゆえに　579,642
真実報土の正因を　646
尽十方の無碍光は　557
尽十方の無碍光仏　551
尽十方無碍光仏の　558
真宗念仏ききえつつ　568
信心歓喜慶所聞　528,613
信心すなわち一心なり　552
真心徹到するひとは　566
信心の人におとらじと　653
信心よろこぶそのひとを　627
信心よろこぶその人を　813
震旦華漢におわしては　662
震旦にしては恵思禅師　670
真の知識にあうことは　575
信は願より生ずれば　568,929
新羅の日羅もうしけり　669
神力自在なることは　521,605
神力本願及満足　525,610
神力無極の阿弥陀は　524

す

数大の寺塔を建立し　672

せ

誓願不思議をうたがいて　581, 619
勢志念仏円通えて　545, 627
斉朝の曇鸞和尚は　553
世俗の君子幸臨し　553
専修のひとをほむるには　571
染香人のそのみには　546, 628
善知識にあうことも　534, 620
善導源信すすむとも　573
善導大師証をこい　565

そ

造悪このむわが弟子の　645
像季末法の衆生の　580, 594
相好ごとに百千の　527, 611
僧ぞ法師という御名は　655
像法五百余歳にぞ　671
像法第十三年に　670
像法のときの智人も　584, 643
像末五濁の世となりて　640
像末法五濁のよとなりて　580
粟散片州に誕生して　576
そのとき太子長者にて　663
尊者阿難座よりたち　529, 614

た

太子手印の御記にいわく　662
太子の御とし三十三　673
太子の勅命帰敬して　661
太子の御ことにのたまわく　671
太子百済国にましまして　666
太子崩御そののちに　667
大寂定にいりたまい　530, 615
大集経にときたもう　636
大集経にのたまわく　581
大聖易往とときたもう　540, 626

大聖おのおのもろともに　537, 622
大心海より化してこそ　563
大日本国粟散王　588
大日本国三十主　671
橘のみやこよりしてこそ　660
たとい大千世界に　523, 608
他力の信心うる人を　648

ち

智慧光のちからより　573
智慧の光明はかりなし　514, 597
智慧の念仏うることは　581, 644
智度論にのたまわく　549
長者卑賤のみとなりて　672
超世無上に摂取し　640
超日月光このみには　545, 628
儲君のくらいをさずけしに　672

つ

つねに仏法を毀謗し　676

て

天喜二年甲午に　673
天神地祇はことごとく　544, 631
天親菩薩のみことをも　555
天親論主は一心に　551
天人不動の聖衆は　551
転輪皇の王子の　649

と

道光明朗超絶せり　517, 600
道俗男女予参し　577
塔の心のはしらには　665
ときに慈氏菩薩の　651
度衆生心ということは　583, 641
とめるもののうたえは　677

な

南無阿弥陀仏の廻向の　647
南無阿弥陀仏をとなうるに　633

和讃初句　197

南無阿弥陀仏をとなうれば　542, 543, 544,
579, 630, 631, 632
南无不可思議光仏　531
南無不可思議光仏　616
奈良に四帝をへてのちに　660
南天竺に比丘あらん　548
男女貴賤ことごとく　571

に

二者信心一ならず　560
日本国帰命　659
日本国にはこの御てら　661
若不生者のちかいゆえ　522, 606
如来興世の本意には　530, 615
如来慈氏にのたまわく　652
如来浄華の聖衆は　551
如来清浄本願の　559
如来すなわち涅槃なり　541, 626
如来大悲の恩徳　587, 648, 900, 905
如来二種の廻向を　584, 642
如来の廻向に帰入して　583, 641
如来の光端希有にして　530, 614
如来の興世あいがたく　534, 619
如来の作願をたずぬれば　587, 644
如来の諸智を疑惑して　650
如来の遺教を疑謗し　674

ね

念仏往生の願により　578, 642
念仏成仏これ真宗　535, 620
念仏のひとを摂してこそ　546
念仏の人を摂してこそ　629
念仏誹謗の有情は　645

は

百済の阿佐太子礼せしむ　670
はこの蓋の銘にいわく　673

ひ

丁の未のとしをもて　664

百千倶胝劫をへて　540, 625
平等心をうるときを　541, 626
頻婆沙羅王勅せしめ　535, 621

ふ

不思議の仏智を信ずるを　646, 931
不退の位すみやかに　549
仏光惻量なきゆえに　518, 602
仏光照耀最第一　516, 599
仏号むねと修すれども　564
仏子勝鬘うやまいて　669
仏子勝鬘のたまわく　668
仏智うたがうつみふかし　652
仏智疑惑の罪により　649
仏智疑惑の罪ゆえに　652
仏智の不思議をうたがいて　650, 652
仏智の不思議を疑惑して　652
仏智不思議を信ずれば　646
仏智を疑惑するゆえに　651
仏恵功徳をほめしめて　528, 613
仏法興隆せしめつつ　674
仏法興隆のためにとて　662
仏法力の不思議には　565
仏力無窮にましませば　585
不如実修行といえること　559
不了仏智のしるしには　649

へ

辺地七宝の宮殿に　651

ほ

宝塔金堂は極楽の　665
宝塔第一の露盤は　666
報土の信者はおおからず　647
報の浄土の往生は　571
宝林宝樹微妙音　526, 610
菩提をうまじき人はみな　639
菩提を得まじき人はみな　876
本願円頓一乗は　555
本願毀滅のともがらは　569

本願疑惑の行者には　650
本願信ずるひとはみな　803
本願相応せざるゆえ　568
本願力にあいぬれば　551
本師源空のおわりには　577
本師源空の本地をば　574
本師源空命終時　577
本師源空よにいでて　573
本師源信和尚は　571
本師源信ねんごろに　570
本師道綽禅師　561
本師道綽大師　561
本師曇鸞大師をば　561
本師龍樹菩薩の　548
本師龍樹菩薩は　547, 548
煩悩具足と信知して　566
煩悩にまなこさえられて　572

ま

末法五濁の有情の　636
末法五濁の衆生は　562
末法五濁のよとなりて　593
末法第五の五百年　638
万行諸善の小路より　560

み

御手印の縁起にのたまわく　671
癸の丑のとし　663
弥陀観音大勢至　647
弥陀釈迦の慈悲よりぞ　643
弥陀釈迦方便して　536, 622
弥陀成仏のこのかたは　514, 531, 597, 616
弥陀初会の聖衆は　519, 603
弥陀大悲の誓願を　951
弥陀智願の廻向　584, 642, 647, 901
弥陀智願の広海に　645
弥陀の廻向成就して　556
弥陀の浄土に帰しぬれば　528, 612
弥陀の尊号となえつつ　925
弥陀の大悲ふかければ　617

弥陀のちかいのゆえなれば　633
弥陀の智願海水に　584, 641
弥陀の報土をねがうひと　572
弥陀の報土をねがう人　927
弥陀の本願信ずべし　588, 635
弥陀の本願信ぜねば　651
弥陀の名願によらざれば　564
弥陀の名号となえつつ　579, 593
名号不思議の海水は　557
命終その期ちかづきて　576
命濁中夭刹那にて　586, 638
妙土広大超数限　525, 609

む

無碍光如来の名号と　559
無碍光の利益より　557
無碍光仏ののたまわく　585
無碍光仏のひかりには　531, 544, 616, 632
無碍光仏のみことには　643
無慚無愧のこのみにて　654
無上上は真解脱　540, 626
墓所を点じおわりにき　674
無始流転の苦をすてて　647
無明長夜の灯炬なり　585, 644
無明の闇を破するゆえ　518, 601
無明の大夜をあわれみて　539, 625
無明法性ことなれど　589, 633
無明煩悩しげくして　637

も

物部の弓削の守屋の逆臣は　675, 676
守屋が邪見を降伏して　674

ゆ

ゆくすえかならずこのところ　659

よ

用明天皇の胤子にて　667
よに善導いでたまい　563

和讃初句　199

ら

鸞師こたえてのたまわく　553
鸞師のおしえをうけつたえ　562

り

利他の信楽うるひとは　567
律師禅師比丘比丘尼　666
龍樹大士世にいでて　548
霊山聴衆とおわしける　571
臨終現前の願により　532, 618

れ

恋慕渇仰せしめつつ　665

ろ

六十有七ときいたり　555
六宗の教法崇立して　667
六角の精舎つくりてぞ　660
論主の一心ととけるをば　557

わ

われもと因地にありしとき　546, 628

左訓索引

（凡例）
聖典本文で省略した「反」字を原文通りに挿入した。また、『伝絵』の
「絵」部分の解説注記は〈絵相注記〉として左訓に含めた。なお、『顕正流
義抄』における頁数は、『流義抄』に付随の「朱筆左訓（pp.888 ～ 896）」
の頁数である。また、長文の左訓は適宜に省略した。

あ

〈相続〉　あい つがず　560
〈相承〉　あいうけたまわる　889, 893
〈相成〉　あい成ず反　560
〈相継〉　あいつぐ　730
〈仰〉　あおぐ　523, 607
〈崇立〉　崇めたてたもうとなり　667
〈明〉　あきらかなり　610
〈炳焉〉　あきらかなり　847
〈明〉　あきらかなり反　525
〈明〉　あきらかに　600
〈業繋〉　悪業の綱というなり　599
〈悪邪〉　悪業の勝るなり　637
〈さわり〉　悪業煩悩なり　557
〈無碍〉　悪業煩悩にさえられぬによりて　無碍ともうす也　616
〈虚誑〉　悪業煩悩のこころなり　558
〈業垢をのぞき解脱をう〉　悪業煩悩をも除き　解脱をも得　解脱というは 仏果に…　517, 600
〈悪〉　悪は十悪なり　537
〈悪蛇竜〉　悪まさり　へんびのごとく 悪竜のごとくなるべしとなり　586
〈起悪造罪〉　悪をおこし罪をつくること　562
〈絵相注記〉　葦河の宿　847
〈悪鬼〉　あしきおになり　706
〈非〉　あしきなり　706
〈廻向〉　あたうるなり　633
〈不淳〉　あつからざるなり　560
〈厚恩〉　あつきおん　834
〈会〉　あつまり反　603
〈弥陀初会の聖衆〉　集まりたもう御師という反 阿弥陀仏の仏になりたまいし…　519
〈部〉　あつむ反　わかつ反　532
〈配当〉　あてあつる　893
〈無間業〉　阿鼻 つみたね　893
〈重〉　あまた　632
〈重〉　あまた反　544
〈功徳蔵〉　阿弥陀如来なり　612
〈真実明〉　阿弥陀如来なり　597
〈清浄光仏〉　阿弥陀如来なり　600
〈清浄楽〉　阿弥陀如来なり　610
〈至心発願〉　阿弥陀如来のおんこころざしなり よろずの善人をすすめたもうちかい也

618

〈至心回向欲生〉 阿弥陀如来のおんすすめなり 生れんとおもう 衆生のこころざしをすすめたもうちかいなり　618

〈無碍人〉 阿弥陀の法身の体なり　528, 612

〈平等覚〉 阿弥陀は 法身にて ましますあいだ 平等覚というなり　515, 598

〈光炎王仏〉 阿弥陀仏なり　599

〈超日月光〉 阿弥陀仏なり　603

〈平等力〉 阿弥陀仏なり　605

〈清浄大摂受〉 阿弥陀仏なり　609

〈弥陀初会の聖衆〉 阿弥陀仏の仏になりたまいしときの み弟子のおおく…　603

〈楽〉 あやつる　526

〈楽〉 あやつる反　610

〈草案註記〉 あらあら あんじ しるし しるす　896

〈暴風駛雨〉 あらき かぜ とき あめ のごとしとなり　562

〈諸有〉 あらゆる　522

〈所有〉 あらゆる所なし　589

〈顕然〉 あらわし しか　895

〈表す〉 あらわすとなり　666

〈現〉 あらわる　618

〈顕現〉 あらわるるなり　575

〈現〉 あらわれん　532

〈或堕宮胎〉 あるいは宮胎に堕つという　650

〈或生辺地〉 あるいは辺地に生るるという　650

〈幸臨〉 歩くなり　553

〈若存若亡〉 あるときには往生してんずとおもい あるときには往生は得せじとおもうを 若存若亡というなり　559

〈或本雨行〉〈別本校異、行雨→雨行〉 或本雨行　536

〈哀〉 哀れに　526

〈哀〉 あわれに　610

〈哀婉雅亮〉 あわれに すめるこえにて　577

〈憐念〉 あわれみ おぼしめす　545

〈慈光〉 あわれみ 悲しむ 光　520

〈慈光〉 あわれみ反 悲しむ反 光　604

〈哀愍摂受〉 あわれみたまえと 納めうけたまえとなり　648

〈哀愍〉 あわれみたまえとなり　580

〈慈光〉 あわれむひかり　517, 600

〈粟散片州〉 粟を散らせるがごとくなる国なり　576

〈絵相注記〉 安居院法印大和尚位聖覚　839

〈実報土〉 安養浄土なり　716

〈真門〉 安楽浄土に入るまことの教えなり　618

左訓　203

〈真実報土の因〉 安楽浄土に生るるたねなり 616

〈煩悩菩提〉 安楽浄土に生れぬれば 悪も善も ひとつ味わいとなるなり 641

〈算数のおよぶことぞなき〉 安楽浄土の聖衆 数きわなくおおしとなり 603

い

〈瞋怒〉 いかり いかる 536

〈瞋覚〉 怒りなり 453

〈忍力成就して 衆苦を計らず〉 怒り はらだち そねみ 怨むを しのぶという 453

〈若存〉 生きたるがごとし 存ぜるがごとし 559

〈鬱悔〉 いきどおり 839

〈軍兵〉 いくさ つわもの 675

〈麗水〉 いさぎよき水という 664

〈麗水〉 いさぎよき水というなり 664

〈恒沙塵数〉 いさごの数のごとく 塵の数のごとく 631

〈絵相注記〉 板敷山なり 845

〈至〉 いたす 528, 613

〈稽〉 いだす 609

〈稽〉 いだす反 525

〈自然清和の伎楽〉 一宮 二商 三角 四微 五羽の五つの声の… 610

〈自然清和の伎楽〉 一宮 二商 三角 四微 五羽の声のやわらぎたるこころなり 526

〈形の尽くるまで〉 一期のあいだ 890

〈一乗の機〉 一乗機とは報土に… 533

〈一乗の機〉 一乗の機とは 報土に成就せしめん 618

〈真如の門に廻入する〉 一乗の機に入るなり 法性真如の門にうつり入るなり 619

〈塵点久遠劫〉 一大三千界を墨にして この墨を筆のさきにちとつけて… 616

〈塵点久遠劫〉 一大三千界を墨にして この墨を筆の先にちとつけて… 531

〈一念無疑〉 一念も疑いなきを 568

〈厳〉 いつくし反 521, 605

〈大応供〉 いっさい衆生の供養を うけましますに 応えたもうにより… 599

〈大応供〉 一切衆生の供養を受けましますに応えたもうによりて… 516

〈大安慰〉 一切衆生のよろずのなげき うれえ わるきことを失いて… 600

〈智慧光仏〉 一切諸仏の仏になりたもうことは この阿弥陀の智慧にて… 601

〈智慧光〉 一切の諸仏の智慧をあつめたまえるゆえに 智慧光と… 601

〈智慧光〉 一切の諸仏の智慧を集めたまえるゆえに智慧光ともうす… 518

〈雑修〉 五のなかに 正行のなか 称名のほか 四つをば助業にす… 564

〈出離〉 いで はなる 573

〈厭離〉 いとい はなる 574

〈厭却降伏せしむべし〉 厭い退け 従えんとすべしとなり 676

〈往夢〉 いにしえのゆめ 844

〈臨終来迎〉 命終わるとき仏むかえたまえと願うなり 891

〈数万歳の有情〉 いのち長くありし正法も ようやく いのち短く…　637

〈命濁〉 命もろくしてほどなきなり　586

〈易〉 易は浄土門なり　548

〈末法五濁〉 いまこの世は悪くなりたりと知るべし　636

〈乃〉 いまし　528

〈乃曁一念至心者〉 いまし一念にいたるまで真実なる人は　613

〈禁〉 いましむ　536

〈禁〉 いましめ　845

〈未曽見〉 いまだ むかしも かかるおん顔ばせ 見たてまつらず　529

〈未曽見〉 いまだむかしもかかるおん顔ばせ 見たてまつらずとなり　614

〈みやこ〉 今のみやこなり　660

〈黎民の類〉 いやしきひとなり 武士なり　838

〈卑賤〉 いやしきものとなり　672

〈住せしめたもう〉 居るというなり　705

〈巌〉 いわや　554

〈善本徳本〉 因位を善本という 果位のを徳本という　533

う

〈扶風馮翊〉 右京なり 左京なり　847

〈稟教〉 うく おしえを　852

〈伝受し〉 うけし　889

〈動揺無窮〉 うごきはたらかすとなり　888

〈微塵〉 兎の毛のまんさきに居 羊の毛の まんさきにも居る塵を微塵…　569

〈滅亡〉 失い亡ぼさんとするなり　675

〈崩御〉 亡せさせたもうを崩御ともうすなり　667

〈疑謗〉 うたがい そしる　568, 674

〈疑〉 うたがう　708

〈疑情〉 疑う 心　575

〈疑謗〉 うたがう そしる　638

〈疑謗破滅〉 疑う 謗る 破り 滅ぼすなり　639

〈疑謗のともがらおおくして〉 疑うもの そしるもの多しとなり　568

〈討伐〉 討たれしなり　675

〈禁〉 うちにいましむるという　622

〈内題〉 うちのだい　894

〈見写〉 うつす　895

〈流転〉 うつり うつる　535, 620

〈移住〉 うつりすむ　847

〈転〉 うつる反　548

〈台〉 うてな　621

〈台〉 うてな反　535

左訓　205

〈疎〉　うとし　895

〈霊端華〉　優曇樹の華を霊端華という　霊端華のときありて　ときに今し…　530

〈霊端華〉　優曇樹の華を霊瑞華という　霊瑞華のときありて　時に今し…　615

〈生因〉　うまる　たね　891

〈誕生〉　生ると　576

〈生〉　生れたもうとなり　662

〈欲生〉　生れんとおもうなり　616

〈熟〉　うむ反　かなう反　537, 622

〈恭敬〉　うやまい　661

〈拝見〉　敬い　みたてまつる　574

〈敬〉　うやまう　524, 609

〈占相祭祀〉　うら　そう　まつり　はらえなり　710

〈卜占祭祀〉　うら　まつり　はらえ　655

〈有量〉　有量は世間にあることはみな量りあるによりて有量という…　514

〈有量〉　有量は世間にあることばにて　量りあるによりて　有量という…　597

〈獲得〉　うる　894

〈光沢〉　うるおう反　598

え

〈懐感法師の釈〉　懐感禅師の群疑論によりて　諸行往生のようをあらわせり　571

〈定禅法橋〉　絵師　七条在所あり　895

〈依正（依正二報）〉　依正はよろずの宝珠　よろずのかざりなり　すべてのかざりの…　607

〈獲〉　えたり　729

〈絵相注記〉　越後国府に御下着の御庵室なり　843

〈剋念〉　えてという　704

〈火宅に還来自然なる〉　穢土にかえり　衆生利益するをいうなり　587

〈慧〉　慧はこの思いの定まりて　ともかくも働かぬによりて…　514

〈依果〉　依報の果報を得るなり　612

〈依正（依正二報）〉　依報はよろずの宝樹宝池　よろずのかざりなり…　522

〈選〉　えらび反　531, 616

〈択〉　えらぶ反　531, 616

〈有縁〉　縁あるを　520

〈随縁〉　縁にしたがいて　528

〈随縁〉　縁にしたごうて　612

〈絵相注記〉　延仁寺の五三昧処なり　852

〈円〉　円は善悪すべて分かず　よきことになしてcreまします　525, 609

〈結縁〉　縁をむすぶ　892

お

〈往観〉　往生して仏をみたてまつるなり　524

〈往覲〉　往生して往きてみたてまつるなり　608

〈正定聚〉　往生すべき身とさだまるなり　702

〈正念をう〉　往生の信心あるを正念をうとはいう　568

〈生因〉　往生のたね念仏なり　892

〈往相還相〉　往相はこれより往生せさせんとおぼしめす回向なり　還相は…　556

〈邪定聚の人〉　応堕地獄とて必ず地獄おつべき者也　891

〈主〉　王なり　671

〈王家〉　王の子と生るとなり　667

〈金鎖〉　王の子なればとて　こがねのくさりにて繋がんとたとえたり　649

〈皇都〉　王のみやこという　660

〈皇都〉　王のみやこなり　659

〈天皇治天下〉　王の御代というなり　666

〈天皇治天下〉　王の御代ともうすなり　666

〈枝〉　大枝　526, 611

〈大士〉　大きなる人というなり　548

〈大途〉　おおきなるみち　896

〈大夜〉　大きなる闇の夜　539, 625

〈勅命〉　仰せごとをいう　661

〈帰命〉　仰せに従う　みようのことばなり　召しにかなうというなり　522

〈帰敬〉　おおせにしたがう　よりたのみまいらせて　うやまい…　555

〈仰〉　おおせを仰ぐ　529, 614

〈紫禁〉　おおやけのましますところ　837

〈公務〉　おおやけのまつりごと　849

〈凡〉　おおよそ　537, 622

〈安置〉　置きたてまつるなり　660

〈奥義〉　おくふかきことなり　895

〈奥旨〉　おくふかきむね　890

〈安置〉　置けるとなり　668

〈動〉　おごく反　はたらく反　551

〈興隆〉　おこし　たつるなり　662

〈発起〉　起したまいきとなり　675

〈興〉　おこす　537

〈興ずる〉　おこす　890

〈興〉　おこす反　534

〈行〉　おこなうと　693

〈行〉　おこなうともうすなり　682

〈由来〉　おこり　895

〈元由に順じ〉　おこり　かなうと也　890

〈治〉　おさむ反　しやす反　558

〈摂〉　おさめ　528, 612

左訓　207

〈摂取〉　おさめ　とる　538, 623

〈摂護〉　おさめ　まもる　567

〈摂伏〉　治め従えんとなり　668

〈摂取〉　おさめとりたもうとなり　585, 692, 702

〈摂取〉　おさめとる　616, 707

〈教誨〉　おしえ　おしゆる　895

〈指授〉　教え授けしかども　569

〈堕在〉　堕ちいるとなり　645

〈音〉　おと　526

〈男女の身〉　おとこ　おんなの身　662

〈躍〉　おどる　707

〈踊〉　おどる　707

〈同類〉　おなじき　たぐい　893

〈不審〉　おぼつかなきこと　896

〈思議すべきや〉　思い　はかるべからずという　心も及ばず　ことばも…　705

〈憶〉　おもいまいらすとなり　546

〈念力〉　おもう力　余の浄土にはかなわずとなり　553

〈瞋〉　面にいかるを瞋という　536

〈瞋〉　おもてに怒るを瞋という　621

〈瞋〉　おもての怒り　621

〈曁〉　およぶまで　528

〈所居〉　おるべき　ところ　893

〈愚禿〉　おろかなる　かぶろ　894

〈ます〉　おわしますとなり　588

〈畢〉　おわり反　516, 599

〈終〉　おわりに　618, 701

〈終〉　おわりに反　532

〈竟〉　おわる反　516, 599

〈絵相注記〉　御送りの武士等なり　843

〈顔容〉　おんかおばせ　605

〈光顔〉　おん顔ばせ　おんかたちなり　530

〈顔容〉　おんかおばせ反　521

〈光顔〉　おん顔ばせともうすなり　615

〈製作〉　御作という　895

〈聖衆〉　おん師という　603

〈この記文は出現せん〉　おん記文のままに　掘り出だされたりけるなり　674

〈慈悲〉　御すすめよりまことの信心を　たま□□としるべし　580

〈図画し〉　御相好を絵にあらわす　895

〈御身〉　おん身ともうすなり　669

〈恩恕〉　おんゆるさる　894

か

〈展転〉　かえ反　かわる反　560

〈返答〉　かえりごと　896

〈書して〉　書かせたもう　673

〈曜〉　かがやく　520, 604

〈耀〉　かがやく　611

〈映芳〉　かがやしき　こうばしきなり　577

〈書写せしめ〉　書き写しおかんとなり　672

〈如是之義ととえりしに〉　かくのごときの義　いかなることと問いたてまつるに　614

〈如是之義ととえりしに〉　かくのごときの義いかなるおん事と問いたてまつるにとなり　530

〈係念遠離〉　かくる　おもい　とおく　念をかりそめに極楽にかけて…　892

〈影現〉　影のごとくにあらわるるなり　625

〈囲〉　かこみ　632

〈囲遶〉　かこみ　めぐり　891

〈囲〉　かこむ反　544

〈重〉　かさなる　535, 621

〈重〉　かさなる反　544

〈重〉　かさねて　632

〈絵相注記〉　笠間の御房のありさまなり　844

〈荘〉　かざり反　521, 605

〈厳〉　かざる反　521, 605

〈賢哲愚夫〉　賢くよきひと　愚かなるひと　576

〈首〉　かしらとし　はじめて　587

〈数大の仏像造置せん〉　かずおおく　おおきなる仏を　つくりおかんと　672

〈幽棲〉　かすかなるすまい　844

〈無数不可計〉　数きわなしというこころなり　607

〈無数〉　数きわなしとなり　608

〈計〉　かぞう　523

〈片州〉　片方の国という　573

〈敵〉　かたき　893

〈難中之難〉　かたきがなかに　かたしという　620

〈難易〉　かたし　やすし　548

〈相〉　かたち反　519

〈境〉　かたちなり　701

〈傍益〉　かたわら　本意にあらず　892

〈果遂せずんば正覚を取らじ〉　果道の願ある人　法然に向て云う　この娑婆世界にして…　891

〈応〉　かなう　599

左訓　209

〈相応す〉　かなう　888

〈応〉　かなう反　516

〈証〉　かなう反　563

〈証〉　かなう反　さとる反　537, 622

〈慈悲〉　かなしみ　かなしむ　888

〈悲泣懊悩〉　悲しみ泣き　悩みたもうとなり　675

〈悲喜〉　かなしみ　よろこぶ　895

〈悲泣せよ〉　悲しみ泣くべしとなり　636

〈定聚のくらい〉　必ず仏になる位にすすめいれたまえとなり　580

〈正定の聚〉　かならずほとけになるべき身となれるとなり　703

〈兼実〉　かねざね　836

〈兼実博陸〉　兼実の摂政関白なり　574

〈予参〉　かねて　まいる　577

〈骸〉　かばね　557

〈剃髪染衣〉　かみをそり衣を墨に染むるなり　894

〈通入〉　かよう反　みち　623

〈通入〉　かよう反　みちと反　537

〈駈仕〉　からしつかえ　849

〈一端参らばや〉　かりそめにもというなり　892

〈仮門〉　かりなり　まことならずとなり　712

〈権仮〉　かりに　かりなり　535

〈化土〉　かりの浄土　辺地懈慢なり　892

〈軽微〉　かろめ　すくなくなす　630

〈法喜〉　歓喜光仏を法喜という　これは貪欲　瞋恚　愚痴のやみを…　600

〈法喜〉　歓喜光仏を法喜という　これは貪欲・瞋恚・愚痴の闇を…　517

〈諸地〉　歓喜地なり　721

〈歓喜地〉　歓喜地は正定聚の位なり　身によろこぶを歓という…　548

〈証〉　「観経の疏」つくらんとて　十方諸仏に証をこいたまいたり　563

〈絵相注記〉　貫首検非違使に召し仰せらるところなり　843

〈願土〉　願土は弥陀の本誓悲願の土なり　552

〈博陸〉　かんぱく　836

〈歓〉　歓は身をよろこばしむるをいう　607

〈歓〉　歓は身をよろこばしむるをいうなり　523

き

〈消滅〉　きえ　ほろぶ　542, 629

〈聞〉　きく　522

〈聞〉　きくという　702

〈来化〉　きたり　化したもう　あわれみたもうなり　629

〈宝林宝樹微妙音〉　木の枝　池の水　はたらきうごくもの　みな法の声ならぬ…　526

〈宝林宝樹微妙音〉　木の枝　池の水　はたらきうごくものみな法の声ならぬ…　610

〈林〉　木のしげきによりて林という　526

〈林〉　木の繁きを林というなり　610

〈喜〉　喜は心をよろこばしむるをいうなり　523

〈喜〉　喜はこころをよろこばしむるをいうなり　607

〈逆〉　逆というは五逆なり　537

〈不廻向〉　行者の廻向にあらず　かるがゆえに不廻向という　往生要集に…　645

〈不廻向〉　行者の廻向にあらずとしるべしとなり　往生要集に見えたり　588

〈外儀のすがたはことなりと〉　行住座臥　四威儀のすがたは　ことなれど　572

〈取〉　きらう反　531

〈辺地懈慢にとまる〉　疑惑胎生を辺地という　これは五百歳を経て報土には…　534

〈辺地懈慢〉　疑惑胎生を辺地という　これらは五百歳を経て報土には…　619

〈黄巻朱軸〉　きわだ染めたる紙の経　朱さしたる軸の経　894

〈竟〉　きわむ反　516, 599

〈竟〉　きわむ反　おわる反　558

〈畢〉　きわめ　おわり反　558

〈等覚〉　きわめ　さとり　889

〈果分〉　きわめてまた　893

〈絵相注記〉　禁裏のありさまなり　842

く

〈九棘〉　公卿なり　837

〈究竟〉　究竟をば　きわめきわむ　おわりおわる　550

〈射山〉　くげ　831

〈草庵〉　くさのいおり　896

〈絵相注記〉　空聖人　839, 841

〈輪〉　くだく　515

〈輪〉　くだく反　598

〈管見推量〉　くだのあなをもっててんをみる　896

〈屈敬〉　くたびれ　うやまう　839

〈智慧〉　愚痴の煩悩を助けん料に　智慧となづく　531

〈徳〉　功徳となる　557

〈徳本〉　功徳の本なり　609

〈国土豊饒〉　くに　ゆたかに　ゆたかならせんとなり　673

〈国王后妃〉　国の王　后と生れんとなり　671

〈汾州〉　国の名なり　555

〈震旦〉　国の名なり　661, 662

〈百済・高麗　任那・新羅〉　くにの名なり　668

〈汾州〉　国の名なり　念仏の繁昌したりける所なり　554

〈具縛〉　具縛というは煩悩具足の凡夫というなり　553

左訓　211

〈絵相注記〉　供奉の侍　832
〈絵相注記〉　供奉の雑色　831
〈絵相注記〉　熊野証誠殿　850
〈蔵〉　くら　563
〈無明の黒闇〉　くらきやみのよなり　683
〈黒〉　くらし反　599
〈苦難〉　くるしみ反　ねんごろに反　612

け

〈堂〉　け（写誤？）　524
〈穢身〉　けがらわしき身　566
〈穢〉　けがる反　520, 604
〈化〉　化すること　528, 612
〈解脱〉　解脱というは　さとりをひらき　仏になるをいう　われらが…　515
〈解脱〉　解脱というは　さとりをひらき仏になるをいう　われらが…　598
〈異学〉　外道　889
〈偏見〉　外道　890
〈魔説〉　外道　890
〈九十五種〉　外道の数の多きなり　639
〈偏執我慢の心〉　外道の心　天魔の　895
〈九十五種〉　外道の品々に分れたること　あまたなりと知るべし…　587
〈真宗〉　仮にたいして真という　八万四千の法門は仮門とす…　565
〈眼〉　げん（墨書）　889
〈絵相注記〉　源空聖人　833
〈絵相注記〉　源空聖人真影の銘……わたしたてまつらんとしたもうところなり　837
〈絵相注記〉　源空聖人『選択集』わたしたてまつらるるところなり　837
〈絵相注記〉　源空聖人の御庵室なり　833
〈源空ひじりとしめしつつ〉　源空ひじりとしめしつつと　あそばしたる本もあり　575
〈玄奘三蔵訳〉　げんじょうさんぞうのやくなり　511

こ

〈恋慕〉　恋い慕いたてまつれりき　665
〈厩屋門の皇子〉　皇后　御厩に御遊ありけるに　そのところにして　生れさせ…　677
〈五濁〉　劫濁・見濁・煩悩濁・衆生濁・命濁　888
〈伝〉　こうそうでん（高僧伝）なり　685
〈業繋〉　業につながる　516
〈絵相注記〉　国府の社なり　844
〈好〉　好は小かたち　527
〈好〉　好は小形　611
〈染香人〉　香ばしき香　身に染めるがごとしという　546

〈香気あるがごとく〉　香ばしき香のあるがごとしと　546
〈染香人〉　こうばしきかみにそめるがごとしという　730
〈香気〉　香ばしき気　628
〈首〉　こうべ　525, 609
〈声〉　声なり　611
〈歌〉　声にあげてほむるを歌という　609
〈歌〉　声にあげてほめるを歌という　524
〈汾西〉　郡の名なり　さとの名　555
〈逆謗〉　五逆謗法　557
〈逆〉　五逆なり　622
〈逆害興ぜしむ〉　五逆のこころをおこすなり　622
〈君子〉　国王　553
〈天子〉　国王なり　561
〈国家有情を壊失せん〉　国王を失い　よろずの有情を破り失わんとせんは　676
〈絵相注記〉　国分寺なり　843
〈一生補処〉　極楽にまいりなば　弥陀の一のおん弟子となるこころを　一生補処ともうす
なり　604
〈一生補処〉　極楽にまいりなば　弥陀の一のおん弟子となるこころなり　520
〈依果〉　極楽の荘厳なり　527
〈実報華王〉　極楽の名なり　892
〈真実報土〉　極楽を報土ともうすなり　584
〈在此起心立行〉　ここに在りてこころを起こし行を立つるは　562
〈不宜住此〉　ここにとどまるべからず　もうすという　621
〈九方〉　ここのかた　608
〈怒〉　心にいかるを怒という　536
〈怒〉　心に怒るを怒という　621
〈怒〉　心の怒り　621
〈嘆〉　心のうちにほむるを嘆という　609
〈嘆〉　心のうちにほめるを嘆という　524
〈難思議〉　心のおよばぬによりて　難思議という　515
〈難思議〉　こころのおよばぬによりて難思議という　598
〈固〉　心のかたきを固という　525, 610
〈散乱放逸〉　こころの散り乱る　思うさまなるものという　644
〈満〉　こころの満ちたるこころなり　525, 609
〈恭敬〉　こころもおよばず敬うこころなり　524
〈恭敬〉　こころもおよばずうやまうこころなり　609
〈不思議〉　こころもことばもおよばず　605
〈不可思議〉　心もことばもおよばれず　525
〈不可思議〉　心も言葉もおよばれずとなり　609
〈定散九品の文〉　心を静めて極楽の依報の荘厳を観念する也　これに世福・戒福…　891

左訓　213

〈喜〉　心をよろこばしむとなり　707

〈正雑二行〉　五種の正行　五種の雑行なり　五つの正行というは　礼拝…　564

〈絵相注記〉　五条西洞院御房なり　850

〈方便〉　こしらう　622

〈絵相注記〉　御葬送　851

〈応〉　こたう　516, 599

〈悉〉　悉く　701

〈悉現前〉　悉く前に現れたまえとなり　701

〈異学別解のひと〉　ことごとを習い学ぶなり　自力のひとなり　710

〈異学・異見のともがら〉　ことごとを習い学ぶひとなり　706

〈若〉　ごとし　559

〈精〉　ことによし　521

〈精微〉　ことによし反　もはら反　605

〈法則〉　ことの定まりたる有様というこころなり　708

〈無称仏〉　ことばにてはいい尽しがたきによりて無称仏ともうすなり　523

〈無称仏〉　ことばによりていい　ときつくしがたきによりて　無称仏と…　607

〈不可称〉　言葉も及ばずとなり　705

〈天皇の聖代の〉　この王の御代というこころなり　661

〈日域〉　この国なり　674

〈度衆生心〉　このこころは　有情を仏になさんとするこころなり　641

〈問斯慧義〉　このことを問いまいらせたもう　615

〈末法第五の五百年〉　このころは末法の始めとしるべし　638

〈火宅〉　この娑婆世界なり　639

〈堅牢地祇〉　この地にある神　地より下なる神　堅牢地祇という　630

〈堅牢地祇〉　この地にある神　地より下なる神を堅牢地祇という　543

〈便往生〉　この土にて即身成仏を願う也　891

〈遇斯光〉　この光にあうものは　516

〈遇斯光〉　この光にもう遇いぬれば　599

〈菓〉　木の実　526, 611

〈現生護念〉　このよにて護りたもうとなり　706

〈いまは〉　この世は末法の世なり　671

〈微〉　こまかなり反　526

〈微塵〉　細かなるちり　538

〈微塵〉　こまかなるちり　569

〈虚無之身無極体〉　虚無之身というはきわもなき法身の体なり　521, 605

〈無過此難〉　これに過ぎて　かたきことなしとなり　620

〈出第五門〉　これはこれ五念門のうちに回向門なり　これは弥陀如来の…　720

〈此是自力〉　これはこれ自力なり　562

〈南天竺に比丘あらん〉　これより南　海のなかに楞迦山の主　大鬼王あり　大乗の法…　548

〈欲想・瞋想・害想〉　これを三毒というなり　453

〈殺害〉　ころし　そこなう　535, 621

〈絵相注記〉　権現あらわれたもうところなり　850

〈明了堅固究竟願〉　金剛心なり　525

〈信心すでにえんひとは〉　金剛心のひとは　613

〈金剛〉　金剛というは　かぶれず　ただれず　穿ず　やぶられず　ちらず…　624

〈信楽〉　金剛の信　616

〈明了堅固究竟願〉　金剛の信心なり　610

〈信楽〉　金剛の信心なり　この他力金剛の信心のさだまるとき…　606

〈真実信心〉　金剛の信なり　617

〈金剛〉　金剛は破れず　ただれず　穿ず　538

〈今〉　こんじょう反　いま反　523, 607

〈敬田院〉　金堂をもうすなり　663

さ

〈最〉　さい反　599

〈道俗〉　在家・出家　890

〈最第一〉　最はことに最も勝れたりというこころなり　516

〈西方に無量寿仏〉頭注　西方に無量寿仏　542, 629

〈熾盛〉　盛りなり　638

〈流転〉　さすらう　535, 620

〈流〉　さそう反　ながる反　558

〈流〉　さそらう反　ながれ反　548

〈邪見〉　定まらず　548

〈判じ〉　さだめ　888

〈決判〉　さだめ　おしえ　896

〈決定〉　さだめ　さだむ　560

〈解〉　さとり反　517

〈慧見〉　さとりみまいらするを　615

〈脱〉　さとる反　517

〈了〉　さとるという　610

〈了〉　さとるという反　525

〈証〉　さとるなり　703

〈大悲心〉　さまざまの水の海に入りて　すなわち潮となるがごとく…　645

〈却行而退〉　去り行かしめて　しりぞかす　622

〈障碍〉　さわ　さわ　893

〈有碍のさとり〉　さわりあるさとりにて　541

〈無碍〉　さわりなき　541

〈無碍〉　さわりなし　627

〈碍〉　さわる　515

〈無碍光仏〉　さわることなきひかりの如来なり　616

左訓　215

〈無碍光仏〉　障ることなき光の如来なり　悪業煩悩にさえられぬに…　531

〈一子地〉　三界の衆生を　わが一人子と思うことをうるを一子地…　541

〈一子地〉　三界の衆生をわがひとり子とおもうことをうるを　一子地…　626

〈絵相注記〉　三百余人の門弟等　839

〈経論釈の義〉　三部経　龍樹・天親作なり　893

し

〈初夏中旬第四日〉　しがつじゅうよっか　894

〈金光明の寿量品〉　四巻の経なり　これを最勝経というなり　十巻なり　542, 629

〈惻〉　惻は　はからいのきわなきをいう　518, 602

〈叢林棘刺〉　しげきくさむら林のごとし　むばら　からたちのごとし　586

〈三塗苦難〉　地獄　餓鬼　畜生なり　527

〈三塗〉　地獄　餓鬼　畜生なり　599

〈三塗〉　地獄　餓鬼　畜生を三塗というなり　612

〈恭敬修〉　四修の中の第一　893

〈先徳〉　師匠　888

〈真実信心〉　至心信楽の信は　信心は信なり　真実は至心のこころなり　532

〈大寂定にいりたまい〉　静かに静かにましますこと　ことに日ごろに　すぐれ…　530

〈大寂定にいりたまい〉　静かに静かにましますこと　ことに日ごろに　勝れましまし…　615

〈却行而退〉　しぞき去らしむ　536

〈随従〉　随い従えり　太子の御身に副えりとなり　675

〈帰〉　したがう反　599

〈順〉　したがう反　605

〈親〉　したしし　895

〈七旬三〉　七十三　895

〈絵相注記〉　慈鎮和尚　832

〈絵相注記〉　慈鎮和尚の御房なり　832

〈実〉　実というは　かならず　もののみとなるを　いうなり　597

〈実〉　実というはかならず　ものの実となるをいうなり　514

〈不如実修行〉　実のごとく修行せずと　559

〈実〉　実は虚ならず　むなしからず　522

〈証〉　十方諸仏にもうしたまわく　この観経義をつくり…　565

〈広大会〉　十方の衆生みな　極楽にて仏になることを法身というなり　519, 603

〈諸有〉　十方のよろずの衆生なり　556

〈往観〉　十方より菩薩の極楽へまいりて　とく弥陀をみたてまつる…　608

〈菩薩の往観〉　十方より菩薩の極楽へまいりて弥陀をみたてまつるこころ…　524

〈定散〉　しづまるこころ　ちるこころ　892

〈慈〉　慈というは父の慈悲にたとうるなり　600

〈死〉　死に　557

〈若亡〉 死にたるがごとし 亡せるがごとし 559

〈慈〉 慈は父の慈悲にたとうるなり 517

〈廻向を首としたまいて〉 慈悲の始めとし かしらとして 大慈大悲心を得たまえる… 644

〈示現〉 しめし あらわる 575

〈絵相注記〉 下野国むろのやしまのありさまなり 843

〈教主世尊〉 釈迦如来なり 545

〈如来〉 釈迦如来の 662

〈光台現国〉 釈迦如来の おん光のなかにさまざまの国を現じたもうなり 535

〈遺教〉 釈迦の残りの御法なり 640

〈釈迦の遺教かくれしむ〉 釈迦のみのりののこりたまいたる 乱り うせ いりたまい… 580

〈遺弟悲泣〉 釈尊の御弟子 悲しみ泣くべしとなり 581

〈造悪このむわが弟子〉 釈尊のみ弟子の悪くなりゆくとなり 645

〈遺教興滅〉 釈尊のみのりの ひろまり 隠れたまわんことを 666

〈諸善竜宮にいりたもう〉 釈尊の御法は みな竜宮へ入りましますとなり 636

〈絵相注記〉 釈法力 839

〈有無をはなる〉 邪見を離るるなり 515

〈有無〉 邪見をはなるるなり 598

〈邪定〉 邪定は 万行万善自力の往生 観経のこころ 606

〈邪定〉 邪定は万行万善 自力の往生 観経の説 521

〈破邪顕正〉 邪法やぶり 正義をあらわす 896

〈崇〉 しゅ 671

〈宿〉 しゆう反 535, 621

〈悪〉 十悪なり 622

〈至心発願〉 十九の願 この願をば現前導生の願ということあり 臨終現前… 532

〈至心発願欲生〉 十九の願 この願をば現前導生の願ということあり… 617

〈願成就の文〉 十九の願成就文なり 891

〈絵相注記〉 十三重の塔婆これなり 852

〈三輩の諸善〉 上根中下 三福あり 891

〈宗師〉 しゅし 566

〈諸〉 しゅじょう反 532

〈取〉 取は嫌いとるこころなり 531

〈取〉 取はきらいとるこころなり 616

〈守護〉 守はたとえば国の主となりて守る 護は国の主ならねども… 565

〈称〉 しょう反 はかり反 よむ反 となう反 518

〈蕭王〉 しょう反 国王のおん名なり 561

〈初春〉 正月なり 577

〈浄華〉 浄華というは 阿弥陀の仏になりたまいし時の華なり… 551

〈奉請〉 請じたてまつれり 669

左訓　217

〈諸有〉　諸有衆生というは　二十五有の衆生なり　531

〈諸有〉　諸有衆生というは二十五の衆生なり　616

〈等正覚〉　正定聚の位なり　584, 642

〈等正覚〉　正定聚のくらいなり　642

〈等正覚にはいたるなり〉　正定聚の位にいたるとしるべしとなり　584

〈等正覚〉　正定聚の位をいうなり　弥勒を等正覚ともうすなり　578

〈清浄真実のこころなし〉　清浄の心なし　真実の心なしとしるべし　582

〈恭敬〉　小乗をば供養という　大乗をば恭敬という　549

〈定散諸機〉　定心　散心の衆生という　618

〈自他〉　浄土　聖道　890

〈真宗〉　浄土宗　888

〈来生〉　浄土に生るるというなり　609

〈法〉　浄土の　888

〈浄業さかりにすすめつつ〉　浄土の業さかりになりては　554

〈度衆生心〉　浄土の大菩提心なり　641

〈願作仏心〉　浄土の大菩提心なり　641, 643

〈顔容端政〉　浄土のひとのかたちのよきことなり　521

〈絵相注記〉　聖人　835, 843, 844, 846, 850

〈絵相注記〉　聖人案内し給うところなり　847

〈絵相注記〉　聖人聖道の行粧にて参ぜらるるところなり　833

〈絵相注記〉　聖人ためらうところなく出で会いたもうけしき　845

〈絵相注記〉　聖人入滅し給うところなり　851

〈絵相注記〉　聖人の出家したもうところなり　832

〈聖道諸宗の師主〉　聖人の聖道の御師のちにはみな　帰したてまつるなり　574

〈絵相注記〉　聖人の墓所　852

〈絵相注記〉　聖人遺骨をおさめたてまつるいまの廟堂これなり　853

〈絵相注記〉　聖人流罪のために公卿僉議綺訛りて　842

〈摂〉　摂はことにえらびとるこころなり　531, 616

〈諸有の衆生〉　諸有は二十五有の衆生という　われら衆生は二十五有に…　522

〈正〉　正法　636

〈正像末〉　正法　像法　末法　587

〈勝法〉　勝法というは　六度波羅蜜なり　これらに　われらは遇う…　619

〈勝法〉　勝法というは六度波羅蜜なり　これらに　遇うことも…　534

〈迦耶城〉　浄飯大王の　わたらせたまいしところを　迦耶城というなり　540, 625

〈三品の懺悔〉　上品は眼より血をながし身より血をいだす　中品は眼より…　566

〈聖明〉　しょう　みょう　665

〈生盲闡提〉　生盲は生るるより盲いたるをいう　仏法にすべて信なきを…　569

〈三乗衆〉　声聞　縁覚　菩薩　これを三乗という　601

〈三乗〉　声聞・縁覚・菩薩　これを三乗というなり　518

〈菩提心〉　諸行の菩薩心なり　891

〈光台現国〉 諸仏の国をみせしめたまう　621

〈所聞〉 所聞というは　信ずるところというなり　606

〈所聞〉 所聞というは信ずるこころというこころなり　522

〈邪聚〉 自力雑行雑修のひとなり　703

〈至心回向欲生の機〉 自力念仏申して弥陀に向かいて其功徳にて往生せん…　892

〈至心発願欲生の機なり〉 自力の願と行とを以て浄土を願うなり　891

〈果遂のちかい〉 自力の心にて名号を称えたるをば　ついに果たし遂げん…　533

〈不定聚〉 自力の念仏者なり　703

〈獄にいるがごとく〉 自力の念仏者を王の子の罪深くして　獄にいましむるに…　649

〈流転〉 自力の菩提心にて　今日までかくて惑えりとしるべし　582

〈自利〉 自利は阿弥陀の仏になりたまいたるこころ　525, 609

〈徴〉 しるし　836

〈記したもう〉 記したもうとなり　671

〈素〉 しろ　889

〈歓喜〉 瞋恚の煩悩をたすけん料に　歓喜となづく　616

〈歓喜〉 瞋恚の煩悩を助けん料に　歓喜となづくなり　531

〈絵相注記〉 信空上人　839

〈神光〉 神光というは　阿弥陀　すべて弥陀のかたち…　519

〈至心〉 真実なり　616

〈信楽まことにうるひとは〉 真実の信心をうるひとというなり　584

〈他力の信水〉 真実の信心を水にたとえたるなり　584

〈真宗〉 真実本願なり　620

〈平生業成〉 信心定特の念仏往生のたね　888

〈信楽なおかたし〉 信心　願うことなおかたし　534, 620

〈摂取不捨〉 信心のひとを　弥陀如来おさめとりたもうともうすなり　584

〈信心歓喜慶所聞〉 信心をかねてよろこぶ　得てのちによろこぶなり　528

〈神力無極の阿弥陀〉 神通自在にましますことの極まりなきなり　524

〈王日休〉 震旦国のひとなり　705

〈真〉 真というは　いつわり　へつらわぬをいう　597

〈真〉 真というは　いつわりへつらわぬを　真という　514

〈堅〉 信のかたきを堅という　525, 610

〈堅固〉 信のかたきを堅という　こころのかたきを固というなり　567

〈実〉 真は仮ならず　実は虚ならず　むなしからず　606

〈真〉 真は偽ならず　仮ならず　偽はいつわる反　へつらう反…　522

〈真〉 真は偽ならず　仮ならず　偽はいつわる　へつらう　606

〈絵相注記〉 親鸞聖人　835

〈絵相注記〉 親鸞上人　840, 841

〈流義の上人〉 親鸞上人のこと　893

〈名の字を書かしめ〉 親鸞とあらわす　895

〈釈綽空〉 親鸞のはじめの名　894

左訓　219

〈心行いかでかさとらまし〉　心をも行をもいかでか知らましとなり　555

す

〈徹到〉　髄にいたり徹る　566
〈救済〉　救い たすくるなり　667
〈軽微〉　すくなくなす反 よくなす反　542
〈超〉　すぐれたり　600
〈勝〉　すぐれたり反 すぐれて反　568
〈増上縁〉　すぐれたる強縁となり　707
〈勝〉　すぐれたること　701
〈勝地あり〉　すぐれたるところあり　673
〈勝地に霊廟たてたもう〉　勝れたるところに 曇鸞のみ墓をたてたり　555
〈上上華〉　すぐれたる華　705
〈勝法〉　すぐれたる法　534, 619
〈已〉　すでに反 過去反　523, 607
〈天子〉　すべて国王をば天子ともうすなり　554
〈難思光仏〉　すべてこころのおよばぬにて 難思光仏というなり　602
〈無称光仏〉　すべてことば及ばぬによりて 無称光仏というなり　602
〈無称光仏〉　すべて ことばおよばぬによりて 無称光仏ともうすなり　519
〈清浄〉　すみ きよし　516, 599

せ

〈饒王仏〉　世自在王仏なり　616
〈他宗他門〉　禅・聖道　888
〈善悪の心水〉　善悪のこころを水にたとえたるなり　645
〈千中無一〉　千がなかにひとりも生れずとなり 懐感禅師の釈には　万不一生と釈せられ
たり　564
〈白法隠滞〉　善根なり かくれとどまるなり よろずの善は竜宮へ隠れ…　581
〈詔〉　宣旨をいうなり　667
〈絵相注記〉　善信上人〈ときに範宴少納言公〉　833
〈光明大師〉　善導　889
〈大師〉　善導　889, 891
〈念仏相承の血脈〉　善導 法然 親鸞　893
〈光明寺〉　善導和尚の御影堂の名　705
〈千無一失〉　千に一つも とが 無しとなり　571
〈各別〉　万なり　623

そ

〈雑行雑修〉　雑行はよろずの行 雑修は現世をいのり 助業を修する…　565
〈七宝講堂道場樹〉　双樹林下の往生なり　524, 609

220

〈緇徒〉　僧なり　838
〈法服〉　僧の衣なり　666
〈相〉　相は大かたち　527
〈相〉　相は大形　611
〈像〉　像法　636
〈像季〉　像法の末　636
〈像季末法〉　像法の末　580
〈像季末法〉　像法の末なり　587
〈像末法五濁のよ〉　像法の世　末法の世となりにたりとしるべしとなり　580
〈絵相注記〉　僧房等　847
〈嫡弟〉　そうりょう　895
〈儒林〉　俗学匠　575
〈文書〉　俗典　891
〈底〉　そこ　537, 622
〈害〉　そこなうという　621
〈誹謗〉　そしり　そしる　890
〈毀謗〉　そしり　そしるなり　676
〈毀滅〉　謗り　滅ぼすなり　639
〈毀滅〉　そしる　ほろぼす　569
〈毀滅〉　謗るにとりても　わがする法はまさり　またひとのする法は…　569
〈園〉　園生　672
〈前〉　そのまえに　618
〈誦文〉　そらにうかべよむを誦という　542
〈誦文〉　空にうかべ読むを誦という　629

た

〈田〉　た　672
〈大安慰〉　大安慰は阿弥陀のみ名なり　600
〈大安慰〉　大安慰は弥陀のみ名なり　一切衆生のよろずの嘆き　憂え…　517
〈閻浮檀金三寸〉　太子七生まで持ちたまえる観音なり　660
〈仏恵功徳〉　大慈大悲と功徳とを　528
〈令旨〉　太子のおおせごとなり　659
〈令旨〉　太子の仰せごとなり　664
〈御師〉　太子の御師なり　670
〈入滅〉　太子のおん記文を留めおかせたまいたりけるなり　674
〈御手印の縁起〉　太子のおん日記なり　671
〈墓所を点じおわりにき〉　太子の陵を　定めおかせたまいたりとなり　674
〈六角のつち壇つきたまい〉　太子のみ手にて土壇を築きたもうなり今の六角堂これなり　659
〈こがねを御てにてちりばめて〉　太子のみ手をもて露盤を塗りたもうとなり　666

左訓　221

〈これは他身にあらずして　わが身これならくのみ〉　太子のわが身なりとしるべしと　仰せごとなり　672

〈大小聖人〉　大乗の聖人　小乗の聖人　566

〈三槐〉　大臣なり　837

〈証大涅槃〉　大涅槃をさとらんこと　疑わずとなり　568

〈滅度〉　大般涅槃なり　646

〈無上覚〉　大般涅槃をもうすなり　579

〈朝廷〉　だいり　831

〈不断〉　たえず　518

〈絶〉　たえたり反　517

〈絶〉　絶えたりというは　すぐれたるによりて　もうすなり　600

〈妙〉　たえなる　521

〈妙躯〉　たえなる　み　605

〈妙法〉　たえなる法　611

〈婉〉　たおやかにすめるこえなり　610

〈高峰岳山〉　たかきみね　おか　やまのごとしとたとえたるなり　586

〈高峰岳山〉　高き峰のごとく　おか　やまのごとく　煩悩悪のまさるなり　637

〈宝池〉　たからの池　612

〈巧〉　たくみ反　525

〈徳〉　たすく　520

〈徳〉　たすく返　604

〈徳〉　たすく反　605

〈治〉　たすくるこころなり　しやすというは　消ち失うこころなり　558

〈救済〉　たすけ　救わせたもうと　659

〈救済〉　たすけ救わんとなり　672

〈済度〉　たすけ　渡したもうとなり　662

〈資財〉　たすけのたから　672

〈愚〉　ただ（よ）うと　537

〈闘諍堅固〉　たたかい　あらそい　固く　盛りなり　636

〈闘諍堅固〉　たたかう　争うこと盛りなりというなり　581

〈堅〉　たたさま　728

〈正意〉　ただしきこころ　892

〈背正帰邪〉　正しきことにはそむき　ひがことには　よりたのむ心なり　586

〈背正帰邪〉　ただしきことを背き　僻事をたのむこころなり　638

〈直説聖人〉　ただちに弥陀の御言をとく　893

〈愚〉　ただよう　622

〈堅超〉　たてさまにこえ　796

〈起立〉　建てたもうなり　663

〈縦令〉　たとい　563

〈譬喩〉　たとい　さとると読む　565

〈因〉　たね　602

〈非因計因〉　たねにてなきをみちとおしえ　889

〈常楽〉　たのしみ常なり　566

〈但有自然快楽音〉　楽しみの声のみあり　527, 612

〈摂機〉　頼む心ばかりを助けたまう　892

〈旅宿〉　たびのやど　896

〈神〉　たましい　524

〈泥木素像〉　だみたる也　木いろ　すみえ　894

〈便〉　たより反　すなわちと反　532

〈度衆生心〉　他力の菩提心ともうすなり　583

〈願作仏心〉　他力の菩提心なり　極楽に生れて　ほとけにならんと…　583

〈雅〉　たわやかなり　526

〈婉〉　たわやかなるひびき　526

ち

〈智眼〉　智慧のまなこなり　585, 644

〈差別〉　ちがえ　わかる　890

〈地祇〉　地の神たち　631

〈智〉　智はあれはあれ　これはこれと分別して　思い計らうに…　514

〈智慧〉　智はあれはあれ　これはこれと　分別して思いはからうに…　597

〈非権非実〉　中道実相のおしえなり　696

〈執持〉　ちらし失わず反　549

つ

〈次如弥勒〉　次いで弥勒のごとし　720

〈畢〉　ついに反　516, 599

〈果遂〉　ついに果たし遂げしめんとなり　533, 618

〈不果遂者〉　ついに果し遂げずはとなり　618

〈秦陵〉　つかの名　555

〈兼実〉　月輪殿　御法名　円照　574

〈照曜〉　月日の光のかがやくにかく　520, 604

〈西境に及び〉　つくしまでと云う　889

〈絵相注記〉　つくば（ちくわ）　845

〈造写〉　造り写す　667

〈造置〉　造り置けり　663

〈製記〉　つくりしるす　668

〈製記〉　つくりしるせり　667

〈造隆〉　造り建つとなり　660

〈造〉　つくりたもう　511

〈製して〉　つくりたもう　673

左訓　223

〈造建〉 つくりはじめたもう 659

〈修〉 つくろう反 おこなう反 549

〈符〉 つけ 889

〈三国伝来の大師・先徳〉 つたえ きたる もろもろの 祖師 師匠 893

〈伝授〉 つたえ さずくる 895

〈伝持〉 つたえ たもつ 894

〈恭〉 つつしみ 524, 609

〈恭敬〉 つつしみ うやまう 549

〈常の義〉 つねなりという 701

〈恒〉 つねに 701

〈恒向北礼〉右訓 恒に北に向こうて礼したてまつる 735

〈常没〉 つねに生死大海にしずむとなり 640

〈長時〉 常にというなり 570

〈恒願〉 つねに願うべし 701

〈尋常〉 つねのときなり 738

〈常倫〉 常のともがら 721

〈灯炬〉 つねのともしび おおきなるともしび 弥陀のおん誓いを… 644

〈摂州難波〉 津のくに難波のみやこなり 660

〈上宮太子〉 津のくにわたのべの 東の楼の岸のうえに 宮ありけり… 677

〈罪障〉 つみ さわり 585

〈罪業深重〉 つみ ふかく 重き 644

〈罪障深重〉 罪のさわり深くおもしとおもうべからずとなり 585

〈強縁〉 強い縁 573

〈剛〉 つよし 624

〈剛〉 つよし反 538

て

〈寺〉 てら 554

〈照〉 てらし 520, 604

〈照耀最第一〉 照らし かがやくこと ことに最も すぐれたりという… 599

〈施入せん〉 寺におかんとなり 672

〈天神〉 天神 631

〈三国〉 てんじく とうど わがちょうなり 848

〈三朝〉 天竺・震旦・この国を三朝というなり 浄土宗の祖師を… 580

〈印度〉 天竺なり 661

〈婆迦婆〉 天竺には仏を婆迦婆というなり 524

〈西天〉 天竺より 894

〈自宗〉 天台・真言 888

〈非人天〉 天にあらず 人にあらず 521

〈敬田院〉 天王寺の金堂に置きたてまつるとなり 669

224

〈敬田院〉　天王寺の金堂をもうすなり　665

〈帝釈〉　天の神たちなり　630

〈異見〉　天魔　889

〈邪執〉　天魔　890

〈波旬〉　天魔　894

〈邪義〉　天魔の法　893

と

〈儲君のくらい〉　東宮の位をもうす言葉なり　672

〈道光明〉　道光明というは　阿弥陀如来なり　600

〈道光明朗超絶〉　道光明朗超絶というは阿弥陀如来なり　絶えたりというは…　517

〈綽和尚〉　道綽とも示す　574

〈道綽〉　道綽は涅槃宗を学せさせたまいけるを　さしおきて…　561

〈貴賤〉　尊きひと　卑しきひと　571

〈尊敬〉　とうとみ　うやまう　543, 630, 631

〈東方薬師〉頭注　東方薬師　542, 629

〈尊重〉　尊くおもくすべしと　661

〈徹到〉　とおり　いたる　566

〈過咎〉　とが　つみ　651

〈捨謬〉　とがをすてすつるあやまり　896

〈時〉　とき　701

〈時機〉　とき　有情　639

〈時機相応の法〉　時と　衆生と　あいかなえる法というなり　643

〈時機〉　ときと　衆生というなり　582

〈時機〉　時と有情となり　639

〈遂〉　遂ぐ　618

〈速〉　とくすみやかに　714

〈鎮祭〉　とこしなえに　まつりおけり　664

〈所〉　ところ　522

〈処〉　ところ反　ことわり反　604, 520

〈所所〉　ところどころ　671

〈所所に寺塔を建立せり〉　ところどころ　てら　はじめ建てたもう　661

〈閇〉　とずという　728

〈徒〉　ともがら　576

〈灯炬〉　ともしび　大きなるともしびなり　585

〈執持〉　とりたもつ　549

〈不問〉　とわずと　710

〈槃特〉　鈍根の人　888

〈貪瞋〉　貪は女をあいし　男をあいし　瞋は　いかり　はらだつ　565

〈欲覚〉　貪欲なり　453

左訓　225

〈貪狼のこころさかりなり〉　貪欲のこころみだりがわしとなり　668
〈清浄光明〉　貪欲の罪を消さん料に　清浄光明というなり　516
〈清浄光明〉　貪欲の罪を消さん料に　清浄光明ともうすなり　599
〈清浄歓喜〉　貪欲の煩悩をたすけ　貪欲の罪をけさん料に　清浄歓喜と…　616
〈清浄歓喜〉　貪欲の煩悩を助け　貪欲の罪を消さん料にして清浄歓喜と…　531
〈玄忠寺〉　曇鸞のつくらせたまいたるおん寺なり　道綽は鸞師の…　554

な

〈政〉　なおく　605
〈政〉　なおく反　521
〈長夜〉　ながきよという　683
〈流布〉　ながれ　しく　896
〈成〉　なせり　734
〈名字〉　名というなり　704
〈かの清浄の善みにえたり〉　南無阿弥陀仏と称うれば　名号におさまれる　功徳善根を…
579
〈講説〉　ならい　とく　553
〈講説〉　習い説きたもう　668
〈講〉　ならう　524, 609
〈不可思議の上の不可思議なり〉　難思往生　難思議　双樹林下　893
〈難〉　難は聖道門　548
〈南北村里〉　南方・北国・むら・さと　889
〈南方華開〉頭注　南方華開　542, 629

に

〈勲〉　におう　526, 611
〈戎狄の輩〉　にしのえびす　838
〈西路〉　西のみち　569
〈下旬第九日〉　二十九日　895
〈流転〉　二十五有に惑い歩くを流転とはいうなり　640
〈至心回向欲生〉　二十の願なり　533
〈二智円満道平等〉　二智円は　この娑婆世界の智慧　仏道の智慧　みなさとり…　612
〈二智円満道平等〉　二智円はこの娑婆世界の智慧　仏道の智慧　みなさとり…　528
〈東域〉　日本　894
〈無上宝珠の名号〉　如意宝珠のたまなり　この宝珠は　にごれる水にいるれば…　559
〈如来すなわち涅槃なり〉　如来ともうすは　すなわち涅槃ともうすみ言なり　涅槃と…
626
〈如来の光端希有にして〉　如来のおん光　ことによきおんかたち　稀有にまします…　530
〈如来の光端希有にして〉　如来のおん光　ことによきおんかたち　稀有にまします…　614

ね

〈楽〉　ねがう　522

〈願〉　ねがえと　701

〈寤寐〉　ねても　さめても　572

〈大利〉　涅槃にいるを大利というなり　523, 607

〈滅度〉　涅槃のさとりをひらくなり　617

〈建仁〉　年号　894

〈興和〉　年号なり　554

〈正定の行を不定に思いなして〉　念仏だに申せば往生さだまるなり　892

〈難思往生〉　念仏なれば助かるとばかり思いて信心定まらず　892

〈不定聚の機〉　念仏に助事誠思わぬなり　892

〈次如弥勒〉　念仏のひとは弥勒のごとくほとけになるべしとなり　704

〈香光荘厳〉　念仏は智慧なり　546

〈香光荘厳〉　ねんぶつはちえなり　730

〈別解・別行のもの〉　念仏をしながら自力の心なるものなり　706

〈頓教毀滅〉　念仏をそしり　ほろぼす　890

の

〈遺数〉　のこりの　みのり　593

〈遺法〉　のこりのみのり　594

〈遺教〉　のこりの　み法　662

〈遺法〉　のこりのみのりなり　580

〈遺法〉　残りの御法を遺法ともうすなり　636

〈遺教〉　のこれる　みのり　580

〈裁〉　のせ　734

〈臨〉　のぞまん　701

〈臨〉　のぞむ　618

〈臨〉　のぞむ反　532

〈承久の太上法王〉　後高倉院　575

〈昇〉　のぼるという　728

〈方〉　のり反　かたどる反　532

〈絵相注記〉　範綱卿〈従三位六条三位と号す　ときに前若狭守〉　832

は

〈葉〉　は　526

〈惻量〉　はかり　きわなしというなり　605

〈惻〉　はかり反　はかるにきわなし　602

〈惻〉　はかり反　518

〈称〉　はかり反　よむ反　となう反　602

左訓　227

〈無量〉　はかりなし　523, 607

〈惻量なき〉　はかるにきわなし反　518

〈太子滅後のそののち〉　百済国にて太子の御入滅の後ともうすなり　665

〈阿佐太子〉　百済国の王の子なり　宣旨の使いなり　669

〈絵相注記〉　箱根権現　847

〈初〉　はじめ反　519

〈初〉　はじめ　603

〈建立〉　はじめ建つ　672

〈建立〉　はじめ建てたもうと　662

〈最初〉　はじめなりとしるべし　661

〈果遂〉　果し遂ぐという　619

〈不果遂者〉　はたしとげずばとなり　892

〈不果遂者と願じける〉　果たし遂げんとちかいたまえるなり　533

〈果〉　果す　618

〈果〉　はたす　889

〈機〉　はたもの反　532

〈竜宮〉　八大竜王の都なり　636

〈八耳皇子〉　八人して一度に奏することを一度にきこしめす　ゆえに…　677

〈円頓〉　八万聖教のすべて　すこしも欠くることなきを　円頓と…　555

〈双樹林下往生〉　八相成道なり　天竺の八つ提河の西岸　沙羅双樹の木の下…　891

〈含華〉　華に含まるるなり　650

〈花文〉　花やかなり　892

〈花文〉　はなやかなるなり　895

〈離相〉　はなる　かたち　602

〈離〉　はなる反　519

〈曠劫以来〉　はるかなるより　このかたというなり　569

〈反〉　はん　845

〈万国〉　ばんこく　677

〈造寺工〉　番匠たくみ　666

ひ

〈山家〉　比叡の山なり　542

〈光〉　ひかり　611

〈光輪〉　ひかり　めぐる　539, 625

〈光雲無碍如虚空〉　ひかり雲のごとくにて　障りなきこと空のごとしとなり　598

〈光沢かぶらぬものぞなき〉　光にあたるゆえに智慧のいでくるなり　515

〈光照〉　ひかりにてらさるるというなり　600

〈神光の離相〉　光は形のなきなり　519

〈光明紫雲〉　光紫の雲のごとくなり　577

〈因光成仏〉　光をたねとして仏になりたまいたり　519, 602

〈光触〉　光を身に触るる　というこころなり　515

〈光触〉　光を身にふるるということなり　598

〈鬢髪を剃除〉　ひげかみをそりのぞく　831

〈多劫〉　ひさしく　890

〈要術〉　秘事　890

〈摩騰迦・竺法蘭〉　ひじり　天竺のひじり二人なり　670

〈日羅〉　ひじりなり　669

〈他〉　ひと　890

〈無等等〉　等しく　等しき人なし　519, 603

〈平〉　ひとしく反　たいらかなりと反　528

〈等〉　ひとしと反　528

〈摂取してすてざれば〉　ひとたびとりて長く捨てぬなり　摂はものの逃ぐるを…　538

〈摂取してすてざれば〉　ひとたび取りてながくすてぬなり　摂はものの逃ぐるを…　623

〈執持〉　ひとたびとりてながく捨てぬにかく　549

〈非人は〉　ひとにてなきは　891

〈二万歳〉　人のいのち二万歳というよりは　637

〈命濁中夭利那〉　ひとのいのちみじかく　もろし　638

〈滅亡〉　人のいのちも　持てるものも　亡び失すべしとなり　638

〈悪竜毒蛇のごとく〉　人のこころ悪のまさること　悪竜　毒蛇のようになるなり　637

〈身小〉　人の身小さくなり　637

〈一代〉　ひとよ　534

〈三生に必ず助けん〉　百歳の内に報土に生ずべし　892

〈平等〉　平等はすべてものにおいて　へだてなきこころなり　558

〈いかでか発起せしむべき〉　ひらき起こしがたしとなり　640

〈発起〉　ひらきおこす　たておこす　566

〈開悟〉　ひらく　さとる　896

〈弘〉　ひろく　534, 620

〈弘興〉　ひろく　ひろめたもう　675

〈弘興〉　ひろくひろめたまえり　660

〈弘興〉　ひろくひろめたもうと　659

〈弘興〉　ひろくひろめたもうとなり　663

〈願〉　ひろまる　534, 620

〈弘通〉　ひろめ　とおす　893

〈弘宣〉　ひろめ　のべたまえり　589

〈弘興〉　ひろめおこしたもうとなり　588

〈弘興〉　ひろめたもうとなり　662

ふ

〈普賢〉　普賢というは仏の慈悲の極まりなり　556

〈持〉　不散不失になづく　549

左訓　229

〈不定聚〉　不定聚は阿弥陀経のこころ　行は不可思議なれども　われら…　521
〈不定聚〉　不定聚は阿弥陀経のこころ　経は不可思議なれども　われら…　606
〈ふたいのくらい〉　不退の位ともうすなり　かならず仏になるべき身と…　546
〈無生忍〉　ふたいのくらいなり　731
〈地位〉　不退の位にいたらずとなり　553
〈二河の譬喩〉　ふたつのかわのたとえなり　781
〈仏工〉　仏師たくみ　666
〈道場〉　仏道の庭　609
〈道場樹〉　仏道のにわには　524
〈唯仏一道きよくます〉　仏道のみひとり清くめでたくましますとしるべし　587
〈付仏法の大外道〉　仏法行ずるものという　889
〈経道滅尽ときいたり〉　仏法滅尽ときいたり　末法万年のあいだは　ただ権教ありて…
565
〈付法〉　仏法をことごとく伝え給うこと　895
〈筆点に記す〉　ふでにしるすというこころ　896
〈船筏〉　ふね　いかだなり　585

へ

〈絵相注記〉　平太郎まいりて熊野詣の事たずね申すところなり　850
〈絵相注記〉　平太郎夢想のところなり　850
〈方便化身の浄土〉　辺地懈慢国なり　609

ほ

〈釈門〉　法師　学匠　575
〈報化二土〉　報身　報土　化身　化土なり　571
〈辺地〉　報土のほとり　896
〈空聖人〉　法然　894
〈空〉　法然　894
〈両上人〉　法然　親鸞　889
〈空の真影〉　法然寿影うつさせ給いたる時の御かたち也　894
〈帰命方便巧荘厳〉　方便巧荘厳に帰命し奉ると　525
〈仮門〉　方便仮門なり　620
〈権実真仮〉　方便の善と真実の誓願をわかずという　620
〈仮門〉　方便の善なり　617
〈忠禅宝塔たてんとて〉　法隆寺の住僧にてありけるひとの塔を建てんとて　673
〈付法相承〉　ほうをつたえたもうことなり　895
〈外儀〉　ほかの　すがた反　572
〈朗〉　ほがらかなり　600
〈朗〉　ほがらかなり反　517
〈処胎経をひらきてぞ〉　菩薩処胎経の二の巻に　懈慢辺地の様を説かれたるを…　571

〈心不断〉　菩提心の絶えぬによりて　不断という　601

〈不断〉　菩提心の絶えぬによりて不断という　518

〈発起せしむべき〉　菩提心をおこし難しとなり　582

〈畢竟依〉　法身のさとり　残るところなく　極まりたまいたりという…　516

〈畢竟依〉　法身のさとりの　のこるところなく　きわまりたまいたりと…　599

〈真如の門に転入する〉　法身のさとりをひらく身と　うつり入るともうすなり　533

〈平等心をうるとき〉　法身の心をうるときとなり　541

〈平等心をうるとき〉　法身の心（「信」訂正「心」）をうるときというなり　626

〈法身〉　法身はすべて心もことばもおよばぬなり　虚空に満ちたまえり　539, 625

〈無上上は真解脱〉　法身を無上上ともいい　真解脱ともいう　540

〈無上上は真解脱〉　法身を無上上ともいい　真解脱ともいうなり　626

〈八宗〉　法相　894

〈北方に釈迦のときたもう〉頭注　北方に釈迦のときたまえり　629

〈北方に釈迦のときたもう〉頭注　北方に釈迦のときたもう　542

〈仏祖〉　ほとけ・師匠　890

〈興世〉　仏　世に出でたもうというなり　619

〈不退〉　仏なるべき身とさだまるなり　608

〈願作仏心〉　仏にならんと誓いを信ずる心なり　580

〈菩提に出到してのみぞ〉　仏になりてぞ　有情たすくべきと　639

〈定聚〉　仏になるくらいなり　617

〈阿毘抜致にいたる〉　ほとけになるべき身となるとなり　703

〈等正覚をなる〉　ほとけになるべき身とさだまれるをいうなり　703

〈為得大利〉　ほとけになるべき利益をうるなりと知るべしとなり　708

〈不退転〉　ほとけになるまでという　703

〈菩提に出到してのみぞ〉　仏になるを出で到るというなり　587

〈恒沙如来〉　ほとけの多くましますこと数きわまりなきことを恒河沙の…　709

〈大心海〉　仏のおん心ひろくふかく　きわほとりなきゆえに　阿弥陀…　604

〈大心海〉　仏のおん心ひろく深く　きわ　ほとりなきゆえに　阿弥陀…　520

〈仏力無窮〉　仏のおん力きわまりなしとなり　585

〈仏恵功徳〉　仏の慈悲なり　613

〈仏智無辺〉　仏の智慧　きわなくひろくましますと　585

〈如来の遺教〉　仏ののこりのみ法なり　674

〈仏足〉　ほとけの　みあし　545

〈護法〉　仏のみのりを守る神なり　669

〈婆迦婆〉　仏を天竺には　婆迦婆というなり　609

〈誉〉　ほむ　518

〈嘆〉　ほむ　524, 609

〈誉〉　ほむ反　601

〈嘆〉　ほむる反　602

〈嘆〉　ほむるなり　602, 603

〈嘆〉　ほめ　518

〈賛〉　ほめ　523

〈歌〉　ほめ　524, 609

〈嘆〉　ほめ反　601

〈讃〉　ほめ　607

〈奉讃不退〉　ほめたてまつること怠らずれとなり　659

〈奉讃の一字一句〉　ほめたてまつる言葉はみな　太子のみことなりとしるべし　672

〈咨嗟〉　ほめたてまつるとなり　709

〈奉讃〉　ほめたてまつるべしとなり　588

〈神鸞〉　ほめまいらするこころなり　すべてめでとうましますという…　554

〈亡者〉　ほろぶるもの　896

〈滅亡〉　滅ぼし　失う　638

〈滅破〉　ほろぼし　やぶる　676

〈本意〉　ほんい　565

〈本懐〉　ほんいという　889

〈信心歓喜慶所聞〉　本願を信じてよろこぶことなり　613

〈海水〉　本願を大海の水に　たとえもうすなり　641

〈梵釈〉　梵天帝釈　669

〈塵数のごとく遍満す〉　煩悩悪業まさりて　塵のごとく世にみちみつなり　637

〈悩濁塵数〉　煩悩おおくして塵のごとく数おおかるべしとなり　586

〈底下の凡愚〉　煩悩具足のわれらなりというなり　582

〈無漏〉　煩悩なり　612

〈無明〉　煩悩の土を無明というなり　539, 625

〈底下〉　煩悩の底に沈める凡夫　639

〈無漏〉　煩悩のなきをいう　527

〈煩悩菩提体無二〉　煩悩菩提もひとつみぞとなり　ふたつなしとなり　555

〈無明長夜〉　煩悩を長き夜にたとう　644

〈凡地〉　凡夫の居所　541

ま

〈詣する〉　詣るなり　665

〈現前〉　前に現れたまえとなり　701

〈邪智〉　まがれる智慧をもてとなり　896

〈真〉　まこと　522, 606

〈金剛の心〉　まことの信心なり　566

〈他力の信水〉　まことの信心を　水にたとえたるなり　641

〈大涅槃〉　まことのほとけなり　703

〈無上大涅槃〉　まことのほとけなり　703

〈妙覚のくらい〉　まことのほとけなり　704

〈等正覚〉　まことのほとけになるべき身となれるなり　703

〈涅槃〉　まことの仏になるをもうすなり　581
〈真宗〉　まことをむねとす　565
〈本意〉　まさしき　896
〈正定聚〉　まさしく　さだまる　ともがら　606
〈増〉　まさる　565
〈雑修〉　まじえ　おこなう　564
〈雑縁〉　まじえ　みだる　567
〈間〉　まじわると　560
〈期〉　まつ反　535
〈流通分〉　末代ながしおくるなり　894
〈末〉　末法　636
〈惑〉　まどうと　708
〈円通〉　まどかに　かよう　545
〈無眼人〉　まなこなき人という　目連所開経の文なり　観念法門に…　626
〈無眼人〉　まなこなき人となづく　目連所問経の文なり　観念法門に…　540
〈助護〉　まもりたもうとなり　664
〈守護〉　まもる　まもる　565
〈客人〉　まれうど　846
〈稀〉　まれなり　568
〈希有〉　まれにあり　892
〈生希有心〉　まれにありがたき心というなり　529, 614
〈希有華〉　稀に有難き華となり　705
〈輪〉右訓）　まわり反　598
〈倶胝劫〉　万億をいう　625
〈倶胝〉　万億を倶胝という　倶胝というは　天竺のことばなり　540, 625
〈諸行〉　万行　893
〈雑行〉　万行　894
〈余行〉　まんぎょう　896
〈功徳〉　万行万善なり　891
〈修諸功徳〉　万行万善なり　891

み

〈躯〉　み　521
〈太子の金言〉　みことなりとしるべし　672
〈円満〉　自らも仏になり　衆生も仏になることを　円満すというなり　525, 609
〈壬申歳〉　みずのえさるのとし　577
〈助正〉　弥陀一仏のことを修するを正行という　余仏余善をするを…　564
〈難見〉　見たてまつり難し　530
〈難見〉　見たてまつり難しとなり　615
〈瞻〉　見たてまつる　529, 614

左訓　233

〈拝見〉　みたてまつるなり　546

〈摂取のなか〉　弥陀如来 おさめとられまいらせたりとしるべし　707

〈大般涅槃をさとるなり〉　弥陀如来とひとしく さとりをうるをもうすなり　583

〈智慧光仏〉　弥陀如来なり　無碍光如来なり　706

〈如来の作願〉　弥陀如来の 悲願をおこしたまいしことを もうすなり　587

〈如来智願の廻向〉　弥陀如来の悲願をもうすなり　583

〈如来二種の廻向〉　弥陀如来の本願の廻向に 往相の廻向 還相の廻向と…　584

〈大悲心をば成就せり〉　弥陀の大慈大悲心を えたまえりとしるべしとなり　587

〈血脈相承〉　弥陀の御言ちがえず直に伝えきたらせ給う人なり　893

〈廻向の信楽〉　弥陀の願力を 二心なく信ずるをいうなり　583

〈船筏〉　弥陀の願を 船 筏に たとえたるなり　644

〈衆善海水〉　弥陀の功徳のきわなきことを海の水にたとうるなり　579

〈信心の智慧にいりてこそ〉　弥陀のちかいは智慧にてましますゆえに 信ずる心の…　580

〈智慧の念仏〉　弥陀の誓いをもて仏になるゆえに 智慧の念仏ともうすなり　581

〈往相還相の廻向〉　弥陀の二種の廻向なり　646

〈願作仏心〉　弥陀の悲願を深く信じて 仏にならんとねがう心を菩提心…　583

〈願作仏心〉　弥陀の本願なり　641

〈如来の廻向〉　弥陀の本願を われらに与えたまいたるを 廻向ともうす…　583

〈弥陀の智願海水〉　弥陀の本願を智慧というなり この本願を大海にたとえ…　584

〈再三固辞せしめたまいしに〉　三度固く辞せしめましますを 用いられず　672

〈別意〉　弥陀仏のこころ　888

〈妄不妄〉　みだれ心しずまる　890

〈弥陀〉　弥陀をしょぶつともうす 過度人道のこころなり　617

〈諸仏〉　弥陀を諸仏ともうす 過度人道のこころなり　532

〈満足〉　みち たる　551

〈非道計道〉　みちなきみちをみちとおしえ　889

〈引接〉　導きとる 取るというは 手に取るこころなり　563

〈引入〉　みちびく　622

〈見信〉　みて しんずる　894

〈見敬得大慶 則我善親友〉　見て敬い大きによろこわばゞ すなわち わがよき親しき友…
804

〈遺弟〉　み弟子なり　636

〈手印の御記〉　み手にて記したもう　662

〈三時〉　みとき　587, 636

〈実〉　みとなる　522, 606

〈皆得往〉　みなうまるることを うともうすなり　682

〈慶喜〉　身にもこころにもよろこぶなり　606

〈身小〉　身の小さくなるなり　586

〈外儀のすがたはことなりと〉　身のふるまい反　572

〈宝典〉　みのり　895

〈無耳人〉　みみなき人という　626
〈京夷庶民欽仰す〉　みやこ　えびす　もろもろの民　敬いあおぐなり　575
〈長安　洛陽〉　みやこのにし　みやこのひんがし　847
〈ひとしく衆生に廻向せん〉　名号の功徳善根を　よろずの衆生にあたうべしとなり　579
〈徳本〉　名号を自力に称うるなり　891
〈功徳蔵〉　名号を功徳蔵ともうすなり　よろずの善根をあつめたるに…　563
〈明帝〉　みょうたい　670
〈絵相注記〉　明法房　845
〈当〉　みらい反　523, 607
〈観ずる〉　見るなり　知るこころなり　713
〈慈氏〉　弥勒なり　651, 652
〈歓〉　身をよろこばしむ　707

む

〈往昔〉　むかしという　545, 668
〈宿因〉　むかしともよむ　621
〈宿因〉　むかしとよむ　535
〈往事〉　むかしのこと　847
〈久遠実成阿弥陀仏〉　昔より　まことに　阿弥陀となりたまえるなり　625
〈発起〉　昔よりありしことをおこすを発という　今はじめておこす…　566
〈摂護〉　無碍光如来のおん心に　おさめまもりたもうなり　567
〈光明月日に勝過して〉　無碍光如来は月日には　すぐれたまえる光なるがゆえに　603
〈阿鼻地獄〉　無間地獄なり　645
〈曾婆羅頻陀落地獄〉〉〉　無間地獄の衆生見ては　あら楽しげやと見るなり　仏法を…　627
〈曽婆羅頻陀落地獄〉　無間地獄の衆生をみては　あら楽しげやとみるなり　仏法を…　541
〈昵近〉　むつび　838
〈虚誑〉　むなし　くるう　558
〈虚仮疑惑〉　むなしく　かりなり　うたがい　まどうという　706
〈棟梁〉　棟とすというなり　677
〈叢林棘刺〉　むばら　からたちのごとく　くさむら　はやしのごとく…　638
〈群集〉　むらがり　あつまる　577

め

〈利益〉　めぐみ反　あわれむ反　605
〈恵〉　めぐむ　613
〈化〉　めぐむ反　あわれむと反　おしう反　まぼろし反　520, 604
〈廻入〉　めぐり入る　619
〈繞〉　めぐる　632
〈迂〉　めぐる　728
〈繞〉　めぐる反　544

左訓　235

〈輪〉　めぐる反　548

〈回〉　めぐる反　かえる反　548

〈盲冥〉　めしいたり　くらし　597

〈盲冥〉　めしいの暗きとなり　514

〈命〉　めしに反　599

〈異香〉　めでたき香　701

〈妙好華〉　めでたくよき優れたる華なりと　705

も

〈難値〉　もうあい難く　530

〈難値〉　値い難く　615

〈遇〉　もう遇うという　599

〈青宮〉　もうけのきみのましますところ　837

〈奏〉　もうす反　536

〈奏〉　もうすという　621

〈木〉　もく（墨書）　889

〈最勝〉　最もすぐれたる処　諸仏の浄土にすぐれたり　892

〈本懐〉　もと　おもいなり　712

〈素懐〉　もとの　思い反　こころ反　574

〈素懐〉　もとのおん志なり　709

〈故仏〉　もとの仏という　570

〈本則三三の品〉　もとは九品の衆生なり　559

〈最〉　もとも反　すぐれたり反　568

〈ものうきこと〉　ものうきことというは　怠り捨つる心なしとなり　572

〈者〉　ものという　713

〈害覚〉　ものを殺す　453

〈専精〉　もはら　よく　562

〈厄〉　もろく　あやうきなり　651

〈衆〉　もろもろ　558

〈衆苦〉　もろもろ　くるしみ　890

〈諸邪業繋〉　もろもろの悪業にさわりなし　565

〈諸障〉　もろもろの障り　562

〈聞〉　聞というは聞くという　聞くというは　この法を聞きて…　518

〈聞光力〉　聞というは聞くという　聞くというは　この法を聞きて…　601

〈不浄説法〉　文もなく理もなきを法文　889

や

〈焼亡〉　やき　ほろぼす　675

〈安〉　やすう反　600

〈慰〉　やすからしむ反　600

〈破賊〉　やぶり　あたなり　675
〈破壊瞋毒〉　やぶり　滅ぼし怒りをなすべしとなり　638
〈破壊〉　やぶり　やぶる　674
〈破壊〉　やぶり　やぶらん　676
〈おたぎ〉　山城の国　660
〈長岡〉　山城の国桂川の西のをいうなり　660
〈奈良〉　大和のくになり　660
〈橘のみやこにうつりてぞ〉　大和のくににうつれりし　660
〈絵相注記〉　山臥　845
〈絵相注記〉　山臥聖人をまちたてまつるところなり　846
〈闇〉　やみ反　599,601
〈休〉　やみ　やむことなし　604
〈和讃〉　やわらげ　542

ゆ

〈易往易行〉　行きやすし　行じやすしとなり　709
〈存外〉　ゆわれぬことなり　896

よ

〈好〉　よき　705
〈善知識〉　よき　896
〈豪貴鄙賎〉　よきひと　いやしく　いやし　576
〈愛憎違順〉　欲さかりにしてそねみねたむ心おおしとなり　586
〈無愛無疑〉　欲なし　疑いなし　626
〈愛憎違順〉　欲のこころ　嫉み妬むこころ　違うこころ　まさるなり　637
〈無愛無疑〉　欲もなく疑いもなきことあらわるとなり　540
〈横〉　よこさまという　728
〈横にあたをぞおこしける〉　よこさまなるこころのみあるべしとなり　五濁の世の…　638
〈横超〉　よこさまにこえ　796
〈微〉　よし　521
〈是非〉　よしあし　893
〈妙〉　よしと　たえたり　526
〈是〉　よしという　706
〈興世〉　世にいでたもうという　615
〈出世〉　世にいでたもうと申す　709
〈出世の本意あらわせり〉　世にいでたもうなり　弥陀の智願をとかんがためなり　614
〈余〉　よの　560
〈余方に因順するがゆえに、人天の名あり〉　余の浄土には人天ありというに弥陀の浄土に
人天なし…　445
〈他の方便〉　余の善　余の仏菩薩の方便にては　生死出でがたしとなり　572

左訓　237

〈尋常〉　よのつねという　726
〈世俗のひとびと〉　世のなかのひとという　574
〈魏〉　世の名なり　554
〈梁〉　世の名なり　561
〈中夏〉　世の名なり　661
〈華漢〉　世の名なり　662
〈斉朝〉　よのななり　734
〈魏末〉　よのななり　734
〈高斉〉　よのななり　734
〈帰命〉　より反　たのむ反　522
〈帰命〉　よりたのむ　おおせにしたがう　607
〈帰〉　よる反　599
〈帰命〉　よる反　したがう反　めしに反　516
〈歓〉　よろこび　523, 607
〈喜〉　よろこび反　517
〈慶喜奉讃〉　喜びてほめたてまつるべしとなり　589
〈喜〉　よろこぶ　523, 607
〈喜〉　よろこぶ反　600
〈不宜住此〉　よろしくここに住すべからず　536
〈度衆生心〉　よろずの有情を　仏になさんと　おもう心なりとしるべし　583
〈万川〉　よろずの川なり　557
〈一切の有碍〉　よろずのこの世のことなり　598
〈諸機〉　よろずの衆生千　623
〈諸有〉　よろずの衆生なり　616
〈大菩提心〉　よろずの衆生を　仏になさんとおもうこころなり　583
〈有情〉　よろずの衆生を有情とはいうなり　583
〈大菩提心〉　よろずの衆生を仏になさんと　おもうこころなり　582
〈白法隠滞〉　よろずの善根　隠れとどまりたもう　竜宮へ入りたもうなり　636
〈諸善〉　よろずのぜんというなり　713
〈増上縁〉　よろずの善にまされるによりて　増上縁というなり　565
〈最勝華〉　よろずの華に優れたりとなり　705
〈諸仏の経道ききがたし〉　よろずの仏の教えにもあいがたしとなり　534
〈法蔵〉　よろずの仏の功徳なり　604
〈一切〉　よろずの人というこころなり　701
〈頽齢〉　よわい　851
〈齢傾〉　よわい　かたぶき　846

ら

〈礼〉　らい（墨書）　890
〈絵相注記〉　鸞聖人配所におもむきたもうところなり　843

り

〈利他〉　利他は衆生を往生せしむるこころ　525, 609
〈龍樹〉　龍樹は樹のもとに生れてましましけるを　龍王取りて…　547
〈源信和尚〉　楞厳院の中に　恵心院の僧都の　おん名なり　恵心院は…　572
〈量〉　量は数を知らぬをいうなり　602
〈量〉　量は数を知るをいうなり　518
〈亮〉　亮はたすくと読む　またはひとの名には何のすけと読むなり　526
〈亮〉　亮はたすくと読むまたはひとの名には　何のすけ　彼のすけと読む　610
〈現其人前〉　臨終のときに　そのひとの前に現れたもうべしとなり　617
〈輪廻〉　輪廻生死　646

る

〈流転〉　流転生死　646

れ

〈霊瑞〉　霊瑞はようようのめでたきことの現じ　仏も見えなんど…　555

ろ

〈流転生死は須臾なり〉　六道四生にまどうこと　ほどなかるべしとなり　586
〈流転〉　六道四生に惑えりとなり　640
〈生死の大海〉　六道にまどうを大海とたとうる　大海は海なり　704
〈奇瑞霊験〉　六角堂の観音ふしぎを示したまいき　661
〈論主〉　論主というは天親菩薩なり　557

わ

〈我母是賊〉　わが　はは（母）これ　あだ（仇）なり　621
〈若不生者のちかい〉　わが誓いを信ずるもの　もし生れずは　仏にならじとなり　606
〈若不生者のちかい〉　わがちかいを信ぜん者　もし生れずは仏にならじというこころなり　522
〈我母是賊〉　わが母は　これ仇なりという　536
〈自らの非〉　わが非　891
〈依用相承〉　わが法をさしおきて念仏をほむる人なり　893
〈自障障他〉　わが身を障うるを　自障という　人を障うるを　障他という…　569
〈息災延命〉　わざわい反　のぶ　いのち　629
〈奉献〉　渡したてまつるとなり　671
〈度〉　わたす　520, 604
〈度脱〉　わたり反　まぬかる反　550
〈予〉　われと云也　890
〈自らも〉　われも　ひとも　890

左訓　239

〈散乱放逸〉　われらが心のちりみだれて　悪きをきらわず　浄土にまいる…　585
〈大信心〉　われらが弥陀の本願他力を信じたるを　大信という…　627
〈大信心〉　われらが弥陀の本願他力を信じたるを大信心という…　541
〈煩悩菩提一味なり〉　われら心と仏のおん心と　一つになるとしるべし　584
〈普賢〉　われら衆生　極楽に生れなば　大慈大悲をおこして　十方に…　604
〈普賢〉　われら衆生　極楽にまいりなば　大慈大悲をおこして　十方に…　520
〈凡愚底下のつみびと〉　われらは大海の底に沈めるとなり　537, 622
〈摂受〉　われらを受けたまえとなり　580

典籍索引

(凡例)

引用の典籍を「題名」の五十音順に示した。引用文に題名が含まれていない場合には、題名を（　）内に補った。また、典籍を〔釈家（仏教）〕・〔漢籍（史部・道家・儒家）〕などに分類した。

〔釈家〕

あ

〔阿含経〕
191　L15　『阿含』（『阿含経』）等の経

〔阿毘達磨倶舎論〕
303　L7　『倶舎論』（『阿毘達磨倶舎論』）の中に、五無間の同類の業…

〔阿弥陀経（小経）〕
153　（標題）　仏説阿弥陀経
155　（内題）　仏説阿弥陀経
165　（尾題）　仏説阿弥陀経
198　L12　『弥陀経』（『小経』）に云うがごとし、「もし衆生ありて…
202　L11　『阿弥陀経』
223　L2　『弥陀経』
237　L8　『弥陀経』
238　L13　『弥陀経』
368　L12　『弥陀経』
372　L13　小本（『小経』）には、唯、真門を開きて方便の善なし。
373　L11　（『小経』）『小本』には「一心」と言えり
376　L5　小本（『小経』）の一心と一異
376　L9　この『経』（『小経』）にまた顕彰隠密の義あるべし。
376　L11　『経』（『小経』）には「多善根・多功徳・多福徳因縁」と説き…
376　L13　この『経』（『小経』）の顕の義を示すなり
377　L2　『経』（『小経』）に「執持」と言えり、…
377　L5　この経（『小経』）は大乗修多羅の中の無問自説経なり。
379　L11　『阿弥陀経』に言わく、「少善根福徳の因縁をもって…
379　L15　また『弥陀経』の中のごとし、
380　L8　『弥陀経』
380　L14　『弥陀経』
382　L13　襄陽の石碑の経（『阿弥陀経』）
456　L9　『経』（『小経』）に言わく、「名号を執持すべし」と。
456　L14　『経』（『小経』）の始めに如是と称す。論主建めに一心と言えり。
464　L6　『小経』
465　L8　『弥陀経』（『小経』）
467　L8　『弥陀経』（『小経』）
479　L7　『弥陀経』
483　L3　『弥陀経』

242

533　（浄土和讃）　弥陀経
618　（浄土和讃）　弥陀経
685　L3　『阿弥陀経』
709　L7　『阿弥陀経』に「一日乃至七日名号をとなうべし」
709　L8　『経』（『阿弥陀経』）
716　L3　『阿弥陀経』
807　L4　『阿弥陀経』
848　L12　『小経』
906　L3　『弥陀経』

［阿弥陀経義疏］
209　L6　また云く（元照『阿弥陀経義疏』）、「一乗の極唱…
209　L11　また云く（元照『阿弥陀経義疏』）、「いわんやわが弥陀は…
209　L13　また云く（元照『阿弥陀経義疏』）、「正念の中にし…
259　L10　元照律師の云く（『阿弥陀経義疏』）、「他のなすこと…
259　L12　また云く（元照『阿弥陀経義疏』）、「念仏法門は…
259　L15　また云く（元照『阿弥陀経義疏』）、「この悪世にして…
382　L10　『弥陀経の義疏』（『阿弥陀経義疏』）、「如来、持名の功…
383　L2　孤山の『疏』（智円の『阿弥陀経義疏』）に云く、執持名号とは…
473　L2　（元照）『阿弥陀経の義疏』に云く、「『勢至章』に云く、「十方如来…

［阿弥陀経超玄記］
260　L3　律宗の用欽の云く（『阿弥陀経超玄記』（佚書）…
271　L15　律宗の用欽師の云く（『阿弥陀経超玄記』（佚書）…

［阿弥陀経聞持記］
260　L6　聞持記（戒度『阿弥陀経聞持記』）に云く、「愚智を簡ばず…

［安楽集］
192　L12　『安楽集』（巻上）に云く、「『観仏三昧経』に云く、「父の王…
194　L10　また云く（『安楽集』巻下）、「『摩訶衍』の中に…
195　L1　また云く（『安楽集』巻下）、「『大経の讃』に云く…
195　L7　また曰く（『安楽集』巻上）、「また『目連所問経』のごとし…
216　L2　『安楽集』（巻上）に云く、「十念相続とは…
216　L4　また言わく（『安楽集』巻上）、「もし久行の人の念は…
267　L9　『安楽集』（巻上）に云く、「諸部の大乗に拠りて…
267　L12　『涅槃経』（『安楽集』巻下）に依りて、仏の言わく、…
268　L12　『安楽集』（巻上）
269　L1　（『安楽集』（巻下）『大悲経』に云わく、「いかんが名づけて…
308　L8　『安楽集』（巻下）に云く、「しかるに二仏の神力…

典籍　243

372　L7　『安楽集』（巻下）に云く、「『大集経』の「月蔵分」を…

375　L12　「万行」といい（『安楽集　巻下』）

390　L4　玄忠寺の綽和尚の云く（『安楽集』巻下）、「しかるに修道の身、…

390　L8　また云く（『安楽集』巻上）、「教興の所由を明かして…

391　L8　また云く（『安楽集』巻上）、「『大集経』に云く…

391　L14　また云く（『安楽集』巻下）、「経の住滅を弁ぜば…

437　L8　『安楽集』（下巻）に云く、「真言を採り集めて、往益を助修…

683　L1　ある経（『須弥四域経』〈『安楽集』巻下、所引〉）には、

915　L2　『安楽集』に「『大集月蔵経』に言わく、我が末法の時の…

［佚書］

207　L5　山陰（慶文法師）の云く（佚書）、「良に仏名は…

［盂蘭盆経疏新記］

434　L15　大智律師の云く（『盂蘭盆経疏新記』上）、「神は謂わく鬼神…

［易行品］

200　L14　『釈』（『易行品』）には「必定」と云えり。

［一念多念文意］

699　（標題）　一念多念文意

701　（内題）　一念多念文意

709　（内題）　多念をひがごととおもうまじき事

790　L8　『一念多念の証文』

790　L9　一念多念の文のこころ

［往生要集］

211　L15　『往生要集』に云く、「『双巻経』の三輩の業…

212　L4　また云く（『往生要集』巻上末）、…

212　L8　信和尚の云く（『往生要集』巻上末）、「一には念ずべし…

213　L1　また云く（『往生要集』巻上末）、「波利質多樹の華…

213　L3　また云く（『往生要集』巻下末）、「一斤の石汁…

245　L5　『往生要集』（巻上末）

245　L12　また云く（『往生要集』巻中本）、「われまたかの摂取の中に…

363　L12　首楞厳院の『要集』（『往生要集』巻下）に

364　L7　楞厳和尚の解義（『往生要集』巻下）を按ずるに、

435　L5　止観（『摩訶止観』巻八）に依りて云く（『往生要集』巻中）、…

588　（正像末法）　（左訓）行者の廻向にあらずとしるべしとなり　往生要集に…

645　（正像末法）　（左訓）行者の廻向にあらず　かるがゆえに不廻向という　往生要
　　　　　　　　　集に明かせり

707　L8　（『往生要集　巻中』）、「我亦在彼　摂取之中　煩悩障眼…

742　L3　（『往生要集　巻中』）、「我亦在彼　摂取之中　煩悩障眼…

742　L3　首楞厳院源信和尚の銘文（『往生要集』巻中本）、「我亦在彼…

778　L10　恵心院の和尚は『往生要集』に、本願の念仏を信楽する有様…

［往生礼讃］

195　L12　光明寺の和尚の云く（『往生礼讃』）、「また『文殊般若』に…

197　L6　また云く（『往生礼讃』）、「ただ念仏の衆生を…

197　L8　また云く（『往生礼讃』）、「弥陀の智願海は…

197　L12　また云く（『往生礼讃』）、「現にこれ生死の凡夫…

197　L15　また云く（『往生礼讃』）、「問うて曰く、阿弥陀仏を…

199　L9　『礼懺』（『往生礼讃』）

214　L8　「以光明名号摂化十方但使信心求念」（『往生礼讃』）

244　L13　『礼懺』（『往生礼讃』）の日中の時の礼

266　L3　また云く（『往生礼讃』）、「仰ぎ願わくば一切往生人等…

269　L9　また云く（『往生礼讃』）、「仏世に甚だ値い難し…

269　L12　また云く（『往生礼讃』）、「弥陀の身色は金山の…

369　L13　また云く（『往生礼讃』）、「『観経』の説のごとし…

370　L9　また云く（『往生礼讃』）、「もし専を捨てて雑業を修せんと…

387　L5　また云く（『往生礼讃』）、「仏の世に甚だ値い難し…

387　L14　ゆえに宗師は（『往生礼讃』）、「かの仏恩を念報すること…

436　L9　（『往生礼讃』）「若我成仏　十方衆生　称我名号　下至十声…

456　L5　また云く（『往生礼讃』）、「深心すなわちこれ真実の信心…

694　L1　（『往生礼讃』）「具此三心　必得往生也　若少一心　即不得生」

696　L13　（『往生礼讃』）若我成仏　十方衆生　称我名号　下至十声…

701　L3　（『往生礼讃』）「恒願一切臨終時　勝縁勝境　悉現前」というは

715　L11　（『往生礼讃』）「今信知　弥陀本弘誓願　及称名号」

860　L8　また曰く（『往生礼讃』）、「大悲伝普化　真成報仏恩」

880　L2　宗家大師この本願の文を釈して（『往生礼讃』）…

885　L9　（『往生礼讃』）若我成仏　十方衆生　称我名号　下至十声…

924　L11　善導大師も（『往生礼讃』）「自信教人信　難中転更難…

か

［開元釈経録］

210　L8　『開元の蔵録』（『開元釈経録』）を按ずるに、「この『経』（『観経』）にお
　　　　およそ両訳あり…

［月蔵経］

406　L10　『月蔵経』の巻第六（『大集経』巻五十一）に…「仏の出世…

典籍　245

418　L3　『月蔵経』巻第七（『大集経』巻五十二）に…百億の諸魔…

420　L3　『月蔵経』巻第八（『大集経』巻五十三）に…「仏の言わく…

［灌頂経］

421　L10　『灌頂経（『灌頂神呪経』）』（巻三）に言わく、「三十六部の神王…

［観経義疏］

211　L7　嘉祥の云く（嘉祥『観経義疏』）、「問う、念仏三昧は…

［観経疏］

262　L4　「一心専念」（『観経疏散善義』）

［観経疏玄義分］

199　L10　また云く（『観経疏玄義分』）、「弘願というは、『大経』の説…

199　L12　また云く（『観経疏玄義分』）、「南無というは、すなわちこれ帰命…

223　L1　光明師の云く（『観経疏玄義分』）、「われ菩薩蔵…

257　L5　『観経義』（『観経疏玄義分』）に、「道俗時衆等…

308　L15　光明寺の疏（『観経疏玄義分』）に云く、「弘願というは、『大経』の説…

350　L9　光明寺の和尚云く、「問うて曰く（『観経疏玄義分』）…

366　L6　また云く（『観経疏玄義分』）、「今この『観経』は…」

373　L14　宗師の意に依るに（『観経疏玄義分』）、心に依りて勝行を…

467　L5　『疏』（『観経疏玄義分』）

470　L7　『疏』（『観経疏玄義分』）に云く「一切衆生の機に…

471　L7　光明寺和尚云く（『観経疏玄義分』）、「道俗時衆等、…」

736　L5　善導和尚の云く（『観経疏玄義分』）、「言南無者」

879　L1　外道の家にこそ無行無信の勧化を専らにすと大師は玄義分…（『観経疏玄義分』）

［観経疏散善義］

214　L9　真宗遇いがたし」（『観経疏散善義』）と云えるをや

214　L15　「一声一念」と云えり（『観経疏散善義』）

214　L15　下至一念」と云えり（『観経疏散善義』）

215　L6　『釈』（『観経疏散善義』）

215　L9　『釈』に「専心」（『観経疏散善義』）

236　L3　また言わく（『観経疏散善義』）、「何等為三」より下…

248　L12　光明寺の和尚の云く（『観経疏散善義』）、「この雑毒の行を…

249　L9　『釈』（『観経散善義』）に「不簡内外明闇」といえり

256　L9　光明寺の和尚の云く（『観経疏散善義』）の云く、「また回向…

262　L4　「専心」（『観経疏散善義』）

262　L4　「専念」（『観経疏散善義』）

262　L4　「専心専念」（『観経疏散善義』趣意）

270　L8　また云く（『観経疏散善義』）、「若念仏者」より下…

301　L12　光明寺の和尚云く（『観経疏散善義』）、「問うて曰く、四十八願の…

309　L6　また云く（『観経疏定善義』）、「西方寂静無為の楽…

367　L11　また云く（『観経疏散善義』）、「また真実に二種あり…

369　L12　また云く（『観経疏散善義』）、「浄土の要逢い難し…

375　L13　導和尚は「雑行」と称す（『散善義』）

380　L4　また云く（『観経疏散善義』）、「また決定して、…

381　L4　また云く（『観経疏散善義』）、「しかるに仏願の意を…

381　L7　また云く（『観経疏散善義』）、「仏告阿難汝好持是語…

453　L11　釈（『観経散善義』）の意を窺うに

455　L2　師釈（『観経散善義』）を披きたるに云く、「西岸の上に…

455　L3　また言わく（『観経散善義』）、「中間の白道は…

456　L3　宗師の釈（『観経散善義』）にいわく、

456　L4　人につき行につきて信を立つる中に云く（『観経散善義』）、「一心に弥陀
　　　　の名号を専念する…

456　L5　回向発願心の中に云く（『観経散善義』）、「この心深信…

456　L14　「一心に弥陀の名号を専念する…」（『観経疏散善義』）と

474　L4　光明寺の和尚の『観経』（『散善義』）に…、「まず上品上生…

478　L7　宗師の釈文（『観経散善義』）を案ずるに、「一者真実心中」…

478　L10　（『観経散善義』以下の引用文も同じ）…「二者深心、…

488　L6　「三者回向発願心」（『観経疏散善義』）は

563　（善導讃1）（左訓）「観経義の疏」（『観経疏散善義』）つくらんとて…

695　L1　不得外現　賢善精進之相」（『観経疏散善義』）というは

705　L13　光明寺の和尚の御釈（『観経疏散善義』）

710　L3　「一心専念」（『観経疏散善義』）

［観経疏序分義］

236　L1　また言わく（『観経疏序分義』）、「この五濁・五苦等は…

257　L8　また云く（『観経疏序分義』）、「」

270　L3　また云く（『観経疏序分義』）、「心歓喜得忍というは…

353　L10　またいわく（『観経疏序分義』）、「我今楽生弥陀より…

366　L10　また云く（『観経疏序分義』）、「また如是というは、…

367　L6　また云く（『観経疏序分義』）、「欲生彼国者」より、下、…

369　L10　また云く（『観経疏序分義』）、「定善は観を示す縁…

369　L11　また云く（『観経疏序分義』）、「散善は行を顕す縁…

［観経疏正観記］

210　L13　戒度の云く（『観経疏正観記』）、「仏名はすなわちこれ…

典籍　247

［観経疏定善義］

235　L12　光明寺の観経義（『観経疏定善義』）に云く、…

257　L12　また云く（『観経疏定善義』）、「金剛というは…、

263　L15　光明の云く（『観経疏定善義』趣意）、「この心作仏す…

354　L2　また云く（『観経疏定善義』）、「西方寂静無為の楽は、…

363　L8　光明寺の釈（『『観経疏定善義』に云く、「華に含みて…

374　L3　（『観経疏定善義』）如来、はるかに末代罪濁の凡夫を…

379　L13　光明寺の和尚の云く（『観経疏定善義』）、「自余の衆行、…

457　L2　宗師の解（『観経疏定善義』）を抜きたるに云く、「如意とは…

860　L7　善導大師の曰く（『観経疏定善義』）、「今時の有縁あい勧めて

［観経扶新論］

435　L1　度律師の云く（『観経扶新論』）、「魔はすなわち悪道の所収…

［観念法門］

199　L14　また云く（『観念法門』）、「生増上縁というは…

200　L3　また云く（『観念法門』）、「善悪の凡夫…

269　L15　また云く（『観念法門』）、「ただ阿弥陀仏を専念する衆生…

371　L12　また云く（『観念法門』）、「万劫功を修せんこと…」

540　（諸経意4）（左訓）まなこなき人となづく　目連所問経の文なり　観念法門…

626　（諸経意4）（左訓）まなこなき人という　目連所聞経の文なり　観念法門…

656　L4　観念法門に云く「又敬って　一切往生人等に白さく　若し此の…

706　L1　（『観念法門』）但有専念　阿弥陀仏衆生　彼仏心光　常照是人…

737　L1　又曰く（『観念法門』）、「言摂生増上縁者　如無量寿経…

738　L9　又曰く（『観念法門』）、「言護念増上縁者　乃至…

［観音授記経］

351　L8　『観音授記経』に説かく、「阿弥陀仏また入涅槃時あり」と。

［観仏三昧経］

192　L12　『安楽集』に云く、「『観仏三昧経』に云く、「父の王を…

［観無量寿経（観経）］

109　（標題）　仏説観無量寿経

111　（内題）　仏説観無量寿経

150　L11　この経（『観無量寿経』）を、極楽国土と無量寿仏・観世音…

150　L12　また（『観無量寿経』）、業障を浄除し、諸仏の前に生ずと名づく

151　（尾題）　仏説観無量寿経

196　L6　『観経』

198　L4　『観経』に云うがごとし、「もし礼念して阿弥陀仏を…

248

204	L13	『新無量寿観経』（『観経』）
209	L1	『経』（『観経』）に云く、「阿弥陀仏の相好の光明…
210	L8	『経』（『観経』）
212	L2	『観経』には、「極重の悪人、他の方便なし…
223	L2	『観経』
236	L7	『経』（『観経』）に云わく、「一者至誠心」
237	L7	『観経』
237	L13	『経』（『観経』）
244	L13	『観経』
260	L8	『観経』
267	L8	また言わく（『観経』）、「もし念仏する者は…
272	L9	『観経』
297	L9	『観経』
297	L12	『観無量寿経』に、「五逆・十悪もろもろの不善を具せる…
299	L5	『観無量寿経』に言うが…、「人ありて五逆・十悪を造り…
301	L7	『経』（『観経』）
301	L15	『観経』
350	L15	『観経』
359	L13	『観経』
359	L13	仏は『無量寿仏観経』の説のごとし。真身観の仏これなり
360	L15	『観経』の定散九品の文
364	L8	『観経』の定散諸機
364	L10	『観経』の三心
364	L10	釈家の意に依りて『無量寿仏観経』を按ずれば、顕彰隠密の…
365	L2	『経』（『観経』）には「教我観於清浄業処」といえり
365	L14	経（『観無量寿経』）
365	L15	『観経』
366	L2	『観経』のの定散二門
366	L8	『観経』
368	L6	『観経』
368	L11	『観経』
369	L13	『観経』の説
370	L2	『観経』
372	L12	『観経』には、方便・真実の教を顕彰す。
373	L7	『経』（『観経』）に真実あり
373	L10	『観経』には「深心」と説けり
376	L5	『観経』
379	L9	観経（『観無量寿経』）に言わく、「仏、阿難に告げたまわく…
380	L1	この『経』（『観経』）の定散の文の中に、「唯、名号を専念して生を得」と標す。

典籍　249

456　L2　『観経』の三心

462　L10　『無量寿仏観経』の意、定散・三幅・九品の教なり

464　L1　『観経』

465　L7　『観経』

467　L8　『観経』

474　L13　『経』（『観無量寿経』）にのたまわく、「一者至誠心」…

479　L6　『観経』

479　L9　此の経（『観経』）

480　L7　『観経』

497　L10　ひそかに『観経』の三心往生を案ずれば、

532　（大経意 12）　観経一部にあらわして

618　（大経意 12）　観経一部にあらわして

621　（内題）　観経意

623　（尾題）　観経意

693　L14　「具三心者必生彼国」（『観経』）

694　L5　『観経』の三心

694　L7　『観経』の三心

696　L5　「汝若不能念」（『観経』）というは

696　L9　「具足十念　称南無無量寿仏　称仏名故…」（『観経』）

705　L8　『経』（『観経』）…、「若念仏者　当知此人　是人中　分陀利華」

712　L7　『無量寿仏観経』（『観経』）

848　L12　『観経』の九品にもしばらく三心と説いてこれまた阿難に…

881　L10　『観経』の定散九品の文

906　L2　『観経』には、一者至誠心　二者深心　三者回向発願心」…

［観無量寿経義疏］

207　L10　元照云く（『観無量寿経義疏』巻上）、「いわんやわが仏大慈…

207　L15　また云く（元照『観無量寿経義疏』巻上）、「いま浄土の…

210　L2　慈雲法師の云く（元照『『観無量寿経義疏』）、…

210　L11　慈雲の讃（元照『観無量寿経義疏』）に云く、「了義の中の…

210　L12　大智（元照）唱えて云く（『観無量寿経義疏』）、「円頓一乗…

220　L1　元照律師の云く（『観無量寿経義疏』巻下）、「あるいはこの方にして…

［教行証文類］

167　（標題）　顕浄土真実教行証文類

171　（内題）　顕浄土真実教行証文類序

171　（内題）　顕浄土真実教行証文類　第一

173　（内題）　顕浄土真実教文類　一

176　（尾題）　顕浄土真実教文類　一

177　（内題）　顕浄土真実行文類　第二

177　（内題）　顕浄土真実行文類　二
230　（尾題）　顕浄土真実行文類　二
231　（内題）　顕浄土真実信文類　第三
231　（内題）　顕浄土真実信文類　序
232　（内題）　顕浄土真実信文類　三
304　（尾題）　顕浄土真実信文類　三
305　（内題）　顕浄土真実証文類　第四
305　（内題）　顕浄土真実証文類　四
309　L12　それ真宗の教行信証を案ずれば
327　（尾題）　顕浄土真実証文類　四
329　（内題）　顕浄土真仏土文類　五
329　（内題）　顕浄土真仏土文類　第五
357　（尾題）　顕浄土真仏土文類　五
359　（内題）　顕浄土方便化身土文類　第六
359　（内題）　顕浄土方便化身土文類　六
437　（尾題）　顕浄土真実教行証文類　六
441　L4　真宗教行証を敬信す
836　L2　『顕浄土方便化身土文類六』に…、…「しかるに愚禿釈鸞、…
841　L8　『顕浄土方便化身土文類六』…、「…聖道の諸経、行証…
868　L3　六巻の鈔（『教行証文類』）
868　L3　一代蔵を拔いて…六巻の鈔を記し…教行信証の文類と号す
879　L6　まさしく他力なり」と『教行証』に判じ給えり
885　L4　『教行証』には行の巻に血脈を挙げて、…
886　L5　撰集し給うところの『教行証』一部六巻
886　L9　御自筆の『教行証』
900　L9　『教行証』
916　L6　『教行証』
926　L1　『教行信証』

［空寂所問経（偽経？）］
429　L6　『空寂所問経』

［愚禿鈔］
459　（標題）　愚禿抄
461　（内題）　愚禿抄
461　（内題）　愚禿鈔上
474　（内題）　愚禿鈔下
486　（内題）　愚禿鈔下末
868　L9　『愚禿鈔』

［黒谷の法語］
928　L9　黒谷の法語にも、「永劫の修行は、これ誰がためぞ…

［華厳経］
193　L15　『華厳経』に云うがごとし…
194　L6　『かの経』(『華厳経』)に云く…
217　L14　『経』(『華厳経』)に言わく、「十方無碍人…
221　L9　『華厳経』(『大方広仏華厳経』巻五 晋訳)に言わく、「文殊の法は…
245　L5　入法界品(『華厳経［六十華厳］』巻五十九)
252　L4　『華厳経』(入法界品 晋訳 巻六十)に言わく、「この法を聞きて信心を歓
　　　　　喜して…
252　L6　また言わく(『華厳経』入法界品 唐訳 巻六十)、「如来、よく永く…
252　L8　また言わく(『華厳経』賢首品 唐訳 巻十四)、「信は道の…
307　L4　荘厳眷属功徳成就」と『偈』に、如来浄華衆正覚華化生の…
345　L14　『華厳経』の宝王如来の性起の義に同じ。
386　L8　『華厳経』(唐訳 巻七十七)に言わく、「汝、善知識を念ずるに、わ…
386　L11　また言わく(『華厳経』唐訳 巻六十)、「如来大慈悲…
421　L4　また言わく(『華厳経』晋訳 巻二十四)、「占相を離れて正見を修習せし
　　　　　め、…
437　L12　『華厳経』(唐訳 巻七十五)の偈に云うがごとし…
707　L6　『経』(旧訳『華厳経』巻六十)には「諸仏とひとしすぐれたる強縁とな
　　　　　りきひと」
759　L3　釈迦如来の御善知識は一百一十人なり。『華厳経』に見えたり。
800　L6　『華厳経』に「信心歓喜者 与諸如来等」というは、信心を…
806　L3　『華厳経』に「聞此法歓喜 信心無疑者 速成無上道 与諸如来等」と」
813　L10　『華厳経』を引きて)『(浄土)和讃』にも、「信心よろこぶ…
905　L15　『花厳経』には一切の梵行因無量なりといえども…

［賢愚経］
399　L4　『賢愚経』(巻十二 波婆離品第五十〈趣意〉)に言わく、「もし檀越、将来
　　　　　末世に法乗尽きんとせんに、…」
399　L6　また云く(『賢愚経』?)、「もし破戒を打罵し…

［賢劫経］
391　L14　『賢劫経』
392　L9　『賢劫経』を引きて言わく、「仏涅槃の後、正法五百年、…

［顕正流義抄］
871　(標題)　顕正流義抄
873　(内題)　顕正流義抄

873　（内題）　顕正流義鈔　本
880　（尾題）　顕正流義鈔　末
887　（尾題）　顕正流義鈔　末

［皇太子聖徳奉讃］
657　（標題）　皇太子聖徳奉讃
659　（内題）　皇太子聖徳奉讃
673　憲法（十七条憲法）（『皇太子聖徳奉讃』）
673　はこの蓋の銘
677　憲章の第二（憲法十七条　第二）にのたまわく、三宝にあつく…

［五会念仏法事儀讃］
201　L2　『浄土五会念仏略法事儀讃』に云く、「それ如来、教を設け…

［五会法事讃］
214　L9　「念仏成仏これ真宗」（『五会法事讃』）と云えり
681　L9　如来尊号甚分明　十方世界普流行…（『五会法事讃』）
685　L10　彼仏因中立弘誓　聞名念我総迎来…（『五会法事讃』）
695　L10　「不簡破戒罪根深」（『五会法事讃』）というは
861　L6　（万行之中為急要　迅速無過浄土門…）『五会法事讃』）

［後世物語］
766　L7　『唯信鈔』『後世物語』『自力他力』なんどの文ども…
771　『唯信鈔』『後世物語』『自力他力』この御文どもを…
781　『唯信鈔』『後世物語』『自力他力の文』のこころども
784　L12　よくよく『唯信鈔』『後世物語』なんどを御覧あるべく…
790　L8　『後世ものがたりの聞書』

［御手印縁起］
671　（聖徳奉讃）　太子の御こと（『御手印縁起』）
671　（聖徳奉讃）　御手印の縁起

［御消息］
753　（標題）　親鸞聖人御消息
757　L1　古写本　専修寺蔵
757　L2　（書き出し）　有念無念来迎は
759　L12　真仏御坊御返事
760　L2　（書き出し）　護念坊のたよりに
760　L5　御消息集　永福寺本
762　L1　（書き出し）　教忍御坊御返事

典籍　253

762　L2　御消息集 永福寺本

762　L3　方々よりの御こころざし

765　L11　御消息集 永福寺本

765　L13　（書き出し）　御文たびたびまいらせ候いき

769　L6　御消息集 永福寺本

769　L7　（書き出し）　なにごとよりは聖教の教えをも知らず

771　L3　御消息集 永福寺本

771　L4　（書き出し）　なにごとよりは如来の御本願の

772　L4　御消息集 永福寺本

772　L5　（書き出し）　文書きてまいらせ候う

774　L9　御消息集 永福寺本

774　L10　（書き出し）　まずよろずの仏菩薩を

777　L5　御真筆 東本願寺蔵

777　L6　（書き出し）　笠間の念仏者の疑い問われたる事

780　L6　御消息集 永福寺本

780　L7　（書き出し）　九月二十七日の御文

782　L1　御真筆 専修寺蔵

782　L2　（書き出し）　この円仏坊下られ

782　L9　御消息集 永福寺本

782　L10　（書き出し）　さては念仏のあいだのこと

785　L3　御真筆 専修寺蔵

785　L4　（書き出し）　四月七日の御ふみ

785　L14　覚信房御返事

786　L5　古写本 専修寺蔵

786　L6　（書き出し）　仰せられたること

788　L7　慈信坊御返事

788　L10　血脈文集 上宮寺本

788　L11　（書き出し）　この御文どものよう詳しく

791　L5　（書き出し）　性信坊御返事

791　L10　御消息集 永福寺本

791　L11　（書き出し）　六月一日の御文

793　L8　御消息集 永福寺本

793　L9　（書き出し）　下らせ給いてのち

794　L11　血脈文集 上宮寺本

794　L12　（書き出し）　武蔵よりとて

795　L11　末灯抄祖本 専修寺蔵

795　L12　（書き出し）　また五説というは

797　L12　御真筆 専修寺蔵

797　L13　（書き出し）　尋ね仰せられて候う摂取不捨

798　L12　しのぶの御房の御返事

798	L13	御消息集 善性本
799	L1	（書き出し）　信心を得たる人は
800	L5	御消息集 善性本
800	L6	（書き出し）　これは経の文なり
801	L2	御真筆 専修寺蔵
801	L3	（書き出し）　尋ね仰せられて候う事かえすがえす
802	L1	浄信御房御返事
802	L2	御消息集 善性本
802	L3	専信上書
802	L11	聖人返書
802	L11	（書き出し）　仰せ候うところの往生の業因は
804	L7	末灯抄祖本 専修寺蔵
804	L8	（書き出し）　御尋ね候うことは弥陀他力の
805	L12	御消息集 善性本
805	L13	浄信上書
806	L1	無碍光如来の慈悲光明に
806	L9	御真筆 専修寺蔵
806	L9	浄信御坊御返事
806	L11	（書き出し）　如来の誓願を信ずる心
808	L11	浄信御坊御返事
808	L12	御消息集 永福寺本
808	L13	（書き出し）　諸仏称名の願と申し
810	L1	慶西御坊御返事
810	L2	古写本 専修寺蔵
810	L3	（書き出し）　御文くわしく承り候いぬ。さてはこの御不審
811	L2	古写本 専修寺蔵
811	L3	（書き出し）　御文くわしく〜御法文の御不審
812	L3	末灯抄祖本 専修寺蔵
812	L4	（書き出し）　尋ね仰せられ候う念仏の不審のこと
813	L4	有阿弥陀仏 御返事
813	L5	慶信の上書
813	L6	慶信上書に聖人の加筆
815	L11	慶信追手書
816	L3	聖人加筆の御返事
816	L4	（書き出し）　南無阿弥陀仏をとなえての上に
816	L9	御消息集 善性本
816	L9	蓮位添状
820	L4	顕智書写本 専修寺蔵
820	L5	（書き出し）　獲字は因位のとき得るを（獲得名号自然法自爾御書）
823	L5	御真筆 専修寺蔵

典籍　255

823　L6　（書き出し）　閏十月一日の御文
824　L8　高田の入道殿御返事
824　L9　御消息集　永福寺本
825　L3　唯信御坊　御返事
825　L4　末灯抄祖本　専修寺蔵
825　L5　（書き出し）　なによりも去年今年老少男女
826　L10　末灯抄祖本　専修寺蔵
826　L11　（書き出し）　『宝号経』にいわく。弥陀の本願は、行にあらず…

［高僧伝］
685　『伝』（左訓 - 高僧伝なり、法照禅師（後善導）、『龍舒浄土文』・『楽邦文類』）

［金光明経］
542　四巻の経（『金光明経』北涼・曇無讖訳）
542　金光明の寿量品
629　四巻の経（『金光明経』北涼・曇無讖訳）
629　金光明の寿量品

［金光明最勝王経］
542　十巻なり（『金光明最勝王経』唐・義浄訳）
629　十巻なり（『金光明最勝王経』唐・義浄訳）

［金剛般若会釈］
393　L14　『般若会の釈』（『金剛般若会釈』）に云く、「正法五百年…

さ

［薩遮尼乾子経］
303　L10　『薩遮尼乾子経』（『大薩遮尼乾子所説経』）に説くがごとし、…

［讃阿弥陀仏偈］
195　L1　『大経の讃』（『讃阿弥陀仏偈』）
235　L8　讃阿弥陀仏偈に曰く、「あらゆるもの、阿弥陀の徳号を…
308　L11　『大経』に傍えて奉讃して曰く（『讃阿弥陀仏偈』）…
348　L8　『讃阿弥陀仏偈』
348　L8　釈して無量寿傍経と名づく、讃めたてまつりてまた安養という
511　L7　讃阿弥陀仏偈
511　L9　（割注）釈して無量寿傍経と名づく　讃めたてまつりてまた安養と曰う
594　L5　讃阿弥陀仏偈
594　L7　（割注）釈して無量寿傍経と名づく　讃めたてまつりてまた安養と曰う

［讃阿弥陀仏偈和讃］
514　（標題）　讃阿弥陀仏偈和讃
597　（標題）　讃阿弥陀仏偈和讃

［懺儀］
244　L14　『懺儀』に依りて要文を鈔して云く、「二には深心…
387　L6（割註）　智昇法師『懺儀』文

［三帖和讃］
509　（標題）　三帖和讃 国宝本
591　（標題）　三帖和讃 顕智本

［四分律］
400　L6　『律』（『四分律』巻五十七〈趣意〉）に云く、「非制を制するは、すなわち
　　　　　三明を断ず、記説する所これ罪あり」と。

［自力他力］
766　L7　『自力他力』
771　L7　『自力他力』
781　L4　自力他力の文
790　L8　『自力他力の文』

［釈迦才の浄土論］
734　L8　釈の迦才の三巻の浄土論
735　L5　釈迦才の三巻の浄土論

［釈浄土群疑論］
564　（善導讃6）　懐感禅師の釈（『釈浄土群疑論』）
571　（源信讃4）　（左訓）懐感禅師の群疑論
571　（源信讃4）　懐感法師の釈（『釈浄土群疑論』）

［釈蓮位夢想の告げ］
924　L6　釈蓮位夢想の告げにも、「親鸞聖人を礼し給いて…
924　L6　釈蓮位夢想の告げにも、「聖徳太子、鸞聖人を礼し給いて…

［首楞厳経］
208　L3　『首楞厳』（波羅蜜三蔵訳『首楞厳経』）
300　L7　『首楞厳経』に言わく、「譬えば薬あり、名づけて滅除という。…
421　L5　『首楞厳経』（巻六）に言わく、「かれらの諸魔、…
473　L3　『勢至章』（『首楞厳経』）

典籍　257

627　首楞厳経
729　L6　『首楞厳経』に言わく、「勢至、念仏円通を獲二念仏円通一 …

[周異記（佚書）]
394　L2　『周異』（『周異記』）の説に依りて言わく、「仏、第五の主…

[集一切福徳三昧経]
422　L3　『集一切福徳三昧経』（巻中）の中に言わく、「余乗に…

[集諸経礼懺儀]
199　L9　智昇法師『集諸経懺儀』下巻は善導和尚の『礼懺』なり…
215　L2　『集諸経礼懺儀』の下巻に云く、「深心は…
244　L11　『集諸経礼懺儀』上下　大唐西崇福寺の沙門智昇の撰なり
244　L12　『懺儀』の上巻は、智昇、諸経に依りて『懺儀』を…

[地蔵十輪経]
303　L14　かの『経』（『大乗大集地蔵十輪経』巻三）、「一には不善心…
421　L12　『地蔵十輪経』（『大乗大集地蔵十輪経』巻六）に言わく、「具に正しく帰
　　　　　依して、一切妄執吉凶を遠離せんものは、ついに邪神・外道に帰依せざ
　　　　　れ」と。
421　L14　また言わく（『地蔵十輪経』巻三）、「あるいは種種に、もしは少もしは
　　　　　多、吉凶の相を執して、鬼神を祭りて、…」

[十往生経]
198　L2　『十往生経』に云く、「もし衆生ありて阿弥陀仏を…

[十七条憲法]
673　十七の憲章（十七条憲法）

[十住毘婆沙論]
181　L15　『十住毘婆沙論（入初地品）』に曰く、「ある人の言わく…
182　L11　問うて曰く（『十住毘婆沙論（入初地品）』）「初地、何がゆえ…」
183　L10　問うて曰く（『十住毘婆沙論（地相品）』）、「初歓喜地…
184　L11　問うて曰く（『十住毘婆沙論（地相品）』）、「凡夫人の…
185　L15　また言わく（『十住毘婆沙論（浄地品）』）、「信力増上…」
186　L2　また曰く（『十住毘婆沙論（易行品）』）、「仏法に無量の門…
188　L14　『十住毘婆沙』
190　L1　阿弥陀如来の『讃』（『十住毘婆沙論』（易行品）』）
442　L12　『十住毘婆沙論』に云く、「疾く不退転地を得んと欲わば、…」
449　L7　『十住毘婆沙論』を造りて、難行の険路…

494　L8　『十住毘婆沙論』

513　十住毘婆沙論

547　十住毘婆沙（『十住毘婆沙論』）

596　十住毘婆沙論

731　L7　『十住毘婆沙論』に曰く、「人能念是仏　無量力功徳…

749　L12　「即時入必定」（『十住毘婆沙論』）とのたまえり

［十地経］

311　L9　『十地経』

［十二礼］

857　L4　稽首天人所恭敬　阿弥陀仙両足尊…（『十二礼』）

［十誦律］

400　L10　『鹿子母経』（『十誦律』）

［述文讃］

175　L7　憬興師の云く（『述文賛』巻中）、「今日世尊住奇特法」…

205　L1　憬興師の云く（『無量寿経連義述文讃（『述文讃』)』）（巻中）…

205　L12　また言わく（『述文讃』)巻中）、「福智の二厳成就…

205　L14　また云く（『述文讃』巻下）、「久遠の因に籍りて…

205　L15　また云く（『述文讃』巻下）、「人、聖国に、妙なり…

206　L3　また云く（『述文讃』巻下）、「易往而無人…

206　L5　また云く（『述文讃)』巻中）、「本願力故というは…

206　L8　また云く（『述文讃』巻下）、「惣じてこれを言わば、…

206　L10　また云く（『述文讃』巻下）、「すでに、「この土にして…

206　L12　また云く（『述文讃』巻下）、「仏の威徳広大を…

354　L11　憬興師の云く（『述文賛』巻中（、「無量光仏、…

363　L10　憬興師の云く（『述文賛』巻下）、「仏智を疑うに由りて、…

［称讃浄土経］

201　L12　『称讃浄土経』

457　L11　『称賛浄土経』

501　『称讃浄土経』

511　L2　『称讃浄土経』

693　L3　『経』（『称讃浄土経』）には「極難信法」とのたまえり

［諸経要文］

926　諸経要文

典籍　259

［助菩提］
　　182　L2　『助菩提』（『菩提資糧論』）の中に説くがごとし…

［上宮太子御記］
　　671　（左訓）太子のおん日記（『上宮太子御記』）

［浄土群疑論］
　　363　L12　『感禅師の釈』（『浄土群疑論』）を引きて云く、…
　　364　L1　『群疑論』（『浄土群疑論』）
　　375　「諸行」といえり（『浄土群疑論』）

［浄土高僧和讃］
　　547　（内題）　浄土高僧和讃
　　578　（尾題）　高僧和讃
　　578　（尾題）　高僧和讃
　　923　L9　聖人の和讃にも、「本願真宗にあいぬれば　凡夫念じて…
　　927　L4　聖人の和讃にも、「弥陀の報土をねがう人　外儀のすがたは…

［浄土三部経］
　　372　L13　三経（『浄土三部経』）の真実は選択本願を宗となすなり

［浄土文類聚抄］
　　439　（標題）　浄土文類聚抄
　　441　（内題）　浄土文類聚抄
　　458　（尾題）　浄土文類聚抄

［浄土本縁経］
　　900　L1　『浄土本縁経』

［浄土論］
　　188　L9　『浄土論』に曰く、「われ修多羅　真実功徳相…」
　　188　L11　また曰く（『浄土論』）、「菩薩は四種の門に…」
　　189　L11　『願生の偈』（『浄土論』）
　　190　L3　『論』（『浄土論』）の長行
　　190　L6　『論』（『浄土論』）
　　218　L3　『論』（『浄土論』）に、「五門の行を修して…
　　228　L4　『論』（『浄土論』）
　　228　L5　『論』（『浄土論』）
　　256　L1　『論』（『浄土論』）に曰く、「また向に観察荘厳仏土…
　　258　L1　我一心（『浄土論』）

258 L1 「如彼名義欲如実修行相応故」(『浄土論』)と言えり。

306 L15 『浄土論』に曰く、「「荘厳妙声功徳成就」は、『偈』に、…

306 L15 『偈』(『浄土論』)に、「梵声悟深遠微妙聞十方のゆえに…

307 L1 『経』に言わく(『浄土論』)、「もし人、ただ、かの国土の清浄安楽なるを…

307 L4 『偈』(『浄土論』)に、「正覚阿弥陀法王善住持のゆえに…

308 L4 『偈』(『浄土論』)に、「観彼世界相勝過三界道」のゆえにと…

310 L3 『浄土論』に曰く、「出第五門というは、…

314 L2 『浄土論』)いかんが菩薩の荘厳功徳成就を観察する。…

314 L6 (『浄土論』)「何ものをか四とする。…

314 L7 『偈』(『浄土論』)に、「「安楽国は清浄にして、…

315 L5 『偈』(『浄土論』)に、「無垢荘厳の光、一念および一時に…

315 L8 『偈』(『浄土論』)に、「天の楽・華・衣・妙香等を…

315 L15 『偈』(『浄土論』)に、「なんらの世界に、仏法功徳宝…

316 L5 浄入願心とは(『浄土論』)、「また向に観察荘厳仏土就…

316 L10 (『浄土論』)「略して入一法句を説くがゆえに」と…

317 L1 (『浄土論』)「一法句とは、謂わく清浄句なり。…

317 L14 (『浄土論』)「なんらか二種、一は器世間清浄、…

319 L2 (『浄土論』)「かくのごときの菩薩は、奢摩他・毘婆舎那、略修行成就して柔軟心なり」

319 L5 (『浄土論』)「実のごとく広略の諸法を知る」

319 L7 (『浄土論』)「かくのごとき巧方便回向を成就したまえり」

319 L11 (『浄土論』)「何ものか菩薩の巧方便回向。…

320 L15 (『浄土論』)「菩薩かくのごときよく回向成就したまえる…

321 L4 (『浄土論』)「二は慈悲門に依れり。一切衆生の苦を…

321 L7 (『浄土論』)「三は方便門に依れり。…

321 L9 (『浄土論』)「これを三種の菩提門相違の法を遠離す…

321 L11 (『浄土論』)「菩薩はかくのごとき三種の菩提門相違の法…

321 L15 (『浄土論』)「二は安清浄心。一切衆生の苦を抜くを…

322 L3 (『浄土論』)「三は楽清浄心。…

322 L6 (『浄土論』)「衆生を摂取してかの国土に生ぜしむる…

322 L7 (『浄土論』)「これを三種の随順菩提門の法、満足せり…

322 L9 (『浄土論』)「向に智慧・慈悲・方便三種の門、…

323 L3 (『浄土論』)「向に遠離我心貪着自身…

323 L8 (『浄土論』)「向に無染清浄心・安清浄心・楽清浄心を…

323 L15 (『浄土論』)「かくのごとき菩薩は智慧心、…

324 L4 (『浄土論』)「これを菩薩摩訶薩、五種の法門に…

324 L10 (『浄土論』)「また五種の門ありて、…

325 L3 (『浄土論』)「この五種の門は、初めの四種の門は…

325 L5 (『浄土論』)「入第一門というは、阿弥陀仏を礼拝して…

典籍　261

325	L8	（『浄土論』）「入第二門というは、阿弥陀仏を賛嘆し、…
325	L11	（『浄土論』）「入第三門とは、一心に専念し作願して、…
325	L14	（『浄土論』）「入第四門というは、…
326	L5	（『浄土論』）「出第五門というは、大慈悲をもって…
345	L6	『浄土論』
345	L9	『偈』（『浄土論』）に、「観彼世界相勝過三界道故」と
348	L2	『偈』（『浄土論』）に、仏の本願力を観ずるに、遇いて空しく過ぐるもの なし
356	L5	『論』（『浄土論』）には「帰命尽十方無碍光如来…
356	L9	『論』（『浄土論』）には、「如来浄華衆正覚華化生…
443	L1	『浄土論』に云く、「世尊我一心に尽十方無碍光如来に…
449	L10	『論』（『浄土論』）を作りて説かく、「修多羅によりて…
450	L4	『論』（『浄土論』）を註解して …」
452	L2	『論』（『浄土論』）
471	L11	『浄土論』に曰く、「世尊、我一心に、…
501	L12	『優婆提舎願生の偈』、宗師これを『浄土論』と名づく。
501	L12	『浄土論』
501	L13	宗師これを『浄土論』と名づく
505	L2	『婆薮盤豆菩薩の論』（『浄土論』）
690	L3	『論』（『浄土論』）
692	L9	「願作仏心」とのたまえり（『浄土論』）
713	L10	『浄土論』に曰く、「観彼本願力　遇無空過者…
720	L9	『浄土論』に曰く、「本願力の回向をもってのゆえに…
732	L3	『婆薮般豆菩薩論』（『浄土論』）曰。「世尊我一心…
732	L5	又曰く（『浄土論』）、観仏本願力　遇無空過者　能令速満足　功徳大宝海」
732	L9	この『論』をまた『往生論』といえり（『浄土論』）
732	L9	『浄土論』
733	L11	『浄土論』
735	L3	『浄土論』
764	L14	『浄土論』

［浄土論註］

188	L14	『論の註』（『浄土論註』）に曰く、「謹んで龍樹菩薩の…
189	L12	また云く（『浄土論註』巻上）、「また所願軽からず…
190	L13	『大乗経論』（『浄土論註』巻上）、処々に「衆生畢竟無生…
191	L10	（『浄土論註』巻上）「我依修多羅…
192	L8	（『浄土論註』巻下）「いかんが回向する…
213	L13	『論の註』（『浄土論註』巻下）に曰く、「かの安楽国土は…
216	L9	『論』（『浄土論註』巻下）に曰く、「本願力というは…
222	L6	『浄土論』（『浄土論註』巻下）に…「何ものか荘厳不虚作住持…

222　L13　また曰く（『浄土論註』巻上）、「海とは…

225　L13　宗師の釈（『浄土論註』巻上）を披きたるに…、「それ菩薩…

234　L9　『論の註』（浄土論註』巻下）

254　L10　『論の註』（『浄土論註』巻下）曰く、「如実修行相応…

254　L11　また言わく（『浄土論註』巻下）、「経の始めに如是と称す…

255　L9　浄土論（『浄土論註』巻下）に曰く、「いかんが回向せる…

256　L1　また云く（『浄土論註』巻下）、「浄入願心とは、…

256　L6　『論』（『浄土論註』巻下）に曰く、「出第五門とは…

259　L1　論の註（『浄土論註』巻下）に云く、「王舎城所説の…」

263　L8　論の註（『浄土論註』巻下）に曰く、「かの安楽浄土に…

263　L11　また云く（『浄土論註』下巻）、「是心作仏」とは…

297　L11　『論の註』（『浄土論註』巻上）に曰く…

308　L2　また言わく（『浄土論註』巻下）、「往生を願うもの…

308　L4　『論』（『浄土論註』巻下）に曰く、「荘厳清浄功徳成就…

310　L1　『註論』（『浄土論註』）

310　L2　『論の註』

310　L6　『論註』（『浄土論註』巻下）に曰く、還相とは…

310　L11　また言わく（『浄土論註』巻下）、「すなわちかの仏を…

345　L9　『註論』（『浄土論註　巻下』）

345　L12　また言わく（『浄土論註』巻上）、「正道の大慈悲は、…

346　L14　また云く（『浄土論註』巻上）「問うて曰く、法蔵菩薩の本願力…

347　L7　また云く（『浄土論註』巻下）、「不可思議力は…

347　L12　また云く（『浄土論註』巻下）、「自利利他を示現す…

348　L2　また云く『浄土論註』巻下）

356　L9　（『浄土論註』巻下）「同一念仏無別道故」

372　L4　『論の註』に曰く（『浄土論註』巻下）、「二種功徳相…

447　L5　『註論』（『浄土論註』巻上）を披閲するに言わく、…

494　L8　曇鸞菩薩の『論』（『浄土論註』）

704　L10　『浄土論』（『浄土論註』巻下）に曰く、「若人但聞彼国土…

704　L10　経（『浄土論註』巻上）

735　L3　註解往生論（『浄土論註』）

735　L4　『註論』（『浄土論註』）

750　L1　「入正定之数」（『浄土論註』巻上、趣意）とおしえたまえり

817　L12　曇鸞の註

874　L7　論の註

［浄土和讃］

511　（内題）　浄土和讃

529　（内題）　浄土和讃

529　（内題）　大経意

535　（内題）　観経意
535　（尾題）　大経意
537　（尾題）　観経意
538　（内題）　弥陀経意
539　（尾題）　弥陀経意
539　（内題）　諸経意弥陀仏和讃
539　（内題）　諸経意弥陀仏和讃
541　（尾題）　諸経意
542　（内題）　現世の利益和讃
544　（尾題）　現世利益
544　弥陀一百八首（『浄土和讃』）
545　（内題）　首楞厳経によりて大勢至菩薩和讃したてまつる
578　弥陀和讃
593　（内題）　浄土和讃
614　（内題）　浄土和讃
614　（内題）　大経意
620　（尾題）　大経意
623　（内題）　弥陀経意
624　（尾題）　弥陀経意
625　（内題）　諸経意によりて弥陀和讃
625　（内題）　諸経意によりて弥陀和讃
627　（内題）　首楞厳経によりて大勢至菩薩和讃し奉る
627　（尾題）　諸経意
629　（内題）　現世利益
629　（内題）　大勢至菩薩
632　（尾題）　現世利益
813　L8　『（浄土）和讃』

［心地観経］
212　L4　『心地観経』（『大乗本生心地観経』）
942　L5　『心地観経』

［真宗の聞書］
790　L12　『真宗の聞書』

［須弥四域経（偽経）］
429　L5　『須弥四域経』（偽経、佚書）
683　L1　ある経（『須弥四域経』〈『安楽集』巻下、所引〉には、

［成実論］
　　　433　L6　『成実論』

［正信念仏偈］
　　　226　L2　「正信念仏偈」
　　　749　L7　「正信偈」
　　　899　L4　正信念仏の偈
　　　899　L13　『正信念仏の偈』
　　　904　L2　『正信偈』
　　　907　L3　『正信偈』
　　　927　L10　『正信偈』には、「証知生死即涅槃」と述べ給えり
　　　951　L5　『正信念仏の偈』にも

［正信法門（佚書）］
　　　208　L1　『正信法門』（佚書）

［正像末法和讃］
　　　578　（標題）　正像末法和讃
　　　635　（標題）　正像末法和讃
　　　636　（内題）　正像末法和讃
　　　648　（尾題）　弥陀如来和讃
　　　649　（内題）　愚禿述懐
　　　653　（尾題）　疑惑罪過
　　　653　（内題）　愚禿悲歎述懐
　　　655　（尾題）　愚禿悲歎述懐
　　　921　L12　聖人の和讃（『愚禿悲歎述懐』）にも、「浄土真宗に…

［正法念経］
　　　390　L9　『正法念経』に云く、「行者、一心に道を求めん時、…
　　　431　L7　『正法念経』

［勝鬘経］
　　　667　勝鬘（経）
　　　668　勝鬘経

［勝鬘経義疏］
　　　668　義疏（『勝鬘経義疏』）

［選択本願念仏集］
　　　213　L5　『選択本願念仏集』に云く、「往生の業は念仏を本とす」

典籍　265

213　L6　また云く（『選択本願念仏集』）

436　L6　『選択』

436　L6　『選択本願念仏集』

436　L13　『選択本願念仏集』

744　L7　『選択本願念仏集』（巻上）に云く、「南無阿弥陀仏　往生之業　念仏為本」

744　L8　又曰く（『選択本願念仏集』巻上）、「夫速欲離生死…

744　L11　又曰く（『選択本願念仏集』巻上）、「当知生死之家…

836　L4　源空聖人『選択集』わたしたてまつるところなり

836　L4　『選択本願念仏集』内題の字

836　L10　『選択本願念仏集』というは

837　L4　源空聖人『選択集』わたしたてまつるところなり

884　L2　『選択集』

885　L3　『選択集』

885　L6　『選択本願念仏集』内題の字

885　L6　恩恕をかぶりて選択を書しき

885　L6　選択本願念仏集の内題の字

925　L12　選択を相伝し

［尊号真像銘文］

　　　723　（標題）　尊号真像銘文

　　　725　（内題）　尊号真像銘文

　　　725　（内題）　尊号真像銘文　本

　　　729　L5　大勢至菩薩御銘文

　　　731　L6　龍樹菩薩御銘文

　　　734　L5　斉朝の曇鸞和尚の真像の銘文

　　　735　L8　唐朝光明寺善導和尚真像銘文

　　　739　L10　皇太子聖徳御銘文

　　　742　L1　（内題）　尊号真像銘文　末

　　　742　L3　首楞厳院源信和尚の銘文（『往生要集』巻中本）、「我亦在彼…

　　　742　L12　日本源空聖人真影

　　　742　L13　四明山権律師劉官讃「普勧道俗　念弥陀仏…

　　　744　L6　比叡山延暦寺宝幢院黒谷源空聖人真像

　　　746　L8　法印聖覚和尚の銘文（内題）「夫根有利鈍者…

た

［太子御縁起］

　　　739　L11　『御縁起』（『上宮太子御記』）

　　　739　L14　「御縁起日」というは聖徳太子の御縁起なり

266

［太子手印の御記］

662　（聖徳奉讃）　太子手印の御記にいわく

［太子伝暦］

739　L13　「新羅国聖人日羅礼日（『聖徳太子伝暦』）　敬礼救世　観音大菩薩　伝灯
東方　粟散王」文

［大阿弥陀経］

178　L15　『仏説諸仏阿弥陀三那三仏薩楼仏檀過度人道経』（『大阿弥陀経』）に…

265　L3　『大阿弥陀経』（巻下）に言わく、「超絶して去つること…

331　L10　『仏説諸仏阿弥陀三耶三仏薩楼仏檀過度人道経』（『大阿弥陀経』）に…

356　L3　また「諸仏中の王なりや、光明中の王…（『大阿弥陀経』）

472　L12　『諸仏阿弥陀三耶三仏薩楼仏檀過度人道経』（『大阿弥陀経』）に言わく…

［大経義疏（偽書）］

211　L11　法相の祖師 法位の云く（『大経義疏』（偽書）、…

［大集経］

267　L9　『大集経』（『大方等大集経』巻十一の取意文）

372　L7　『大集経』の月蔵分「わが末法の時の中に…」

390　L13　『大集の月蔵経』（巻五十五）に云く、「仏滅度の後の…

391　L8　『大集経』（巻五十五〈趣意〉）、わが末法の時の中の…

393　L9　『大集経』の五十一（『大集経』巻五十一）の、「わが滅度の後…」

394　L9　『大集』（巻五十五 月蔵分 第十二〈趣意〉）に云く…

395　L5　『大集』の第九（巻五十五 月蔵分 第十二〈趣意〉）に…

396　L2　『大集経』（巻二十四）に、「国王・大臣、破戒僧を…

396　L11　『大集』

398　L15　『大集』（『大集経』巻五十五〈趣意〉）

399　L2　『大集』の五十二（『大集経』巻五十二）に云く、…

401　L3　『大乗大方等日蔵経』巻第八…（『大集経』巻四十二）、…

403　L5　『日蔵経』巻第九「念仏三昧品」の第十（『』巻四十三）…

405　L3　『日蔵経』の巻第十「護塔品」第十三（『大集経』巻四十五）…

405　L15　『大方等大集月蔵経』巻第五「諸悪鬼神得敬信品」…

407　L2　『大方等大集経』巻第六月蔵分中に…

419　L11　『提頭頼吒天王護持品』（『大集経』巻五十二）に云わく、…

420　L12　また云く（『大集経』巻五十三）、その時にまた…

505　L13　『大集経』（『大方等大集月蔵経』・『安楽集』巻上）

581　（正像末法讃14）　大集経

636　（正像末法讃14）　大集経（『安楽集』所引『大方等大集月蔵経』）

915　L2　『大集月蔵経』

典籍　267

［大術経］
　　　392　L15　『大術経』（『摩訶摩耶経』巻下〈趣意〉）に依るに、「仏涅槃…

［大乗起信論］
　　　208　L4　『摩訶衍論』（『大乗起信論』）
　　　355　L10　『起信論』（『大乗起信論』）に曰く、「もし説くといえども、…
　　　423　L6　『起信論』（『大乗起信論』）に曰く、「あるいは衆生ありて…

［大乗同性経］
　　　350　L10　『大乗同性経』…西方の安楽阿弥陀仏は、これ報仏報土なり…

［大乗の義疏］
　　　667　大乗の義疏（『法華経義疏』・『勝鬘経義疏』・『維摩経義疏』）

［大智度論］
　　　194　L10　『摩訶衍』（『大智度論 』）
　　　268　L3　『大智度論』に依るに、「三番の解釈あり…
　　　389　L5　『大論』（『大智度論』巻九）に四依を釈して云く…
　　　473　L3　『大論』（『大智度論』）に云く、〈譬えば、魚母のもし子を…
　　　547　智度（『大智度論』）
　　　549　智度論（『大智度論』）

［大悲経］
　　　269　L1　『大悲経』（『安楽集』巻下）に云わく、「いかんが名づけて大悲…
　　　399　L7　『大悲経』（巻三 礼拝品 第八〈趣意〉）に云く、…

［大品般若経］
　　　351　L12　『大品経（『大品般若経（羅什訳)』）の涅槃非化品』に云く…

［大方広十輪経］
　　　398　L6　『十輪』（『大方広十輪経』巻三相輪品〈趣意〉）に言わく…

［大涅槃経］
　　　283　L6　『大涅槃経』

［嘆徳文］
　　　865　（標題）　嘆徳文

［中興上人御書］
　　　897　（標題）　中興上人御書

268

899　（内題）　中興上人御書
904　L9　永正規則

［中論・十二門論］
191　L9　『論』（龍樹『中論』『十二門論』等）

［貞元釈教目録］
244　L11　『貞元の新定釈教の目録』

［天台四経儀］
434　L8　高麗の観法師の云く（『天台四経儀』）、「餓鬼道…
434　L12　神智法師釈して云く（『天台四教儀集解』巻中（、「餓鬼道は…

［伝絵］
829　（標題）　親鸞聖人伝絵
831　（内題）　親鸞聖人伝絵
838　L10　大師聖人のたまわく「この条もっともしかるべし…
838　L11　聖人（親鸞）のたまわく、「今日は、信不退 行不退の…

な

［二河の譬喩］
781　『二河の譬喩』

［入出二門偈］
499　（内題）　入出二門偈頌
499　（標題）　入出二門偈頌
501　（外題）　入出二門偈頌文

［如来二種回向文］
717　（標題）　如来二種回向文
719　（内題）　如来二種回向文

［仁王経］
391　L15　『仁王経』
393　L8　『仁王』（仁王護国般若波羅密多経　巻下　嘱託累品第八）
400　L10　『仁王経』（『仁王護国般若波羅密多経』）

［涅槃経］
220　L11　『涅槃経』（北本　巻十三、南本　巻十二）に、「善男子、実諦は…

典籍　269

220　L14　また言わく（『涅槃経』北本　巻十三、南本　巻十二）…

221　L2　また言わく（『涅槃経』北本　巻二十七、南本　巻二十五）…

221　L6　また言わく（『涅槃経』北本　巻二十七、南本　巻二十五）…

249　L6　『涅槃経』（『涅槃経』北本　巻十三、南本　巻十二）に…

249　L13　『涅槃経』（北本　巻三十八、南本　巻三十四）に…

250　L15　『涅槃経』（北本　巻三十二、南本　巻三十）に言わく…

261　L14　『涅槃経』（北本　巻三十六、南本　巻三十二）に言わく…

265　L11　『涅槃経』（『涅槃経』北本　巻二十七、南本　巻二十五）…

267　L12　『涅槃経』に依りて、仏の言わく、「もし人、ただよく至心を…

267　L14　『涅槃経』に云わく、「仏、迦葉菩薩に告げたまわく…

273　L4　『涅槃』（北本　巻十・南本　巻十）

273　L9　『涅槃経』（北本　巻十一・南本　巻十）

274　L2　また言わく（『涅槃経』北本　巻十九、南本　巻十七）

282　L7　また言わく（『涅槃経』北本　巻二十、南本　巻十八）

293　L1　また言わく（『涅槃経』北本　巻三十四、南本　巻三十一）

297　L10　『涅槃経』には難治の機と病とを説けり。

333　L8　『涅槃経』（北本　巻五, 南本　巻五）に言わく、「また解脱は…

334　L9　また言わく（『涅槃経』北本　巻六、南本）

334　L11　また言わく（『涅槃経』北本　巻十三、南本　巻十三）

335　L6　また言わく（『涅槃経』北本　巻十七、南本　巻十五）

336　L2　また言わく（『涅槃経』北本　巻二十三、南本　巻二十一）

337　L1　また言わく（『涅槃経』北本　巻二十三、南本　巻二十一）

337　L13　また言わく（『涅槃経』北本　巻二十五、南本　巻二十）

338　L3　また言わく（『涅槃経』北本　巻三十三、南本　巻三十一）

339　L6　また言わく（『涅槃経』北本　巻三十三、南本　巻三十一）

342　L11　また言わく（『涅槃経』北本　巻十七、南本　巻十五）

342　L13　また言わく（『涅槃経』北本　巻三十四、南本　巻三十一）

343　L7　また言わく（『涅槃経』北本　巻三十五、南本　巻三十二）

344　L1　また言わく（『涅槃経』北本　巻二十七、南本　巻二十五）

355　L6　『経』（『涅槃経』北本　巻三十五、南本　巻三十二）

355　L8　また『経』（『涅槃経』北本　巻三十三、南本　巻三十一）

383　L9　『涅槃経』（『涅槃経』北本　巻三十五、南本　巻三十二）に言わく、経の中
　　　　　に説くがごとし、…

383　L14　また言わく（『涅槃経』北本　巻三十六、南本　巻三十二）

385　L10　また言わく（『涅槃経』北本　巻二十五、南本　巻二十三）

391　L15　『涅槃（経）』等の説に依るに、すでにもって末法に入りて…

392　L11　『涅槃経』（北本　巻十八、南本　巻十六）、「末法の中に…

393　L8　『涅槃』の十八、および『仁王』等にまたこの文あり。

396　L2　『涅槃』（『涅槃経』）と、大集経に、国王・大臣、破戒僧を…

396　L6　『涅槃』等の経に、且く、正法の破戒を制す。

396　L10　『涅槃』の第三（北本 巻三、南本 巻三）に云く、「如来…」

397　L8　『涅槃』の七（北本 巻七、南本 巻七）に云く、「迦葉菩薩…

398　L5　『涅槃』の六の六に云く、乃至 また『十輪』に言わく、…

400　L11　『涅槃経』（北本 巻八、南本 巻八）に言わく、「仏に帰依せば…

433　L2　『大経』（『涅槃経』）の中に説かく、道に九十六種あり…

434　L1　『経』（『涅槃経』）に云わく、仏に帰依せんものは、

434　L2　また云わく（『涅槃経』）、「謂わく、仏に帰依…

656　L1　涅槃経に言く、面は浄満の月の如し、眼は青蓮花の若し

［念仏三枚宝王論］

211　L13　禅宗の飛錫の云く（『念仏三枚宝王論』）、「念仏三昧の善は…

［念仏正信偈］

447　L7　『念仏正信偈』を作りて曰く、西方不可思議尊…

は

［般舟三昧経］

203　L6　『般舟三昧経』

400　L13　『般舟三昧経』に言わく、「優婆夷、この三昧を聞きて…

401　L1　また言わく（『般舟三昧経』）、「優婆夷、三昧を…

［般舟讃］

200　L5　また云く（『般舟讃』）、「門門不同にして八万四なり…

244　L9　また云く（『般舟讃』）、「敬いて一切往生の知識…

265　L14　光明師（光明寺の和尚）（『般舟讃』）の云く、…

269　L4　光明師の云く（『般舟讃』）、「ただ恨むらくは、…

272　L15　光明師の云く（『般舟讃』）、「仏教多門にして…

273　L2　また云く（『般舟讃』）、「門門不同なるを漸教と…

372　L2　また云く「定散ともに回して宝国に入れ…」（『般舟讃』）

382　L4　また云く（『般舟讃』）、「一切如来方便を…

386　L14　光明寺の和尚の云く（『般舟讃』）、…

457　L6　またいわく（『般舟讃』）、「敬つて一切往生の知識等…

467　L6　『讃』（『般舟讃』）

635　『般舟三昧行道往生讃』（『般舟讃』）

797　『般舟三昧行道往生讃』（『般舟讃』）

799　L13　光明寺の和尚の『般舟讃』には、「信心の人は、…」

859　L9　頌に曰く（『般舟讃』）、（若非釈迦勧念仏…）

859　L12　（『般舟讃』）、何期今日至宝国　実是娑婆本師力…

863　L6　頌に曰く（『般舟讃』）、（身心毛吼皆得悟…）

典籍　271

［悲華経］

　　　181　L8　『悲華経』の大施品の二巻（「諸菩薩本授記品　第四三一」）

　　　205　L3　『悲華経』の「諸菩薩本授記品」に云く、…

　　　360　L10　『悲華経』（巻三）の「大施品」に言わく、…

　　　637　悲花経（『悲華経』北涼・曇無讖訳）

［比丘善導の集記］

　　　244　L14　「比丘善導の集記」

［不空羂索神変真言経］

　　　333　L5　『不空羂索神変真言経』に言わく、「汝、当生の処は、これ、阿弥陀仏の
　　　　　　　　清浄報土なり。…」

［仏本行経］

　　　202　L4　『仏本行経』

［仏本行集経］

　　　422　L13　『仏本行集経』の第四十二巻に「優婆斯那品」に言わく…

［平等覚経］

　　　175　L2　『平等覚経』に言わく、「この功徳あるに非ざる人は、…

　　　179　L5　『無量清浄平等覚経』の巻上に言わく、「われ作仏せん時…

　　　265　L10　また言わく（『平等覚経』巻二）、「かならずまさに世尊と…

　　　331　L8　『無量清浄平等覚経』に言わく、「速疾に超えて、すなわち…

　　　356　L6　『大経』（『平等覚経』巻二）には、「無量光明土」と言えり。

　　　379　L4　『平等覚経』に言わく、「この功徳あるに非ざる人は、…

　　　472　L9　『無量清浄平等覚経』に言わく、「速疾に超えてすなわち…

［別和讃］

　　　633　別和讃

［弁正論］

　　　424　L9　『弁正論』に曰く、「十喩・九箴篇、答す、李道士、十異九述。」

　　　424　L9　十喩・九箴篇（『弁正論』）

　　　424　L9　十異九述（『弁正論』）

　　　424　L10　外の一異に曰く、「太子老君は…

　　　424　L12　内の一喩に曰く（『弁正論』）、「老君は常に逆い…

　　　424　L14　開士の曰く（『弁正論』）、「慮景裕・戴詵・韋処玄等が解五千文、…

　　　425　L11　外の四異に曰く、「老君は文王の日…

　　　425　L12　内の四喩に曰く（『弁正論』）、「伯楊は職小臣におり…」

425　L15　外の六異に曰く、「老君は世に降して、…
426　L2　内の六喩に曰く、「迦葉は桓王丁卯の歳に…」（『弁正論』）
426　L5　開士 曰く（『弁正論』）、「孔子、周に至りて、老耼を見て礼を問う…
426　L7　外の七異
426　L9　内の七喩に曰く（『弁正論』）、「老子は頼郷に生れて…
427　L3　内の十喩（『弁正論』）
427　L4　外十異（『弁正論』）
433　L2　また云く（『弁正論』巻八）

［菩薩処胎経］
　　359　L14　『菩薩処胎経』
　　363　L12　『菩薩処胎経』
　　363　L15　この『経』（『菩薩処胎経』）をもって准難するに…
　　571　処胎経（『菩薩処胎経』）
　　571　菩薩処胎経の二の巻

［菩薩瓔珞経］
　　390　L6　菩薩瓔珞経（『菩薩瓔珞本業経』巻下）

［報恩講式］
　　855　（標題）報恩講式
　　857　（内題）報恩講式
　　869　L9　三段の式文（『報恩講式』）
　　906　L7　『報恩講の私記』

［宝月童子所問経（佚書）］
　　186　L7　『宝月童子所問経』の「阿惟越致品」（佚書）

［宝号経］
　　826　L11　『宝号経』にいわく。弥陀の本願は、行にあらず…

［法華経］
　　271　L7　『法華経』
　　271　L8　この『経』（『法華経』）はまことに往生の径術
　　326　L6　『法華経』（観世音菩薩普門品）
　　667　法華（『法華経』）

［法界次第］
　　434　L1　天台の『法界次第』に云く、「一には仏に帰依す…

典籍　273

［法行経（佚書）］

　　400　L9　『法行経』

［法事讃］

　　273　L1　また云く（『法事讃』巻下）、「方便の仮門…

　　273　L6　光明師の云く（『法事讃』巻下）、「九十五種みな世を汚ち…

　　302　L13　また云く（『法事讃』巻上）、「永く譏嫌を絶ち…

　　354　L6　また云く（『法事讃』巻下）、「極楽は無為涅槃の界なり…

　　354　L8　また云く（『法事讃』巻下）、「仏に従いて逍遥して…

　　354　L10　また云く（『法事讃』巻下）、「弥陀の妙果をば…

　　371　L9　また云く（『法事讃』巻下）、「如来五濁に出現して…」

　　376　L12　釈（『法事讃』巻下）には「九品ともに回して不退を得よ…

　　377　L1　釈に（『法事讃』巻下）、直ちに弥陀の弘誓…

　　381　L10　また云く（『法事讃』巻下）、「極楽は無為涅槃の界…

　　381　L12　また云く（『法事讃』巻下）、「劫尽きなんと欲する時…

　　382　L1　また云く（『法事讃』巻下）、「種種の法門みな解脱…

　　387　L8　また云く（『法事讃』巻下）、「帰去来、他郷には…

　　387　L11　また云く（『法事讃』巻下）、「十方六道…

　　433　L11　（『法事讃 巻下』）光明寺の和尚云く、「上方の諸仏恒沙の…

　　465　L5　『法事讃』

　　689　L13　極楽無為涅槃界　随縁雑善恐難生…（『法事讃』巻下）

　　711　L5　上尽一形」（『法事讃』巻下）

　　714　L7　「致使凡夫念即生」（『法事讃』巻下）というは

　　773　L8　（『法事讃』巻下）五濁増時多疑謗　道俗相嫌不用聞…

　　775　L11　（『法事讃』巻下）五濁増時多疑謗　道俗相嫌不用聞…

　　861　L6　頌に曰く（『法事讃』巻下）、〈世尊説法時将了…

　　863　L8　（『法事讃』下巻）直入弥陀大会中　見仏荘厳無数億…

［本願薬師経］

　　422　L4　『本願薬師経』に言わく、「もし浄信の善男子・善女人等…

　　422　L6　また言わく（『本願薬師経』）、「また世間の邪魔・外道…

［梵網経］

　　422　L11　『菩薩戒経』（『梵網経』巻下）に言わく、「出家の人の法…

　　687　L7　『梵網』（巻下）の五十八戒、大乗一心金剛法戒、三聚浄戒、…

　　942　L7　『梵網経』には「孝を名付けて戒とす」と説き給えり。

ま

［摩訶止観］
　　　208　L5　『止観論』（『摩訶止観』）
　　　264　L5　『止観』の一（『摩訶止観』一上）に云く、「菩提は天竺の語…
　　　435　L2　止観（『摩訶止観』巻八の魔事境）に云く、…
　　　435　L5　止観（『摩訶止観』巻八）に依りて云く（『往生要集』巻中）…

［末法灯明記］
　　　392　L1　『末法灯明記』

［弥陀経義集］
　　　814　L14　『弥陀経義集』に、おろおろ明らかにおぼえられ候う。

［無量寿経（大経）］
　　　3　　（標題）仏説無量寿経
　　　5　　（内題）仏説無量寿経巻上
　　　54　（尾題）仏説無量寿経　巻上
　　　55　（内題）仏説無量寿経　巻下
　　107　（尾題）仏説無量寿経　巻下
　　172　L7　大無量寿経
　　173　L5、L10　『大無量寿経』
　　177　L9　『大経』（巻上）、に言わく「たといわれ仏を得んに…
　　177　L11　『大経』（巻上）、に言わく「われ仏道を成るに…
　　178　L2　『経』（『大経』巻下）に言わく、「十方恒沙の諸仏如来…
　　178　L4　また言わく（『大経』巻下）、「無量寿仏の威神極りなし…
　　178　L6　また言わく（『大経』巻下）、「その仏の本願力…
　　198　L9　『無量寿経』（『大経』巻上）に云うがごとし、…
　　199　L10　『大経』の説のごとし
　　199　L14　『無量寿経』（『大経』巻上）の四十八願の中に…
　　200　L14　『経』（『大経』）には「即得」と言えり。
　　211　L15　『双巻経』（『大経』下巻）
　　214　L12　『大本』（『大経』下巻）に言わく、「仏、弥勒に…
　　215　L6　『経』（『大経』巻下）、
　　222　L3　『大本』（『大経』巻下）に言わく、「声聞あるいは菩薩…
　　225　L12　『大無量寿経』（『大経』）
　　232　L12　『大経』（巻上）に言わく、「たといわれ仏を…
　　233　L5　『経』（『大経』巻下）に言わく、「あらゆる衆生…
　　247　L12　『大経』（巻上）に言わく、「欲覚・瞋覚・害覚を…

典籍　275

250	L11	（『大経』巻下）『経』に言わく、「あらゆる（諸有）衆生…
255	L4	『経』（『大経』巻下）に言わく、「至心回向…
259	L1	『無量寿経』
260	L5	大本（『大経』巻下）に「易往而無人」といえり。
261	L7	『大経』（巻下）に言わく、「あらゆる衆生、その名号を…
261	L12	また（『大経』巻下）、「その仏の本願の力…
262	L5	『経』（『大経』巻下）
264	L12	大本（『大経』巻上）、「無上殊勝の願を超発す」と。
264	L13	また云わく（『大経』巻上）、「われ超世の願を建つ…
264	L15	また云わく（『大経』巻下）、「必ず超絶して…
265	L9	『大本』（『大経』巻下）に言わく、「かならずまさに…
266	L10	『大本』（『大経』巻上）に言わく、「たといわれ仏を…
267	L2	また（『大経』巻下）、「法を聞きてよく忘れず…
267	L4	また言わく（『大経』巻下）、「それ至心ありて安楽国…
267	L6	また（『大経』巻下）、「広大勝解者」と言えり。
268	L12	『大経』（巻下）に云わく、「おおよそ浄土に往生せんと…
271	L5	『無量寿経』
271	L10	『大経』（巻下）に言わく、「仏、弥勒に…
297	L8	『大経』巻上・下、「唯除五逆誹謗正法」と言い、
297	L11	『無量寿経』
306	L2	『大経』（巻上）に言わく、…
306	L6	『経』（『大経』巻下）に言わく、「願成就の文、『経』に…
308	L11	『大経』
312	L4	『無量寿経』（『大経』巻上）の中に、阿弥陀如来の…
312	L10	この経（『無量寿経』）を按じて…
319	L14	『無量寿経』
329	L9	『大経』（巻上）に言わく、（光明無量の願）…
329	L11	（『大経』巻上、寿命無量の願）また願に言わく、…
330	L1	（『大経』巻上）願成就の文に言わく、…
350	L11	『無量寿経』に云わく、「法蔵比丘、世饒王仏の所に…
356	L2	『大経』（巻上）には「無辺光仏・無碍光仏」と言えり。
356	L9	『大経』（巻上）には、「皆受自然虚無之身無極之体…
359	L15	『大無量寿経』
360	L7	『大経』（巻上）の願（第十九願文）に言わく、…
361	L1	『大経』（巻下）に言わく、「また無量寿仏のその道場樹…
361	L10	また言わく（『大経』巻下）、「それ胎生のものは、…
363	L5	『大経』（巻下）、「もろもろの少行の菩薩、…
364	L10	『大本』（『大経』）の三心と『観経』の三心…
365	L15	『大経』
366	L5	『大経』の説

368　L12　『無量寿経』

372　L12　『大本』(『大経』)に拠るに、真実・方便の願を超発す。

373　L9　『大経』には「信楽」と言えり

376　L5　『大本』(大経 巻下)と『観経』の三心

378　L10　『大経』(『大経』巻上)の願 二十願 に言わく、…

378　L13　また言わく(『大経』巻下)、「この諸智において…

378　L15　また言わく(『大経』巻下)、「もし人、善本なければ、…

379　L14　『無量寿経』の四十八願の中のごとき、

383　L4　『大本』(『大経』巻下)に言わく「如来の興世…

441　L8　『大無量寿経』

442　L6　『経』(『大経』巻下)に言わく、「十方恒沙の諸仏如来、…

443　L6　経に言わく(『大経』巻下)、「乃至とは、上下を兼て中を略…

444　L3　『経』(『大経』巻下)に言わく、「それ至心に安楽国に…

444　L12　『経』(『大経』巻下)に言わく、「それ衆生ありてかの国に…

445　L1　また言わく、(『大経』巻上)「ただ余方に因順するがゆえに…

446　L1　『経』(『大経』巻下)に言わく、「かの国の菩薩は、…

453　L2　『経』(『大経』巻上)に言わく、「欲覚・瞋覚・害覚…

454　L3　『経』(『大経』巻下)に言わく、「諸有の衆生、その名号…

454　L10　『経』(『大経』下巻)に言わく、「至心に回向…

456　L2　『大経』の三心と『観経』の三心と…

457　L10　『経』(『大経』巻下)に言わく、「もしこの経を聞きて…

462　L3　『大無量寿経』(『大経』)

463　L9　『大経』

465　L6　『大経』

465　L9　『大経』

465　L10　『経』(『大経』上巻)に言わく「空中にして讃じて…

469　L8　『大経』

471　L14　『仏説無量寿経』(『大経』)に言わく、「我が滅度…

497　L10　『大経』の三信

524　偈(『往観偈』大経 巻下)(上段 第三一首第三句)

684　L10　『大経』(巻下)には「願生彼国 即得往生 住不退転」…

685　L4　『大経』

692　L9　『大経』

693　L4　『大経』(巻下)には「若聞斯経 信楽受持 難中之難…

693　L5　もしこの『経』(『大経』巻下)

694　L5　『大経』の三信心

694　L8　『大経』

695　L12　「乃至十念 若不生者 不取正覚」(『大経』巻上)

701　L11　無量寿経(『大経』巻下)

703　L1　『大経』(巻上)にときたまわく、「設我得仏 国中人天…

典籍　277

703　L4　（『大経』巻下）「其有衆生　生彼国者…

704　L2　『大経』（巻下）

707　L12　「其有得聞　彼仏名号」（『大経』巻下）…

708　L11　（『大経』巻上）『経』に「無諸邪聚　及不定聚」

709　L4　本願の文（『大経』巻上、第十八願の文）に…

709　L12　『大経』巻上（第十七願の文）にのたまわく、…

711　L13　『大経』（巻上）には、「如来所以　興出於世…

719　L6　『大無量寿経』（『大経』巻上）…、「設我得仏　十方世界…

719　L8　『大経』（巻上）にのたまわく、「設我得仏　十方衆生…

719　L9　『大経』（巻上）に…、「設我得仏　国中人天　不住定聚…

720　L7　『大経』（巻下）には「次如弥勒とのたまえり

720　L11　『大経』（巻上）にのたまわく、「設い我仏を得たらんに…

725　L3　『大無量寿経』（『大経』巻上）…、「設我得仏　十方衆生…

737　L5　「如無量寿経（『大経』）四十八願中説」というは、如来の本願

750　L5　『大経』（巻上）には、「如来所以　興出於世…

799　L2　『大無量寿経』（『大経』）

799　L6　『大経』

800　L8　釈尊のみことには（『大経』巻下）、「見敬得大慶…

800　L10　第十七の願には（『大経』巻上）、「十方世界の…

804　L14　『大経』

813　L9　『経』（『大経』）に、

848　L11　『大経』

879　L10　『大無量寿経』（『大経』）

880　L1　第十八の願に曰く（『大経』巻上）…

880　L2　同じき成就の文に曰く、（『大経』巻上）…

880　L5　無量寿経（『大経』）

881　L8　第十九の願に曰く（『大経』巻上）、…

881　L15　第二十の願（『大経』巻上）に曰く…

905　L11　『経』（『大経』巻下）には、「遇善知識　聞法能行」と説き、

906　L2　『大経』（下巻）には、「至心信楽　欲生我国」と明かし、

927　L10　『大経』には、「即得往生　住不退転」

940　L11　『無量寿経』（『大経』）

［無量寿経優婆提舎］

189　L8　『無量寿経優婆提舎』（『浄土論』）

501　L8　無量寿経論（『無量寿経優婆提舎願生偈』）（『浄土論』）

719　L2　『無量寿経優婆提舎願生偈』（『浄土論』）に曰く、…

［無量寿如来会］

174　L11　『無量寿如来会』（巻上）に言わく、「阿難、仏に白して言さく…

278

178　L8　『無量寿如来会』（巻上）に言わく、「今、如来に対して弘誓…

178　L13　また言わく（『無量寿如来会』巻下）、「阿難この義利…

205　L8　『無量寿如来会』に云く、「広くかくのごとき大弘誓願…

233　L1　『無量寿如来会』（巻上）に言わく、「もしわれ無上覚…

233　L8　『無量寿如来会』（巻下）に言わく、「他方の仏国の…

233　L12　また言わく（『無量寿如来会』巻下）、「法を聞きて…

233　L14　また言わく（『無量寿如来会』巻下）、「かくのごとき…

233　L15　また言わく（『無量寿如来会』巻下）、「如来の功徳は…

248　L3　『無量寿如来会』（巻上）に言わく、「仏、阿難に告げたまわく…

250　L13　また言わく（『無量寿如来会』巻下）に言わく、「他方仏国の…

255　L6　また言わく（『無量寿如来会』巻下）、「所有の善根回向…

261　L10　また（『無量寿如来会』巻下）、「他方仏国の所有の…

261　L12　また（『無量寿如来会』巻下）、「仏の聖徳の名を聞く」と…

266　L14　『無量寿如来会』（巻上）に言わく、「もしわれ成仏…

267　L7　また（『無量寿如来会』巻下）、「かくのごとき等の類…

271　L12　また言わく（『無量寿如来会』巻下）、「仏、弥勒に告げ…

297　L9　あるいは（『無量寿如来会』巻上（「唯除造無間悪業誹謗正法…

306　L4　『無量寿如来会』（巻上）に言わく、「もしわれ成仏せんに…

306　L12　また言わく（『無量寿如来会』巻下）、「かの国の衆生、もし…

331　L3　『無量寿如来会』に言わく、「阿難、この義をもってのゆえ…

356　L6　あるは「諸智土」と言えり（『無量寿如来会』巻下）

362　L10　『如来会』（『無量寿如来会』巻下）に言わく、「仏、弥勒に…

363　L7　また云く（『無量寿如来会』巻下）、「いわんや余の菩薩、小善根に由りて
　　　　　…

379　L2　『無量寿如来会』（巻上）に言わく、二十願なり「もし、われ成仏…

444　L5　『経』（『無量寿如来会』）に言わく、「この人はすなわち…

472　L7　『無量寿如来会』（巻下）に言わく、「如来の勝智、偏虚空の…

703　L2　また『経』（『無量寿如来会』巻上）…、「若我成仏…

720　L2　『無量寿如来会』にのたまわく、「若我成仏 国中有情…

799　L2　『無量寿如来会』には、等正覚と説き給えり。その名こそ…

［目連所聞経］

195　L7　また云く（『安楽集』巻上）、「また『目連所聞経』のごとし。

540　下段L4　『目連所聞経』

626　上段L4　（左訓）目連所聞経の文なり　観念法門にひかれたり

［文殊般若］

195　L12　『文殊般若』（『文殊師利所説摩訶反般若波羅蜜経』）

典籍　279

や

［唯信抄］
    681　L2　『唯信抄』
    686　L4　『唯信抄』
    696　L3　「非権非実」（『唯信抄』）というは
    726　L8　『唯信抄』
    760　L6　『唯信抄』
    760　L12　『唯信抄』
    761　L12　『唯信抄』
    766　L7　『唯信抄』
    771　L7　『唯信抄』
    781　L4　『唯信抄』
    784　L12　『唯信抄』
    790　L8　『唯信抄』
    791　L1　『唯信抄』

［唯信抄文意］
    679　（標題）　唯信抄文意
    681　（内題）　唯信抄文意
    790　L8　『唯信抄の文意』

［遺教経］
    400　L9　『遺教経』

［維摩経］
    314　L14　『経』（『維摩経』」）に言わく、「高原の陸地には蓮華生ぜず…
    429　L15　浄名（『維摩経』）
    505　L8　『経』（『維摩経』）
    667　（聖徳奉讃）　維摩（『維摩経』）（上段第三四首第三句）

ら

［楽邦文類］
    206　L13　『楽邦文類』に云く、「総官の張掄云く…
    223　L4　『楽邦文類』に云く、「宗釈禅師の云く「還丹の一粒は…
    260　L14　『楽邦文類』の後序に曰く、「浄土を修するもの常に…
    272　L8　禅宗の智覚、讃めて云く（『楽邦文類』巻五）、「奇なるかな…
    272　L9　律宗の元照師の云く（『楽邦文類』巻三）、…

434　L6　慈雲大師の云く（『楽邦文類 巻二』）…」
　　868　L6　択瑛法師の釈義

［龍舒浄土文］
　　271　L5　王日休云く（『龍舒浄土文』巻十）、…
　　705　L4　王日休のいわく（『龍舒浄土文』巻十 趣意）
　　720　L8　『竜舒浄土文』（巻十末 趣意）にはあらわせり。

［梁高僧伝］
　　210　L9　『僧伝』（『梁高僧伝』）に云く、置良耶舎ここには時称と云う。
　　400　L9　『像法決疑経』

［礼記］
　　425　L8　『礼』（『礼記』）に云く、「官を退けて位なきものは左遷す…
　　427　L8　『礼』（『礼記』）に云く、〈左道乱群をばこれを殺す〉。

［歴代上人御書］
　　909　（標題）　歴代上人御書
　　913　L2　応真上人御書
　　913　L11　応真上人御書
　　913　（内題）　歴代上人御書
　　914　L11　堯慧上人御書
　　915　L12　堯慧上人御書
　　916　L11　堯真上人御書
　　917　L8　堯真上人御書
　　918　L6　堯真上人御書
　　919　L1　堯秀上人御書
　　920　L6　堯秀上人御書
　　921　L4　堯秀上人報恩講御書一
　　922　L7　堯秀上人報恩講御書二
　　923　L5　堯秀上人報恩講御書三
　　924　L3　堯秀上人報恩講御書四
　　925　L7　堯秀上人報恩講御書五
　　927　L1　堯円上人御書
　　928　L1　堯円上人御書
　　929　L3　円猷上人御書
　　930　L7　円猷上人御書
　　931　L8　円猷上人安心書
　　933　L8　円超上人安心書
　　936　L3　円遵上人御書

典籍　281

938　L1　円遵上人御書

939　L11　円遵上人御書

939　L11　繙の御書

943　L9　円遵上人御書

944　L6　円祥上人御書

945　L9　暁の灯訓

945　L9　円祥上人御書

947　L14　円禧上人御書

950　L10　堯煕上人御書

952　L1　金剛心院殿消息

952　L1　臨末の御書

［蓮華面経］

645　上L4（正像末40）　蓮華面経

［六角堂夢想偈文］

834　L2　かの記（『六角堂夢想偈文』）にいわく、六角堂の救世菩薩…

［瓔珞経］

223　L2　『瓔珞経（『菩薩瓔珞本業経』）の中には漸教を説けり

467　L6　『瓔珞経』の中には漸教を説く

［出典不明］

210　L15　律宗の用欽の云く（出典不明）、「今もしわが心口を…

211　L2　また云く（律宗の用欽、出典不明）、「一切諸仏…

221　L15　『経』（名不明）に説きて、「煩悩の氷解けて功徳の水…

298　L5　『経』（名不明）に言わく、「五逆の罪人、阿鼻大地獄の中に…

〔ヴェーダ聖典〕

［毗陀論経］
 113 L2 『毗陀論経』

〔漢籍〕

［史部］
 394 L5 『春秋』に依らば、「仏、周の第二十の主、匡王班四年壬子…
 425 L7 『史記』
 425 L7 『周書』
 426 L5 『史記』
 427 L5 『春秋』
 427 L6 『史記』
 429 L13 『周書異記』
 432 L7 『漢書芸文志』

［道家］
 424 L14 『解五千文』（『老子道徳経』）
 424 L14 『老義類』（『考義類』）
 425 L1 郭荘（『荘子』の註釈書）が云く、「時にこれを賢とする…
 425 L3 『玄妙』
 425 L3 『中胎』
 425 L3 『朱韜』
 425 L3 『王礼』（玉札）
 425 L4 『出塞記』
 425 L5 『仙人玉録』に云く、「仙人は妻なし、玉女は夫なし、…
 426 L12 開士 曰く、「『荘子』内篇に云く、老耼、死して秦佚弔う…
 426 L12 『荘子』内篇
 427 L9 『高士伝』
 430 L14 郭『註』（『荘子』の註釈書）
 430 L15 『註』に云く（『荘子』の注釈書）
 431 L5 『古旧二録』
 431 L13 『隠書』
 431 L13 無上が『真書』
 431 L15 『神泉五岳図』
 432 L1 『霊書経』
 432 L2 『五岳図』

典籍 283

432　L3　『諸天内音』

432　L11　『造立天地記』

432　L12　『化胡経』

432　L15　『陸修静が目録』

433　L1　『玄都録』

553　（曇鸞讃1）　仙経（上段第一首第三句）

［儒家］

425　L8　『論語』に云く、「左袵は礼に非ざるなり」と。

435　L7　『論語（先進篇）』に云く、「季路問わく、…

〔付〕『真宗高田派聖典』(2012 年刊) 正誤表 〔() 内はルビ〕

頁	行	誤	正
6	下段 L10	母胎 (ぼたい)	母胎 (もたい)
13	下段 L9	世の	世に
20	下段 L10	志著する…	志、著する…
45	下段 L7	音響忍 (おんこうにん)	音響忍 (おんごうにん)
46	下段 L7	沙 (すな)	沙 (いさご)
48	下段 L5	通慧・菩薩	通慧菩薩
51	下段 L4	福応して	福、応じて
52	上段 L5	幢旛	幢幡
52	下段 L5	幢旛	幢幡
52	下段 L11	厳麗 (ごんれい)	厳麗 (ごんらい)
53	下段 L1	聞 (き) く	聞 (か) ぐ
64	上段 L8	幢旛	幢幡
64	下段 L8	幢旛	幢幡
68	下段 L6	汚染 (おせん)	汚染 (わぜん)
73	下段 L9	恨意 (ごんい)	恨意 (こんい)
80	下段 L1	悪露 (あくろ)	悪露 (おろ)
92	下段 L2	殃咎 (おうく)	殃咎 (おうぐ)
94	下段 L13	教誨 (きょうけ)	教誨 (きょうかい)
94	下段 L14	虧負 (けぶ)	虧負 (きぶ)
105	下段 L14	専心 (せんじん)	専心 (せんしん)

頁	行	誤	正
115	下段 L5	不善の聚（しゅ）	不善の聚（ともがら）
136	下段 L1	側塞（そくそく）	側塞（しきそく）
139	下段 L13	色身、衆相具足	色身の衆相、具足
140	下段 L4	受持、読誦	受持読誦
142	下段 L5	来迎（らいごう）	来迎（らいこう）
142	下段 L7	来迎（らいごう）	来迎（らいこう）
144	下段 L13	来迎（らいごう）	来迎（らいこう）
146	下段 L10	来迎（らいごう）	来迎（らいこう）
151	下段 L6	無量寿仏の名（な）	無量寿仏の名（みな）
198	L5	もし礼念して阿弥陀仏を称し	もし阿弥陀仏を称し礼念して
200	L10	帰説（きせつ）	帰説（きえつ）
200	L14	釈	『釈』
201	L5	細綿（さいめん）	網綿（もうめん）
201	L11	九品（くほん）	九品（くぼん）
220	L6	涅槃界（ねはんがい）	涅槃界（ねはんかい）
221	L13	恒沙無明の海水（かいすい）	恒沙無明の海水（かいしい）
221	L14	大宝海水（かいすい）	大宝海水（かいしい）
222	L4	ゆくえの人を	行（ゆ）いて人を
231	L3	真心（しんじん）	真心（しんしん）
239	L8	人（ひと）について	人（にん）について
241	L11	人物（じんぶつ）	人物（にんもつ）
247	L8	真心（しんじん）	真心（しんしん）
247	L12	欲覚（よくがく）	欲覚（よくかく）

頁	行	誤	正
249	L6	諦とは	実諦とは
252	L9	垢濁	垢濁の心
252	L9	心清浄	清浄
257	L3	真心（しんじん）	真心（しんしん）
257	L8	真心（しんじん）徹到	真心（しんしん）徹到
257	L14	金剛の真心（しんじん）	金剛の真心（しんしん）
258	L14	真心（しんじん）	真心（しんしん）
263	L1	真心（しんじん）	真心（しんしん）
270	L12	希有華（けうげ）	希有華（けうけ）
308	L12	菩薩衆（ぼさつしゅう）	菩薩衆（ぼさつしゅ）
325	L8	賛嘆	讃嘆
331	L10	友謙	友（ママ）謙
346	L6	安楽浄土の	安楽浄土はもろもろの
346	L14	声聞衆（しょうもんしゅ）	声聞衆（しょうもんじゅ）
353	L14	法潤（ほうじゅん）	法潤（ほうにん）
361	L8	八功徳水（はっくどくすい）	八功徳水（はっくどくしい）
376	L1	胎宮（たいく）	胎宮（たいぐ）
377	L9	真心（しんじん）	真心（しんしん）
394	L14	内外（ないがい）	内外（ないげ）
397	L9	分別（ぶんべつ）	分別（ふんべつ）
412	L8	海水（かいすい）	海水（かいしい）
419	L11	日天子（にちてんし）	日天子（にってんし）
420	L14	片（かたかた）	片（かた）

〔付〕『真宗高田派聖典』正誤表　287

頁	行	誤	正
427	L1	身（しん）	身（み）
429	L10	兎馬（とば）	兎馬（とめ）
429	L15	『浄名』	『浄名』に
431	L6	仏経（ぶっきょう）	仏経（ぶっけい）
431	L10	人民（じんみん）	人民（にんみん）
431	L10	飢饉（ききん）	飢饉（けごん）
431	L15	大道天尊、	大道天尊は、
433	L5	隔て	隔てて
433	L8	少なくは	少なきは
445	L3	安養国（あんようこく）	安養国（あんにょうこく）
446		闍王（しゃおう）	闍王（じゃおう）
447	下段 L12	智恵	智慧
448		真身（しんじん）	真身（しんしん）
451	L1	難思議（なんしぎ）	難思議（なんじぎ）
462	L13	胎宮（たいく）	胎宮（たいぐ）
465	L6	難思議（なんしぎ）	難思議往生（なんじぎ）
497	L12	難思議往生（なんしぎ）	難思議往生（なんじぎ）
497	L13	胎宮（たいく）	胎宮（たいぐ）
502	L1	淄澠（しそう）	淄澠（しじょう）
512	L3	難思議（なんしぎ）	難思議（なんじぎ）
515	下段 4 首	難思議（なんしぎ）	難思議（なんじぎ）
536	上段 L13	闍王（しゃおう）	闍王（じゃおう）
536	下段 L4	闍王（しゃおう）	闍王（じゃおう）

頁	行	誤	正
536	下段 L9	闍王（しゃおう）	闍王（じゃおう）
537	上段 L14	闍王（しゃおう）	闍王（じゃおう）
543	上段 6 首	悪鬼（あつき）	悪鬼（あくき）
544	下段 15 首	悪鬼神（あつきじん）	悪鬼神（あくきじん）
568	下段 22 首	あた	あだ
575	下段 11 首	しめしつつ　とあそばしたる	しめしつつと　あそばしたる
595	L3	難思議（なんしぎ）	難思議（なんじぎ）
598	下段 4 首	難思議（なんしぎ）	難思議（なんじぎ）
607	上段 26 首	（左訓）無称仏（ふつ）	無称仏（ぶつ）
607	下段 28 首	賛仰	讃仰
621	下段 L13	闍王（しゃおう）	闍王（じゃおう）
622	上段 L4	闍王（しゃおう）	闍王（じゃおう）
622	下段 L15	闍王（しゃおう）	闍王（じゃおう）
626	下段 6 首	（左訓）法身の信	法身の心
630	下段 6 首	悪鬼（あつき）	悪鬼（あくき）
631	下段 12 首	悪鬼神（あつきじん）	悪鬼神（あくきじん）
646	下段 L10	無上覚（むじょうかく）	無上覚（むじょうがく）
651	上段 9 首	胎宮（たいく）	胎宮（たいぐ）
652	下段 18 首	胎宮（たいく）	胎宮（たいぐ）
671	上段 L4	経典（きょうてん）	経典（きょうでん）
687	L3	高才（こうさい）	高才（こうざい）
691	L5	苦難生	恐難生
708	L5	即是	則是

〔付〕『真宗高田派聖典』正誤表　289

頁	行	誤	正
713	L13	まうあう	もうあう
749	L2	倩思（左訓位置不適）	倩思（しょうし）
749	L2	実等（左訓位置不適）	実等（じつとう）
750	L4	本懐（ほんかい）	本懐（ほんがい）
779	L14	胎宮（たいく）	胎宮（たいぐ）
787	L3	世に（せに）	ぜに（銭）
797	L11	親鸞	（ルビ追加）親鸞（しんらん）
814	L4	めでたう	めでとう
816	L3	聖人加筆の御返事（ルビ無し）	聖人加筆の御返事（しょうにんかひつのごへんじ）
816	L9	蓮位の添状（ルビ無し）	蓮位の添状（れんい　そえじょう）
832	L3	三位（さんい）	三位（さんみ）
838	L1	戎狄（しゅてき）の輩	戎狄（じゅてき）の輩
840	L12	智恵	智慧
842	L2	怨（あた）	怨（あだ）
847	L3	飯食（ほんじき）	飯食（ほんじき）
878	L7	機の善悪（きのぜんあく）	機の善悪（きのぜんなく）
880	L1	説我得仏	設我得仏
881	L6	難思議（なんしぎおうじょう）	難思議（なんじぎおうじょう）
900	L6	悪見（あつけん）	悪見（あくけん）
918	L8	悪鬼悪神（あつきあくじん）	悪鬼悪神（あくきあくじん）
926	L5	要法（ようほう）	要法（ようほう）
928	L15	悪機（あつき）	悪機（あくき）

跋　文

　真宗高田派聖典は平成二十四年開山聖人七百五十回御遠忌を記念して出版されましたが、当初よりこの聖典索引の出版が望まれていました。今般、引き続いて編集者の方々の努力で、ようやく出版の運びとなりました。

　高田派聖典の特質は何といっても宗祖親鸞聖人の書かれた御聖教が専修寺の宝庫に現存し、これを聖典の原典としたこと。さらに保持されてきた歴代の著述を加え、真宗教義の基として伝承されてきた聖教を網羅したことです。

　詳しい索引は読者の今後の研鑽にきっと役立つものと思います。日頃、手元に置いていただき、真宗興隆の糧としてご活用いただきたいものと思います。

　親鸞聖人御誕生八百五十年の節目を数年後に控え、私たちの進むべき道を見極めていく、大切な時期を迎えています。「まことの信心をば、釈迦如来、弥陀如来二尊の御はからいにて、発起せしめ給う」と御消息にあります。念仏のある生活を僧俗共に力を合わせて進めて参りたいものと思います。

　　　　　　二〇一八年六月

　　　　　　　　真宗高田派　宗務総長　　安藤光淵

真宗高田派聖典索引

二〇一八年七月三十一日　第一刷発行

編　者　真宗高田派聖典編纂委員会

刊行者　真宗高田派　宗務総長　安藤光淵

発行者　澤畑吉和

発行所　株式会社　春秋社
　　　　東京都千代田区外神田二―一八―六　㊤一〇一―〇〇二一
　　　　電話（〇三）三二五五―九六一一　振替〇〇一八〇―六―二四八六一
　　　　http://www.shunjusha.co.jp/

印刷所　萩原印刷株式会社

装　丁　本田　進

定価は箱等に表示してあります。

2018 © ISBN978-4-393-16145-6